VOYAGE

DE NEWPORT

A PHILADEPHIE, ALBANY, &c.

A NEWPORT,

DE L'IMPRIMERIE ROYALE DE. L'ESCADRE.

AVERTISSEMENT.

Ce Journal ne devant fortir de mes mains que pour paſſer dans celles de mes amis les plus intimes, il ſemble que je pourrois compter ſur leur indulgence, & me diſpenſer de prévenir leur critique. Mais leur ſuffrage n'eſt-il pas le plus précieux & le plus deſirable pour moi? N'eſt-ce pas à eux qu'il m'importe de plaire, & n'eſt-ce pas près d'eux ſeulement que je doïs trouver la récompenſe de mes veilles & de mes travaux? Je leur dirai donc qu'ayant fait en Amérique un voyage de près de quatre cens lieues, & ayant vu pluſieurs objets intéreſſans, il eſt naturel que je veuille en conſerver le ſouvenir, & aider ma mémoire qui n'a jamais mérité une grande confiance de ma part, & qui en méritera encore moins par la ſuite. On ſait que les années en s'accumulant, doivent perfectionner le jugement & diminuer la mémoire : je crains bien qu'elles n'operent ſur moi qu'à moitié ; & je veux prévenir leurs injures, ſi je ne puis eſpérer leurs bienfaits.

Tout voyageur dont l'objet n'eſt pas uniquement de changer de place, fait des notes ſur ce qu'il voit de remarquable : mais lorſque ces notes ſont écrites à la hâte ; lorſqu'elles ſe reſſentent des incommodités des auberges & des fatigues du voyage ; lorſqu'elles ſont tellement griffonées, qu'au bout de trois mois elles deviennent inliſibles pour la perſonne même qui les a écrites, il eſt indiſpenſable de les rédiger & de les tranſcrire. C'eſt ce qu'il m'a fallu faire à mon retour ; je ne dirai pas à loiſir, car il n'en exiſte pas dans une armée, quelque petite qu'elle ſoit ; ſur-tout lorſqu'on eſt occupé par des détails journaliers, & que des projets qui s'exécutent, d'autres qu'on abandonne après les avoir formés, des correſpondances continuelles avec les Américains, de fréquentes viſites de leurs principaux Officiers, la préſence même de leur Général, emploient ou partagent la journée, & interrompent les heures du travail. Quoiqu'il en ſoit, j'ai fait un Journal de mon voyage, & je l'avois commencé pour moi ſeul ; mais quel eſt l'ouvrage qui peut intéreſſer, lorſqu'on ne travaille que pour ſoi ? Il ſemble que ce mot ſeul ôte la vie à toutes nos actions, & gâte juſqu'à la ſolitude

même. Non, ce ne sera jamais pour moi seul que j'aimerai la retraite
& le recueillement ; ce ne sera jamais pour moi seul que je traver-
serai les mers, & que je visiterai de nouveaux peuples & de nouvelles contrées. Il ne faut donc pas s'étonner qu'un Journal, entrepris d'abord pour ma propre instruction, soit bientôt devenu un
hommage offert à mes amis. Puissent-t'ils m'en savoir quelque gré,
& s'ils en retirent quelqu'utilité, me pardonner d'avoir aussi travaillé pour la mienne. Je leur demande de consentir à ce partage ;
parce que souvent je suis entré dans des détails qui ne sont destinés qu'à aider ma mémoire, & qui ne peuvent être bons que
pour moi. Seulement je les prie de croire que lorsque j'ai été le
plus sec & le plus ennuyeux, c'est pour moi que j'ai travaillé. Je
n'ai pas besoin d'ajouter que les camps, les champs de bataille &
tout ce qui tient à la guerre, ayant fait l'objet principal de ma
curiosité, il n'y a que les militaires qui puissent me lire d'un bout
à l'autre avec quelqu'intérêt ; mais il est aisé de passer ces endroits, qu'on reconnoîtra dès les premieres lignes, ou du moins
de les parcourir légerement. Sans doute ce n'est pas être exigeant
que de demander aux gens qui habitent Paris, de lire rapidement
& sans application. Cependant j'avertis qu'à quelque partie de ce
Journal qu'on veuille donner son attention, il est nécessaire de se
procurer plusieurs cartes de ce pays-ci. On les trouvera chez le
Rouge, chez Beaurain, & chez tous les Géographes. Celles dont
on ne peut se passer, se réduisent à quatre : la carte de la Nouvelle Angleterre, qui comprend les quatre États de l'est ; celle de
la Nouvelle York ; celle des Jerseys & celle de la Pensylvanie.
Si l'on veut y ajouter une carte du Canada, qui comprenne le lac
Champlain & le lac Ontario, on lira avec beaucoup plus d'intérêt
l'article qui traite des projets de campagne dans le nord, & de
mes entretiens avec le Général Schuyler.

VOYAGE

DE NEWPORT A PHILADELPHIE ALBANY, &c.

DEPUIS le 11 Juillet que j'avois débarqué à Newport, je m'étois presque toujours trouvé dans l'impossibilité de m'en absenter, même pour deux jours seulement. Dès le 19 de ce mois, la Flotte Angloise commença à se montrer devant le port: le lendemain nous comptions vingt-deux voiles, & peu de jours après, nous apprîmes que les ennemis embarquoient des troupes. Ce ne fut que vers le milieu du mois d'Août, que nous fûmes informés du parti que les Anglois avoient pris de les débarquer à New-York & sur Long-Island. Il ne paroissoit pas encore bien clair qu'il eussent renoncé à leur entreprise. Tous les jours, nous recevions des avis qui annonçoient de nouveaux embarquemens. Nous augmentions nos fortifications; & notre établissement encore récent, me donnoit des occupations journalieres, qui ne me permettoient pas de m'éloigner. Ce ne fut qu'à la fin du mois d'Août, que M. de Rochambeau trouva le tems d'aller à Providence; je l'accompagnai, & nous revînmes dès le lendemain. Le 18 Septembre, il partit avec le Cher. de Ternai, pour se rendre à Hartford, sur le Continent, où le Général Washington lui avoit donné rendez-vous. Je ne le suivis pas dans ce voyage, & le hasard fit que pendant son absence, nous nous trouvâmes dans la position la plus critique où nous ayons été depuis notre arrivée. On croyoit alors à Rhode-Island que M. de Guichen, qu'on savoit parti de Saint-Domingue, venoit joindre ses forces aux nôtres, & on se voyoit au moment d'agir. Le 19, on apprit qu'au lieu de M. de Guichen, l'Amiral Rodney étoit arrivé à New-York avec dix vaisseaux de ligne. On ne douta pas que la Flotte Françoise, & même l'Armée, ne fut attaquée. En conséquence, on embossa les vaisseaux, & on protégea leur mouillage par de nouvelles batteries qui furent construites avec beaucoup d'intelligence & de célérité. Au commencement d'Octobre, la saison étant déja avancée, & l'Amiral

A

Rodney n'ayant rien entrepris, on eut lieu de croire que nous ferions tranquille le reste de l'année, & on ne s'occupa plus qu'à préparer le logement des troupes pour le quartier d'hiver. Elles y entrerent le 1 Novembre. C'étoit l'époque à laquelle je pouvois sans crainte, m'éloigner de l'armée; mais ne voulant pas montrer trop d'empreffement, & défirant de voir s'établir la difcipline, & les arrangemens relatifs aux cantonnemens, je différai jufqu'au 11 à me mettre en route pour une longue tournée fur le Continent.

Je partis ce jour là avec M. Linch & M. de Montefquieu, qui avoient chacun leur domeftique. J'en avois trois, dont l'un menoit un cheval en main, & l'autre conduifoit une petite charrette, qu'on m'avoit confeillé de prendre pour porter les portemanteaux, & éviter par ce moyen de bleffer mes chevaux de fuite. Il faifoit alors une forte gelée; la neige couvroit la terre, & le vent de nord-oueft étoit très-piquant. En allant au Ferry* de Briftol, je me détournai pour voir les fortifications de *Butts-Hill*, & je me rendis au Ferry vers onze heures & demie. Le paffage fut long & difficile, parce que le vent étoit contraire. On fut obligé de courir trois bordées, & il fallut faire deux voyages pour paffer nos chevaux & la charrette. j'arrivai à deux heures à Waren, petite ville de l'Etat de Maffachuffet, qui eft à dix-huit milles de Newport. Je defcendis dans une bonne auberge, dont le propriétaire, appellé M. Buhr, eft remarquable par fa groffeur énorme, celle de fa femme, de fon fils & toute fa famille. Je n'avois deffein que de faire manger mes chevaux; mais le froid augmentant toujours, & la charrette n'étant arrivée que vers trois heures, je renonçai à l'entreprife d'aller coucher à Providence, & je pris le parti de refter à Waren, où je me trouvois fort bien. Après le dîner, j'allai fur le bord de la petite riviere de Barrington, qui coule près de cette ville, pour voir entrer un floop, venant du Port-au-Prince. Ce floop appartenoit au Brigadier général (de milice) Porter, neveu de M. Buhr, &

---

* Les Ferrys font les endroits où l'on paffe des rivieres ou des bras de mer, fur des bateaux qui vont à rames ou à voiles.

encore plus gros que lui. Le Colonel Green, que je rencontrai fur le quai, me fit faire connoiffance avec M. Porter, & nous allâmes prendre du thé chez lui, dans une maifon fimple, mais aifée, dont l'intérieur & les habitans offroient un échantillon des mœurs de l'Amérique.

Le 12, je partis à huit heures & demie pour Providence, où j'arrivai à midi. Je defcendis au Collége, c'eft-à-dire à notre hôpital ; j'en fis la vifite, & je dînai chez M. Blanchard, Com-miffaire des Guerres. A quatre heures & demie, j'allai chez le Colonel Bowen, chez qui j'avois logé à mon premier voyage ; j'y pris du thé avec plufieurs dames ou demoifelles, dont une affez jolie, appellée Mifs Angel. On me conduifit enfuite chez Mif-tris Warnum, où je trouvai encore compagnie ; & delà chez le Gouverneur Bowen, qui me donna un lit

Le 13, j'allai déjeûner chez le Colonel Peck. C'eft un jeune homme aimable & honnête, qui a paffé l'été dernier à Newport, avec le Général Heath. Il me reçut dans une jolie petite mai-fon, où il logeoit feul avec fa femme, qui eft jeune auffi, & d'une figure agreable, fans être diftinguée. Ce petit établiffement, où regnent l'aifance & la fimplicité, donnoit l'idée du bonheur doux & paifible, qui paroît s'être réfugié dans le nouveau monde, après s'être arrangé avec le plaifir à qui il a laiffé l'ancien.

La ville de Providence eft bâtie au bord d'une riviere qui n'a pas fix milles de long, & qui fe jette dans le même golfe où fe trouvent l'île de Rhode, Conanicut, Prudence, &c. Elle n'a qu'une rue ; mais cette rue eft très-longue. Le fauxbourg, qui eft affez confidérable, eft de l'autre côté de la riviere. Cette ville eft jolie. Les maifons font peu fpacieufes, mais bien bâties & bien accommodées en dedans. Elle eft refferrée entre deux chaînes de montagnes, l'une au nord, & l'autre au fud-oueft, ce qui occafionne une chaleur infupportable pendant l'été ; mais elle eft expofée au vent de nord-oueft, qui l'enfile d'un bout à l'autre, & qui la rend très-froide en hiver. Elle peut contenir deux mille cinq cens habitans. Sa fituation eft très-avantageufe pour le commerce ; auffi en faifoit-elle un confidérable pendant la paix. Les vaiffeaux marchands peuvent charger & décharger

A ij

leurs denrées dans la ville même, & les vaiſſeaux de guerre ne peuvent approcher du port. Ce commerce eſt le même que celui de Rhode-Iſland & de Boſton. Il exporte des bois & des ſalaiſons. Il rapporte du ſel & beaucoup de melaſſes, de ſucre & d'autres denrées des Indes Occidentales. On envoi auſſi à la pêche de la morue & à celle de la baleine. Cette derniere ſe fait avec ſuccès entre le cap Codd & Long-Iſland ; mais on va ſouvent au détroit de Baffin & aux îles de Falklaud. Les habitans de Providence comme ceux de Newport, font auſſi le commerce de Guinée. Ils y achetent des eſclaves & les portent aux Indes Occidentales, où ils prennent des lettres de change pour la vieille Angleterre, d'où ils tirent des étoffes & autres marchandiſes.

En ſortant de chez le Colonel Peck, je montai à cheval pour me rendre à *Voluntown*, où je devois coucher. Je m'arrêtai à *Scituate*, dans une aſſez mauvaiſe auberge, appellée *Angel's-Tavern* ; c'eſt à peu-près moitié chemin de Voluntown. J'y fis repaître mes chevaux, & je repartis au bout d'une heure, ſans avoir vu arriver ma charrette. De cet endroit à Voluntown, la route eſt très-mauvaiſe : on ne fait que monter & deſcendre, & toujours par des chemins raboteux. Il étoit déja ſix heures du ſoir & nuit cloſe, lorſque je me trouvai à *Dorrance's-Tavern*, qui n'eſt qu'à vingt-cinq milles de Providence. Je deſcendis de cheval avec d'autant plus de plaiſir que le tems étoit affreux. Je fus très-bien logé & très-bien reçu chez M. Dorrance. C'eſt un vieillard de ſoixante-treize ans, grand, & encore vigoureux. Né en Irlande, il s'eſt établi d'abord dans l'Etat de Maſſachuſſet, & enſuite dans celui de Conecticut. Sa femme, plus jeune que lui, eſt active, bonne & ſerviable ; mais ſa famille eſt charmante. Elle eſt compoſée de deux jeunes gens, l'un de vingt-huit ans & l'autre de vingt-un ; d'un enfant de douze, & de deux filles de dix-huit à vingt ans, belles comme le jour. L'ainée de ces filles étoit malade, gardoit la chambre & ne ſe montroit pas. J'ai ſu depuis qu'elle étoit groſſe & preſque à terme. Elle a été trompée par un jeune homme qui après avoir promis de l'épouſer, s'eſt abſenté & n'eſt point revenu. Le chagrin & les incommodités de la groffeffe l'avoient jettée dans la langueur. Elle ne defcendoit point au rez-de-chauffée où fes parens habitoient ; mais on en prenoit grand foin, & elle avoit toujours quelqu'un pour lui tenir compagnie. Tandis qu'on me préparoit un très-bon fouper, j'entrai dans la chambre où la famille étoit raffemblée : je vis une tablette fur laquelle il y avoit quarante ou cinquante volumes ; je les ouvris, & je trouvai que ces livres étoient tous des ouvrages claffiques, grecs, latins & anglois. Ils appartenoient au fils ainé de M. Dorrance. Ce jeune homme avoit très-bien fait fes claffes, & il étoit *Tutor* au College de Providence, lorfque la guerre vint interrompre les études. Je caufai avec lui fur différens points de littérature, & particuliérement fur la maniere dont on doit prononcer les langues mortes. Je lui trouvai de l'inftruction, accompagnée de beaucoup de fimplicité & de modeftie.

Nous fûmes fervis à fouper, par une jeune fille d'une beauté parfaite, appellée Mifs *Pearce*. C'étoit une voifine de Madame Dorrance, qui étoit venue la voir & l'aider, en l'abfence de fa fille cadette. Cette jeune perfonne avoit, comme toutes les Américaines, le maintien très-décent, même férieux. Elle fouffroit volontiers qu'on la regardât, qu'on louât fa figure, & même qu'on lui fit quelques careffes, pourvu que ce ne fut point avec un air de familiarité & de libertinage. En effet, les mauvaifes mœurs font fi étrangeres à l'Amérique, que le commerce avec les jeunes filles eft fans conféquence, & que la liberté même y porte un caractere de modeftie, que n'a pas notre pudeur affectée & notre fauffe réferve. Mais, ni le bon fouper que je faifois, ni les livres de M. Dorrance, ni même les beaux yeux de Mademoifelle Pearce, ne faifoient point arriver ma charrette : je me couchai fans en avoir aucune nouvelle ; & comme je defirai une chambre à feu, Mifs Pearce m'en prépara une, en me prévenant que cette chambre communiquoit à celle de la malade, avec qui elle couchoit, & me demandant bien poliment fi cela ne m'incommoderoit pas qu'elle paffât dans ma chambre, lorfque je ferois dans mon lit. Je l'affurai que fi elle troubloit mon fommeil, ce ne feroit pas comme un fonge funefte. Effective-

ment elle vint un quart d'heure après que je fus couché. Je fis
femblant de dormir pour examiner fa contenance : elle paffa tout
doucement, en tournant la tête de l'autre côté, & cachant fa
lumiere de peur de m'éveiller. Je ne fais fi c'eft mon éloge ou
ma critique que je ferai, en difant que bientôt après je m'en-
dormis profondément.

A mon réveil, je retrouvai Mifs Pearce, mais non pas ma charrette. Il paroiffoit plus que probable qu'elle s'étoit brifée en
mille morceaux. J'étois décidé à renoncer à porter de cette maniere mes petits bagages, mais encore falloit-il les avoir. Je pris
donc le parti d'attendre & celui de déjeûner, qui étoit encore plus
aifé à prendre. Enfin, vers onze heures du matin, mes *vigies*
la fignalerent. Ce fut une grande joie dans tout l'équipage de
la voir arriver, quoique défemparée & remorquée par un cheval
de louage qu'on avoit été obligé de mettre devant le mien. Il
eft bon de favoir que mes gens, tous fiers d'avoir un grand
moyen de tranfporter mes effets, l'avoient chargée de beaucoup
de chofes inutiles ; que moi-même, prévenu qu'on ne trouvoit
pas de vin dans les auberges, j'avois jugé à propos de me
munir de cantines qui en tenoient douze bouteilles ; & qu'ayant
pris encore la précaution de demander deux ou trois pains blancs
au Munitionnaire des vivres à Providence, il en avoit entaffé
une vingtaine, qui pefoient plus de quatre-vingt livres. Ma pauvre
charrette étoit donc chargée à couler bas. Son plus grand malheur vint pourtant d'avoir donné contre des écueils qui avoient
brifé une roue & fort endommagé l'autre. Il fut bientôt réfolu
qu'on la laifferoit chez M. Dorrance, qui fe chargeroit de la
faire racommoder ; que mon vin feroit divifé en trois parties,
dont l'une feroit bue le jour même, l'autre confiée à mon hôte,
avec priere de la garder jufqu'à mon retour, & la troifieme
lui feroit offerte avec priere de la boire, ce qui ne fouffrit aucune difficulté. Cependant, le refte du jour devant être employé
à faire de nouvelles difpofitions, je me décidai à féjourner à
Voluntown. Je fis l'infpection de mes bagages : tout ce qui
m'étoit inutile fut empaqueté & dépofé chez M. Dorrance, le
refte enfermé dans des porte-manteaux ; & par une promotion

faite à la pruſſienne, ſur le champ de bataille, mon cheval de charrette fut changé en cheval de bât. La lecture de quelques poëtes anglois, la converſation, tant avec MM. Linch & Monteſquieu, qu'avec mes hôtes, me firent paſſer très-agréablement la journée. Vers le ſoir, deux voyageurs entrerent dans la chambre où j'étois, s'aſſirent auprès du feu, baillerent & ſifflerent ſans faire aucune attention à moi. Cependant, peu à peu la converſation s'engagea, & cette converſation fut très-bonne & très-agréable. L'un d'eux étoit Colonel de milice. Il avoit ſervi en Canada, & s'étoit trouvé dans différens combats où il avoit été bleſſé. Je dirai une fois pour toutes, que parmi les hommes au deſſus de vingt ans que j'ai rencontré, de quelque condition qu'ils fuſſent, je n'en ai pas trouvé deux qui n'euſſent porté les armes, entendu ſiffler les balles, & même reçu quelques bleſſures ; de ſorte qu'on peut aſſurer que l'Amérique ſeptentrionale, eſt toute militaire & aguerrie, & qu'on y peut faire ſans ceſſe de nouvelles levées, ſans y faire de nouveaux ſoldats.

Le 15, je partis de Voluntown à 8 heures du matin. Je fis encore cinq milles dans les montagnes : enſuite je vis l'horiſon s'agrandir, & bientôt ma vue put s'étendre juſqu'à ſa plus grande portée. En deſcendant les montagnes, & avant d'être parvenu au vallon, on trouve la ville, ou ſi l'on veut, le hameau de *Plainfield* : car, ce qu'on appelle en Amérique *Town*, ou *Town Ship* ; n'eſt qu'un certain nombre de maiſons diſperſées dans un grand eſpace, mais qui appartiennent à la même corporation & envoient des députés à l'aſſemblée générale de l'Etat. Le centre ou le chef-lieu de ces villes eſt le *Meeting-Houſe*, ou l'égliſe. Cette égliſe eſt quelquefois ſeule, quelquefois accompagnée de quatre ou cinq maiſons ſeulement : d'où il réſulte que lorſqu'un voyageur fait cette queſtion : *Combien y a-t-il d'ici à la ville ?* On lui répond : *vous y êtes déja.* Mais s'il vient à ſpécifier l'endroit où il a affaire, ſoit le *Meeting - Houſe*, ſoit telle ou telle taverne, on lui répond quelquefois : *Il y a encore ſept ou huit milles.* Pour Plainfield, c'eſt une petite ville, mais un gros lieu, car il y a bien trente maiſons à portée du Meeting-Houſe. La ſituatioin en eſt agréable ; mais elle offre de plus une poſition militaire ; c'étoit la premiere que j'euſſe encore re-marquée. On peut y camper ſur de petites hauteurs, derriere leſquelles les montagnes s'élevent en amphithéatre, & préſentent ainſi des poſitions ſucceſſives juſqu'aux grands bois, qui ſerviroient de derniere retraite. Le pied des hauteurs de Plainfield eſt fortifié par des étangs qu'on ne peut traverſer que ſur une ſeule chauſſée, ce qui obligeroit l'ennemi à défiler pour vous attaquer. La gauche & la droite ſont appuyées par des eſcarpemens. La droite a de plus un étang qui en rend l'accès plus difficile. Ce camp eſt bon pour ſix, pour huit & même pour dix mille hommes. Il pourroit ſervir à couvrir Providence & l'Etat de Maſſachuſſet, contre des troupes qui auroient paſſé la riviere de Conecticut. A deux milles de Plainfield, le chemin tourne vers le nord, & après avoir fait deux ou trois milles encore, on trouve la riviere de *Quenebaugh*, qu'on cotoye l'eſpace d'un mille environ, pour la paſſer à *Canterbury*, ſur un pont de bois aſſez long & paſſablement conſtruit. Cette riviere n'eſt ni navigable, ni guéable. Elle coule parmi des pierres qui en rendent le lit très-inégale. Les habitans du voiſinage y font des retenues en forme d'angle ſaillant, pour attrapper des anguilles. Le ſommet de l'angle eſt dans le milieu de la riviere : là ils placent un filet ſemblable à une bourſe, où le poiſſon qui ſuit le fil de l'eau, ne manque guere de ſe faire prendre. Le pont de Canterbury a été conſtruit dans une vallée aſſez étroite & aſſez profonde. Le Meeting-Houſe de la ville eſt ſur la rive droite, ainſi que la plupart des maiſons ; mais il y en a auſſi ſur les hauteurs de l'eſt, qui m'ont parues bien bâties & agréablement ſituées. Ces hauteurs étant de la même élévation que celles de l'oueſt, le local de Canterbury offre deux poſitions également bonnes pour deux armées qui ſe diſputeroient le paſſage du Quenebaugh. Dès qu'on a dépaſſé Canterbury, on entre dans les bois & dans une chaîne de montagnes, qu'on traverſe par des chemins très-âpres & très-difficiles. Six ou ſept milles plus loin, le pays commence à s'ouvrir, & on deſcend agréablement à *Windham*. C'eſt une jolie petite ville, ou plûtot, c'eſt le germe d'une jolie ville. Il y a quarante ou cinquante maiſons aſſez rapprochées, & ſituées

de

de maniere qu'elles offrent l'apparence d'une grande place publique, & de trois grandes rues. Le *Seunganyck*, ou le *Windham-
River*, coule près de cette ville, mais n'eft pas d'une grande
utilité à fon commerce ; car cette riviere n'eft pas plus navigable
que le *Quenebaugh* avec lequel elle fe joint pour former *Thames-
River*, ou autrement dit, la Tamife. On pourra obferver en
lifant ce Journal, & encore mieux à l'infpection des Cartes,
que la plupart des rivieres & nombre de villes, ont confervé
les noms que les Indiens leur avoient donné. Cette nomencla-
ture a quelque chofe de piquant, en ce qu'elle retrace l'origine
encore récente de ces établiffemens fi multipliés, & qu'elle offre
fans ceffe à l'efprit le contrafte bien frappant entre l'état anté-
rieur & l'état actuel de ce vafte pays.

Vindham eft à quinze milles de Voluntown. J'y trouvai les Huffards de Lauzun, qui s'y étoient établis pour huit jours, en attendant qu'on eut préparé leurs quartiers à *Lebanon*. Je dînai
chez M. le Duc de Lauzun ; & n'ayant pu repartir qu'à trois
heures & demi, la nuit qui furvint bientôt, m'obligea de m'arrêter à fix milles de Windham dans une petite taverne ifolée,
tenue par M. *Hill*. Comme la maifon n'avoit pas grande apparence, je demandai fi nous pourrions avoir des lits, la feule
chofe dont nous euffions befoin ; car le dîner de M. de Lauzun
ne nous avoit permis aucune inquiétude pour le fouper. Madame
Hill me dit à la maniere du pays, qu'elle ne pouvoit *épargner*
qu'un feul lit, parce qu'elle avoit chez elle un voyageur malade
qu'elle ne vouloit pas déloger. Or ce voyageur étoit un pauvre
foldat de l'armée continentale, qui avoit obtenu un congé pour
aller chez lui rétablir fa fanté. Il portoit dans fa poche ce congé
en bonne forme, ainfi que le décompte exact de ce qui lui étoit
dû ; mais pas un fol, ni en papier, ni en *argent dur*. Madame
Hill ne lui en avoit pas moins donné un bon lit ; & comme
il s'étoit trouvé trop incommodé pour continuer fa route, elle
l'avoit gardé & foigné depuis quatre jours. Nous nous arran-
geâmes du mieux qu'il fut poffible : le foldat garda fon lit ;
je lui donnai quelqu'argent pour continuer fon voyage ; & Madame Hill me parut beaucoup plus fenfible à cette charité qu'au
bon argent *dur* que je lui remettois pour payer fon *bill*.

B

Le 16 à huit heures du matin, je pris congé de ma bonne hôtesse, & je m'acheminai vers Hartford, commençant ma route à pied parce que la matinée étoit très froide. Après avoir descendu par une pente douce, l'espace de deux milles, je me trouvai dans un vallon assez étroit, mais agréable & bien cultivé. Il est arrosé par un ruisseau qui se jette dans le *Seunganyck*, & qui est décoré du nom de *Hope-River*. On suit ce vallon jusqu'à *Bolton*, ville ou *Town-Ship*, qui n'offre rien de remarquable. Là on traverse une chaîne de montagnes assez élevées, qui va du nord au sud comme toutes celles du Connecticut. Au sortir des montagnes on trouve les premieres maisons de *East-Hartford*. Quoiqu'il ne nous restât plus que cinq milles à faire pour arriver à *Hartford Court-House*, nous voulumes laisser reposer nos chevaux qui avoient fait vingt-trois milles de suite. L'auberge où nous descendîmes est tenue par M. Mash : c'est, suivant l'expression angloise, un bon fermier, c'est-à-dire un bon cultivateur. Il me dit qu'il venoit de commencer un établissement dans l'Etat de *Vermont*, où il avoit acheté deux cens acres de terre pour quarante dollars, ce qui revient à deux cens livres de notre monnoie. L'Etat de Vermont est un vaste pays situé à l'ouest du New-Hampshire & de Massachuset , & au nord du Connecticut entre la riviere de ce nom & celle d'Hudson. Comme il s'est peuplé récemment, & qu'il a toujours été en litige entre la province de New-York & celle de Massachusset, il n'y a pas proprement de gouvernement établi. Un nommé Allen, fameux par l'expédition de Ticondérago, qu'il entreprit en 1775, de son chef, & sans aucuns secours que celui des volontaires qui le suivirent ; s'est constitué le chef de ce pays. Il y a formé une assemblée de représentans : cette assemblée concéde des terres, & le pays se gouverne par ses propres loix, sans aucune connexion avec le Congrès. Les habitans n'en sont pas moins ennemis des Anglois ; mais sous prétexte qu'ils sont frontieres du Canada & obligés de se garder, ils ne fournissent aucun contingent pour les dépenses de la guerre. On m'a assuré depuis à Albany, que cet Allen étoit un homme très - médiocre & très - ignorant, & qu'il commençóit à perdre le crédit qu'il avoit acquis dans ce nouveau pays qui s'intitule *État de Vermont* ; mais qui, selon toute apparence, sera réuni tôt ou tard à l'Etat de New-York ou à celui de Maſſachuſſet.

Vers quatre heures du ſoir, j'arrivai au Ferry de Hartford, après avoir voyagé par un chemin aſſez incommode, dont une grande partie forme une chauſſée aſſez étroite à travers un bois marécageux. On paſſe ce *Ferry*, comme tous ceux de l'Amérique, ſur un batteau plat qu'on conduit avec des rames. Je trouvai les auberges d'Hartford tellement remplies qu'il étoit impoſſible de de s'y procurer un logement. Les quatre Etats de l'eſt, c'eſt-à-dire Maſſachuſſet, New-Hampshire, Rhode-Iſland & le Connecticut, tenoient alors leurs aſſemblées dans cette ville. Depuis long-tems ces quatres Etats ont entre eux une connexion particuliere, & ils ſe réuniſſent ainſi par députés, tantôt dans un Etat, tantôt dans l'autre. Chaque *Légiſlature* envoie alors quatre ou cinq députés. Dans cette circonſtance, rare en Amérique, où l'eſpace ne ſuffit pas aux hommes réunis, la maiſon du Colonel Wadſsworth m'offrit un aſyle très agréable : il me logea chez lui, ainſi que M. le Duc de Lauzun qui m'avoit paſſé en chemin. M. du Mas, attaché à l'Etat-Major de l'Armée, & pour lors employé auprès de M. de Lauzun, M. Linch & M. de Monteſquieu eurent de très-bons logemens dans le voiſinage.

Le Colonel Wadſsworth eſt un homme de 32 ans, très-grand & très-bien fait, & d'une figure auſſi noble qu'agréable. Il habitoit autrefois ſur long-Iſland ; & dès ſon enfance il s'eſt livré au commerce & à la navigation. Il avoit déja fait pluſieurs voyages, tant à la côte de Guinée qu'aux Indes Occidentales, lorſque, ſelon l'expreſſion uſitée en Amérique, la *conteſtation* actuelle a commencée : alors il ſervit dans l'armée, & ſe trouva à pluſieurs actions ; mais le Général Washington ayant reconnu que ſes talens le mettoient à portée de ſervir encore plus utilement, il le fit Commiſſaire pour les approviſionnemens. Cette place eſt militaire en Amérique, & ceux qui la rempliſſent ſont auſſi conſidérés que les principaux officiers de la ligne. Le Commiſſaire général eſt chargé de tous les achats, & le Quartier-Maître général de tous les tranſports. C'eſt ce dernier qui déſigne les emplacemens, établit les magaſins, pourvoit aux voitures & ordonne les diſtributions : c'eſt auſſi d'après ſes reçus & ſes mandats que les *Pay-Maſters,* ou Tréforiers, font leurs paiemens ; enfin, c'eft proprement un Intendant militaire, tandis que le Commiffaire général peut être comparé à un Munitionnaire qui réuniroit la partie des fourages à celle des vivres. Je crois un pareil arrangement auffi bon que le nôtre, quoique ces départemens n'aient pas été exempts d'abus & même de blâme pendant le cours de la guerre préfente ; mais il faut obferver que partout où le gouvernement eft fans force politique, & la caiffe fans argent, l'adminiftration eft toujours ruineufe & fouvent coupable. Cette réflexion fuffira pour faire l'éloge du Colonel Wadfworth, lorfqu'on faura que dans toute l'Amérique, il ne s'éleve pas une voix contre lui, & que fon nom n'eft jamais prononcé fans qu'on y joigne l'hommage qui eft dû à fes talens & à fa probité. La confiance particuliere du Général Washington fuffit pour mettre le fceau à la jufte confidération dont il jouit. Ce n'étoit donc pas fans fondement que M. le Marquis de la Fayette engagea M. de Corny à l'employer pour les approvifionnemens que l'arrivée prochaine des troupes françoifes rendoit néceffaires. Lorfqu'elles furent débarquées à Rhode-Ifland, il le propofa encore comme l'homme le plus propre à les fecourir dans tous leurs befoins ; mais alors l'adminiftration ne jugea pas à propos de s'en fervir : elle conçut même des foupçons contre lui fur de faux apperçus, & fe preffa de fubftituer à un commiffionnaire intelligent & accrédité, des entrepreneurs fans fortune & fans caractere, qui promirent tout, ne tinrent rien, & ne tarderent pas à ruiner nos affaires ; d'abord en hauffant le prix des denrées par des achats faits à la hâte, & fouvent en concurrence les uns des autres ; & enfuite en mettant dans le commerce & offrant à grand efcompte les lettres de change qu'ils s'étoient engagés à recevoir pour les deux tiers dans tous les paiemens. Ces marchés, ces contrats réuffirent fi mal par la fuite, qu'on a été obligé, mais trop tard, de recourir à M. Wadfworth : il a repris alors les affaires avec la même nobleffe qu'il les avoit quittées ; toujours fupérieur aux injures par fon caractere, comme il l'eft par fes talens, aux obftacles fans nombre dont il eft entouré.

Un autre perfonnage intéreffant fe trouvoit alors à Hartford,

& j'allai lui faire une visite : c'est le Gouverneur Trumbull ; Gouverneur par excellence, car il l'est depuis quinze ans , ayant été continué dans son emploi tous les deux ans , & ayant également joui de la considération publique sous le gouvernement des Anglois, & sous celui du Congrès. Il est âgé de soixante-dix ans : sa vie entiere est consacrée aux affaires , qu'il aime avec passion , grandes ou petites ; ou plutôt il n'en est point pour lui de cette derniere classe : il a toute la simplicité dans le costume , toute l'importance, la pédanterie même , qui convient à un grand Magistrat d'une petite République. Il me retraçoit les Bourg-mestres de Hollande , du tems des Heinsius & des Barnevelt. On m'avoit assuré qu'il travailloit à une histoire de la révolution actuelle : j'étois très-curieux de lire son ouvrage ; je luis dis que j'espérois le voir à mon retour à Lebanon (son séjour habituel) & qu'alors je lui demanderois la permission de parcourir son manuscrit ; mais il m'assura qu'il n'avoit encore écrit que l'introduction qu'il avoit adressée à M. le Chevalier de la Luzerne. Pendant mon séjour à Philadelphie j'ai lu cet ouvrage : ce n'est qu'un résumé historique, assez superficiel , & qui n'est pas dépourvu de partialité dans la maniere dont les évenemens de la guerre sont représentés. Le seul fait intéressant que j'y aie trouvé, c'est qu'on lit dans le Journal d'un Gouverneur Winthrop, à l'année 1670 , que les membres du Conseil de Massachusset , ayant été avertis par leurs amis à Londres, de s'adresser au Parlement, à qui le Roi laissoit alors beaucoup d'autorité, & ayant été conseillé de suivre cette voie pour obtenir le redressement de quelques griefs, le Conseil, après avoir murement délibéré, jugea à propos de décliner cette proposition ; réfléchissant que si jamais il se mettoit sous la protection du Parlement, il seroit obligé de se soumettre aux loix que cette assemblée pourroit imposer, soit à la Nation en général, soit aux Colonies en particulier. Or rien ne prouve mieux que dans l'origine ces Colonies n'ont jamais reconnu l'autorité du Parlement, ni pensé qu'elles dussent être liées par les loix qui pourroient en émaner.

Le 17 au matin, je me séparai avec regret, & de mon hôte,

& du Duc de Lauzun ; mais ce fut après déjeûner, car c'eſt choſe abſolument inſolite en Amérique de partir ſans avoir déjeûné. Je gâgnai à ce délai indiſpenſable de faire connoiſſance avec le Général *Parſon*. Il me parut homme d'eſprit, & il eſt regardé comme tel dans ſon pays ; mais il ne paſſe pas pour un grand officier : il eſt auſſi, ce qu'il ne faut jamais être, à la guerre comme ailleurs, malheureux. Son début fut ſur Long-Iſland, où il fut pris, & depuis il s'eſt trouvé dans toutes les mauvaiſes occaſions ; deſorte qu'il paſſe plutôt pour un homme fin & adroit, que pour un bon Général.

Les chemins que j'avois à parcourir devenant déſormais difficiles & un peu déſerts, il fut réſolu que je ne ferois ce jour là que dix milles, afin de trouver un bon gîte, & de mettre mes chevaux en état de fournir à la journée du lendemain. Le lieu où je devois m'arrêter étoit *Farmington*. M. Wadsworth, craignant que je n'y rrouvaſſe pas une bonne auberge, me donna une lettre de recommandation pour un de ſes parens, appellé *Lewis* : il m'aſſura que je ferois bien reçu, ſans gêner perſonne, & ſans me gêner moi-même, parce que je paierois ma dépenſe comme dans une auberge. En effet, lorſque les tavernes ſont mauvaiſes, ou que les diſtances auxquelles elles ſe trouvent ne quadrent pas avec les journées qu'on ſe propoſede faire, c'eſt l'uſage en Amérique de demander auſpice à quelque particulier aiſé qui a de là place pour vous dans ſa maiſon, & dans ſon écurie pour vos chevaux : on parle alors à ſon hôte comme à ſon égal ; mais on le paye comme un ſimple cabaretier.

La ville d'Hartford ne mérite qu'on s'y arrête, ni quand on y voyage, ni quand on en parle. Elle conſiſte dans une longue & très longue rue parallele à la riviere : elle eſt aſſez conſidérable & aſſez continue ; c'eſt-à-dire, que les maiſons ne ſont pas éloignées les unes des autres : du reſte, elle a beaucoup d'annexes ; tout eſt Hartford à 6 lieues à la ronde ; mais Eaſt-Hartford, Weſt-Hartford & New-Hartford ſont des villes ſéparées, quoique compoſées de maiſons éparſes dans la campagne. J'ai déja dit que ce qui conſtitue une ville, c'eſt d'avoir un ou pluſieurs Meetings, des aſſemblées particulieres & le droit d'envoyer des députés à l'assemblée générale. On pourroit comparer ces *Town-Ship* aux *Curies* des Romains. Un plateau très-élevé fur le chemin de Farmington offre aux regards, non-feulement tous les Hartfords poffibles, mais toute la partie du continent arrofée par la riviere de ce nom & fituée entre les deux chaînes de montagnes de l'eft & de l'oueft. Cet endroit s'appelle *Rocky - Hill*. Les maifons de Weft-Hartford, fouvent difperfées, quelquefois groupées enfemble & toujours ornées d'arbres & de prairies, font du feul chemin de Farmington, un jardin anglois, tel que l'art auroit peine à en imaginer un pareil. Le peuple qui les habite joint quelqu'induftrie à fa riche culture : on y fabrique des draps & autres étoffes de laine, communes à la vérité, mais d'un bon ufage & fuffifantes pour habiller des gens qui vivent à la campagne ; c'eft-à-dire, dans toute autre ville que Bofton, New-York & Philadelphie. J'entrai dans une maifon où l'on préparoit & teignoit les draps : ces draps font fabriqués par les gens du pays ; on les envoie enfuite à ces petites manufactures où ils font peignés, foulés & teints pour deux fchellings, *Lawfull-Money*, par *yard* ou verge ; ce qui fait à peu-près trente-cinq fols de notre monnoie, la livre du Connecticut étant égale à trois piaftres & quelque chofe de plus. J'arrivai à Farmington à trois heures après-midi. C'eft une jolie petite ville, où il y a un beau Meeting & cinquante maifons réunies, toutes propres & bien bâties. Elle eft fituée fur la pente des montagnes ; la riviere, qui porte le nom de Farmington, coule aux pieds de ces montagnes & fe détourne vers le nord, mais fans fe laiffer appercevoir ; ce qui n'empêche pas que la vue du vallon ne foit fort agréable. Après être defcendu de cheval, je profitai du beau tems pour me promener à pied dans les rues, ou plutôt dans les chemins. Je vis à travers les fenêtres d'une maifon, qu'on travailloit au métier : j'entrai, & je trouvai qu'on y fabriquoit une efpece de camelot, ainfi qu'une autre étoffe de laine rayée en bleu & blanc, pour l'habillement des femmes : ces étoffes fe vendent trois fchellings & demi *l'yard* (lawfull-money) ce qui fait à peu-près quarante cinq fols. Les fils & les petits fils du maître de la maifon travailloient au métier : un ouvrier peut faire à son aise cinq yards par jour. Le prix de la matiere premiere n'étant que d'un schelling, la journée peut donc lui rendre dix à douze schellings. En rentrant de cette promenade je trouvai qu'on m'avoit préparé un fort bon dîner, sans que j'eusse encore été obligé de parler à mes hôtes. Après le dîner, comme le jour commençoit à tomber, M. Lewis qui avoit été dehors pour ses affaires pendant une partie de la journée, entra dans le *parloir* où j'étois ; c'est ainsi qu'on apppelle en Angleterre & en Amérique, la chambre où l'on reçoit du monde : il s'assit auprès du feu, alluma sa pipe, & causa avec moi. Je trouvai que c'étoit un homme actif & intelligent, qui entendoit bien les affaires publiques & les siennes. Il fait le commerce des bestiaux, comme tous les *Farmers* du Connecticut. Il étoit alors employé aux approvisionnemens de l'armée, & principalement occupé à faire tuer & saler les bestiaux que l'Etat de Connecticut devoit faire passer à *Fish-Kill*. En effet chaque Etat est imposé pour le service de l'armée, non-seulement en argent, mais en denrées : ceux de l'est fournissent des bestiaux, du rum & du sel ; & ceux de l'ouest, des farines & du fourage. M. Lewis a aussi porté les armes pour sa patrie : il s'est trouvé à l'affaire de Long-Island & de Sarratoga, dont il m'a rendu un compte fort exact : dans cette derniere occasion il servoit comme volontaire. A l'heure du thé Madame Lewis & sa belle-sœur vinrent augmenter la compagnie. Madame Lewis relevoit des couches & tenoit son enfant dans ses bras. Elle est âgée de trente ans à peu-près, d'une figure très-agréable & d'un maintien si aimable & si honnête, qu'il seroit la décence même dans tous les pays du monde. La conversation se soutint avec intérêt pendant toute la soirée. Mes hôtes se retirerent à neuf heures du soir ; je ne les vis pas le lendemain matin, & je payai mon *bill* aux domestiques : il n'étoit ni cher, ni bon marché ; c'étoit le prix juste des choses, réglé sans intérêt & sans complimens.

Je montai à cheval le 18 à huit heures du matin, & au bout d'un mille je trouvai la riviere de Farmington que je cotoyai pendant quelque tems. Cette partie de ma route ne m'offrit rien
d'intéressant

d'intéreffant, fi ce n'eft qu'ayant tiré un coup de piftolet à un geai, à fon grand étonnement & au mien, je le jettai à terre. Cette forte d'oifeaux faifoit depuis plufieurs jours l'objet de ma curiofité : c'eft en effet le plus bel animal qu'on puiffe voir ; il eft tout bleu, mais il réunit toutes les nuances de bleu, de telle maniere que l'art ne peut rien inventer de pareil, & qu'il auroit même beaucoup de peine à l'imiter. Je remarquerai en paffant, que les Américains ne l'appellent pas autrement que l'oifeau bleu, *blew-bird*. C'eft pourtant un véritable geai ; mais la partie de la langue créée en Amérique eft extrêmement pauvre : tout ce qui n'avoit pas de nom anglois, n'en a reçu ici qu'un fimplement défignatif : le Geai eft l'oifeau bleu ; le Cardinal l'oifeau rouge ; tout oifeau d'eau eft un canard, depuis la Sarcelle jufqu'au canard de bois & au gros canard noir que nous n'avons pas en Europe. Ils les appellent canards rouges *red ducks*, canards noirs *black ducks* ; canards de bois *wood ducks*. Il en eft de même des arbres ; les Pins, les Cyprès, les Sapins font tous compris fous le nom de *Pine trees* ; & fi le peuple caractérife quelqu'arbre en particulier, c'eft par l'ufage auquel on les emploie, comme *wall nut*, noyer à muraille, parcequ'il fert à conftruire des maifons de bois. Je pourrois citer beaucoup d'autres exemples, mais il fuffit d'obferver que cette pauvreté dans le langage prouve combien l'attention des hommes a été employée aux objets d'utilité, & combien en même tems elle a été circonfcrite & refferrée par le feul intérêt dominant, celui d'augmenter les richeffes, plutôt par le travail que par l'induftrie. Mais pour en revenir à mon Geai, je réfolus d'en faire un trophée à la maniere des fauvages, en enlevant fa peau & fes plumes en guife de chevelure, & content de ma victoire je pourfuivis ma route, qui ne tarda pas à me conduire au milieu des montagnes les plus âpres & les plus difficiles que j'euffe encore vues : elles font couvertes de bois auffi anciens que le monde, mais qui ne different cependant pas des nôtres : entaffées avec confufion, elles vous obligent à monter & à defcendre continuellement, fans qu'au milieu de cette république fauvage, vous puiffiez diftinguer le fommet qui dominant fur les

autres , vous annonce au moins qu'il y a un terme à vos travaux. Ce défordre de la nature me rappella les leçons de celui
qu'elle a choifi pour confident & pour interprete. L'Image de
M. de Buffon m'apparut dans ces antiques déferts ; il fembloit
être dans fon propre domaine & me montrer fous une croute
légere formée par la deftruction des végétaux, les inégalités
d'un globe de verre, qui après une longue fufion, s'eft lentement refroidie. Les eaux, difoit-il, n'on rien fait ici : regar-
dez au tour de vous, vous n'y trouverez pas une pierre calcaire ; tout eft quartz, granit ou filex. J'examinai, j'effayai les
pierres avec l'eau forte, & je conclus, ce que l'on ne croit
pas affez en Europe, c'eft que non-feulement il parle bien,
mais qu'il a toujours raifon.

Tandis que je méditois fur le grand travail de la nature qui
emploie 50 mille ans à rendre la terre habitable, un nouveau
fpectacle, bien propre à contrafter avec l'objet de mes contem-
plations, fixa mes regards & excita ma curiofité ; c'étoit l'ouvrage d'un feul homme, qui dans l'efpace d'une année avoit
abattu plufieurs arpens de bois & s'étoit conftruit une maifon
au milieu d'un terrein affez vafte, qu'il avoit déja défriché. Je
voyois pour la premiere fois ce que j'ai vu cent fois depuis.
En effet, quelques montagnes que j'aie gravies, quelques forêts
que j'aie traverfées, quelques chemins détournés que j'aie fuivis, je n'ai jamais fait trois milles fans trouver un nouvel établiffement, ou commençant à fe former, ou déja en valeur. Voici
comment on procede à ces nouvelles cultures, qu'on appelle
Improvements ou *News fetlements*, (amélioration ou nouveaux
établiffemens). Tout homme qui a pu fe procurer un fond de
6 ou 700 livres de notre monnoie, & qui fe fent la force &
la volonté de travailler, peut aller dans les bois & y acheter
une portion de terre, communément de 150 à 200 acres, qui
ne lui revient guere qu'à un dollard ou 100 fous l'acre, & dont
il ne paye qu'une petite partie en argent comptant. Là il conduit une vache à lait, quelques cochons ou feulement une truie
pleine, & deux chevaux médiocres qui ne lui coûtent pas plus
de quatre louis chacun. A ces précautions il joint celle d'avoir

quelques proviſions en farine & en cidre. Muni de ce premier capital, il commence par abattre tous les petits arbres, & quelques fortes branches des plus gros ; il s'en ſert pour faire les *fences* ou barrieres du premier champ qu'il veut défricher ; enſuite, il attaque hardiment ces chênes ou ces pins immen-ſes, qu'on prendroit pour les anciens ſeigneurs du terrein qu'il vient uſurper ; il les dépouille de leur écorce, ou les cerne tout au tour avec la hache. Ces arbres bleſſés mortelle-ment, ſe voyent au printems ſuivant privés de leurs honneurs: leurs feuilles ne pouſſent plus ; leurs branches tombent, & bientôt leur tige n'eſt plus qu'un ſquelette hideux. Cette tige ſemble encore braver les efforts du nouveau Colon ; mais pour peu qu'elle offre quelques crevaſſes, quelques fentes, on l'en-toure de feu, & la flamme conſume ce que le fer n'a pu détruire. Mais il ſuffit que les petits arbres ſoient abattus & que les grands ayent perdu leur ſeve : lorſque cet objet eſt rempli, le terrein eſt éclairci, *cleared* ; l'air & le ſoleil commencent à entrer en commerce avec cette terre toute formée de végétaux détruits, cette terre féconde qui ne demande qu'à produire : l'herbe croît avec rapidité ; dès la premiere année les beſtiaux ont de quoi vivre ; on les laiſſe ſe multiplier, ou même on en achete de nouveaux & on les emploie à labourer une portion de terrein, dans laquelle on ſeme du grain, qui rend vingt & trente pour un. L'Année d'après, nouveaux abattis, nouvelles *fences*, nou-veaux progrès : enfin au bout de deux ans, le Colon a de quoi vivre & même de quoi envoyer des denrées au marché ; & au bout de quatre ou cinq ans il acheve de payer ſon terrein, & ſe trouve un cultivateur aiſé. Alors, l'habitation qui n'étoit d'abord qu'une grande hutte formée par un quarré de troncs d'arbres qu'on avoit placés les uns ſur les autres, & dont les intervalles avoient été remplis avec de la terre paitrie dans l'eau, ſe change en une jolie maiſon de bois, où l'on ſe ménage des appartemens, plus commodes, & certainement plus propres que ceux de la plupart de nos petites villes. C'eſt l'ouvrage d'un mois ou de trois ſemaines. La premiere habitation a été celui de deux fois vingt-quatre heures. On me demandera peut-être comment un seul homme ou un seul ménage peut se loger si promptement. Je répondrai, qu'en Amérique un homme n'est jamais seul, jamais un être isolé. Les voisins, car on en trouve partout, se font une partie de plaisir d'aider le nouveau venu : une piece de cidre bue en commun & gaiement, ou bien un galon de rum, sont la seule récompense dont ces services soient payés. Tels sont les moyens par lesquels l'Amérique septentrionale qui n'étoit il y a cent ans qu'une vaste forêt, s'est peuplée de trois millions d'habitans ; & tel est le bénéfice immense assuré à l'agriculture, que malgré la guerre non-seulement elle se soutient partout où elle a déja été établie, mais qu'elle s'étend encore dans les lieux qui paroissent les moins propres à seconder ses efforts. Il y a quatre ans qu'on auroit fait dix milles dans les bois que j'ai traversés, sans voir une seule habitation.

Harrington est le premier *Town - Ship* que j'aie trouvé sur mon chemin. Cet endroit est à seize milles de Farmington, & à huit de Lichfield. A quatre milles en deçà de cette derniere ville on passe sur un pont de bois la riviere de *Watersbury*; cette riviere est assez large, sans être navigable. Lichfield ou le *Meeting-house* de Lichfield, est situé sur un grand plateau plus élevé que les hauteurs qui l'environnent ; une cinquantaine de maisons assez rassemblées, une grande place, ou pour mieux dire un grand aire au milieu de ces maisons, semble annoncer & préparer les progrès de cette ville, qui est déjà le chef lieu d'un comté ; car l'Amérique est divisée en districts, que l'on appelle comtés dans quelques provinces, à l'exemple de l'Angleterre. C'est dans la capitale de ces comtés ou districts, que se tient la cour des *Sessions*, à laquelle présidoit les Sheriffs, & où les grands Juges viennent tous les quatre mois terminer les affaires civiles & criminelles. A un demi mille en deçà de Lichfield, je remarquai sur la droite du chemin une baraque entourée de palissades, qui me parut être un corps-de-garde ; je m'en approchai, & je vis dans cette petite enceinte dix belles pieces de canon de fonte, un obuz & un pierrier. J'appris que c'étoit une partie de l'artillerie de Burgoyne, qui étoit échue en partage à la province de Conecticut & qu'on conservoit dans cet endroit, comme le plus à portée de l'armée, & en même tems le moins exposé aux incursions des Anglois.

Il étoit quatre heures du soir & le tems devenoit très mauvais, lorsque j'approchai de la maison d'un particulier appellé *Seymour*, pour lequel M. Lewis m'avoit donné une lettre, m'assurant que je trouverois chez lui une meilleure *accommodation* (c'est l'expression angloise) que dans les auberges du lieu ; mais M. Lynch qui avoit été un peu en avant prendre des informations, me dit que M. Seymour étoit absent, & que selon toute apparence sa femme seroit fort embarassée de nous recevoir : en effet, les Américaines sont fort peu accoutumées à se donner de la peine, soit de corps ou d'esprit ; & le soin des enfans, celui de faire le thé & de veiller à la propreté de la maison compose tout leur département. Je pris mon parti d'aller droit à l'auberge, & j'eus encore le malheur de n'y pas trouver M. Philips, maître de cette maison ; de sorte que je fus reçu, tout au moins avec indifférence, ce qui arrive souvent dans les auberges de l'Amérique, lorsqu'elles ne sont pas placées dans des endroits très fréquentés. Les voyageurs y sont considérés comme des gens qui apportent plus d'embarras que d'argent : la raison en est, que les maîtres d'auberge sont tous des cultivateurs aisés qui n'ont pas besoin de ce leger profit ; la plûpart de ceux qui font ce métier, y sont même obligés par les loix du pays, lesquelles ont sagement pourvu à ce que, dans quelque chemin que ce fut, on trouva de six milles en six milles une *publick-house*, ou maison publique, nom qu'on donne communément à ces tavernes, & qui désigne parfaitement l'objet pour lequel elles ont été établies.

Une plus grande difficulté que je rencontrai chez Madame Philips, fut de loger neuf chevaux que j'avois avec moi. Le Quartier-maître en fit placer qu'elques uns dans l'écurie d'un particulier, & tout fut arrangé à ma satisfaction & à celle de mon hôtesse. Il est bon d'observer que rien n'est plus utile qu'un pareil Officier, tant pour le service de l'Etat que pour celui de tout voyageur revêtu d'un caractere. J'ai déjà parlé des fonctions du Quartier-maître général ; mais je n'ai point dit qu'il constitue dans chaque Etat, un *Deputy-quarter-master-general*, c'eſt-à-dire, un Vice-Quartier-maître général ; ce dernier, nomme dans chaque diſtrict un *aſſiſtant* qui le repréſente. Mes chevaux & mes équipages étoient à peine à couvert, qu'il ſurvint une tempête affreuſe ; mais elle me fut favorable, parceque M. Philips arriva avec elle : alors tout prit une face nouvelle dans la maiſon ; le garde-manger s'ouvrit, les Negres redoublerent d'activité & nous vîmes un ſouper ſe préparer ſous les auſpices les plus favorables. M. Philips eſt un Irlandois tranſplanté en Amérique, où il a déjà fait fortune ; il paroit un homme fin & adroit ; il parle aux étrangers avec précaution & craint de ſe compromettre : du reſte, il eſt d'un caractere plus gai que les Américains, même un peu perſifleur, genre peu connu dans cet hemiſphere, & qui n'a pas plus obtenu de nom particulier que les différentes eſpeces d'arbres & d'oiſeaux. Madame Philips, déſormais ſecondée par ſon mari & plus au deſſus de ſa beſogne, reprit bientôt ſa ſérénité naturelle : elle eſt de famille américaine, vraie *Yankee*, comme diſoit ſon mari ; ſa figure eſt douce & agréable, & ſes manieres répondent parfaitement à ſa figure.

Le 19, je partis de Lichfield entre neuf & dix heures du matin, & je pourſuivis ma route dans les montagnes, moitié à pied, moitié à cheval ; car ayant pris l'habitude, que j'ai conſervée depuis, de voyager du matin au ſoir ſans m'arrêter, j'avois de tems en tems pitié de mes chevaux, & je leur épargnois ſurtout des deſcentes qui paroiſſent plutôt faites pour des chevreuils que pour des voitures & des animaux chargés. Le nom de la premiere ville que je rencontrai, annonce que ſon origine eſt récente ; elle s'appelle *Washington*. Un nouveau Comté s'étant formé dans les bois du Connecticut, on lui a donné ce nom reſpectable, dont la mémoire durera ſans doute encore plus long tems que la ville chargée de la perpétuer. Il exiſte en Virginie une belle terre de *Washington*, appartenante au protecteur de l'Amérique ; mais la grande diſtance qui la ſépare de cette nouvelle cité, prévient tous les inconvéniens que l'identité de nom pourroit entraîner. Cette capitale d'un Comté naissant a un *Meeting-House* & sept ou huit maisons rassemblées. Elle est dans une jolie situation, & la culture y paroît riche & soignée ; un ruisseau qui coule au fond de la valleé, rend les prairies plus fécondes qu'elles ne le sont ordinairement dans les pays de montagnes. On compte de là à *Lichfield*, dix-sept milles : il m'en restoit encore dix à faire pour arriver à la taverne de *Moor-House*, où je voulois coucher ; mais comme je ne pris pas le plus court chemin, j'en fis bien douze, & toujours dans les montagnes. Celui que je choisis me conduisit dans un hameau assez considérable, appellé *New-Milford-Bordering Skirt*, ou confins du Comté de *Milford* ; & de là dans une valléee si profonde & si sauvage que je me croyois absolument perdu, lorsqu'un petit éclairci dans le bois me laissa appercevoir, d'abord une prairie entourée de barrieres, puis une maison, puis une autre, & enfin un vallon charmant, meublé de plusieurs fermes considérables & couvert de bestiaux. Ce vallon dépend du Comté de *Kent*. Je le traversai bientôt ainsi que le ruisseau qui le partage ; & après avoir fait encore trois milles dans les montagnes, je me trouvai sur la rive de *L'housatonick*, ou autrement dit, la riviere de *Stratford*. Il n'est pas besoin d'avertir que le premier nom est le véritable, c'est-à-dire celui qui a été donné par les Sauvages, anciens habitans du pays. Cette riviere n'est pas navigable & on la passe aisément à gué, près des forges de M. Bull (*Bull's ironwork*). On tourne ensuite vers la gauche & on longe ses bords ; mais si l'on est sensible à la belle nature, si l'on a appris en voyant les tableaux de Verney & de Robert à en admirer les modeles, on s'arrêtera, on s'oubliera même en regardant le charmant paysage que forme l'ensemble des forges, de la chûte d'eau qui sert à les exploiter, & de tous les accessoires d'arbres & de rochers dont cette scene pittoresque est embellie. A peine a-t-on fait un mille qu'on repasse encore la même riviere, mais sur un pont de bois. On en trouve bientôt une autre qui se jette dans celle appellée *Ten Miles River* (Rivieres de dix milles ; on suit celle-ci l'espace de deux à trois milles, & l'on voit ensuite plusieurs jolies maisons qui font partie du district appellé l'Oblong. C'est une longue & étroite portion de terre, cédée par le Connecticut à l'Etat de New-York, en conséquence d'un échange fait entre ces deux Etats. L'auberge où j'allois est dans l'Oblong, mais deux milles plus loin : elle est tenue par le Colonel *Moorhouse*; car en Amérique rien n'est plus commun que de voir un Colonel aubergiste : ce sont pour la plupart des Colonels de Milice, choisis par la milice elle-même, qui ne manque guerres de confier le commandement aux citoyens les plus honnêtes & les plus accrédités.

Je pressai mes chevaux, & je me hâtai d'arriver pour prévenir un voyageur à cheval qui m'avoit joint en chemin, & qui auroit eu le même droit que moi au logement si nous y étions arrivés ensemble. J'eus la satisfaction de le voir poursuivre son chemin ; mais bientôt après j'eus la douleur d'apprendre que l'auberge peu considérable où je comptois passer la nuit, étoit occupée par treize fermiers & deux cens cinquante bœufs, qui venoient de *New-Hampshire*. Les bœufs étoient les moins gênans de toute la compagnie : on les avoit conduit dans une prairie à quelque distance de là, où on les avoit livrés à leur bonne foi, sans laisser aucune garde avec eux, pas même celle d'un chien ; mais les fermiers, leurs chevaux & leurs chiens étoient possesseurs de l'auberge. Je m'informai de la raison qui les faisoit voyager ainsi, & j'appris qu'ils conduisoient à l'armée une partie du contingent en subsistance, que le New-Hampshire lui fournit. Ce contingent est une espece de taxe qui se répartit sur tous les habitans, lesquels sont imposés les uns à cent-cinquante, les autres à cent ou quatre-vingt livres de viande, suivant leurs moyens, de sorte qu'ils se cotisent entre eux pour fournir un bœuf, plus ou moins gros, il n'importe, parce que chaque animal est pesé. La conduite des troupeaux est ensuite confiée à quelques fermiers & à quelques valets. Les fermiers ont à peu-près un dollard par jour, & leur dépense ainsi que celle du troupeau, leur est remboursée à leur retour, sur les reçus qu'ils ont eu soin de prendre dans toutes les auberges où ils se sont arrêtés. On paye ordinairement depuis six jusqu'à dix sols de France par chaque bœuf pour une nuit ; la dinée est en proportion.

Je

Je m'informois de ces détails tandis que mes gens cherchoient
à me loger ; mais toutes les chambres, tous les lits étoient occupés par les conducteurs de bœufs, & je me trouvois dans la
plus grande détresse, lorsqu'un grand & gros homme, le principal d'entre eux, ayant appris qui j'étois, vint à moi & me dit
que ni lui ni ses compagnons ne souffriroient jamais qu'un Officier-général Français manquât de lit, & que plutôt que d'y
consentir, ils coucheroient tous sur le plancher ; qu'ils y étoient
accoutumés, & que cela ne leur feroit pas la moindre peine.
Je leur répondis que j'étois militaire & aussi accoutumé qu'eux
à avoir la terre pour lit. Grand débat de politesse sur ce point ;
la leur étoit rustre, mais cordiale & plus touchante que les complimens les mieux tournés. Il en résulta que j'eus une chambre
& deux lits, pour moi & pour mes Aides-de-camp : mais notre
connoissance n'en resta pas là ; après nous être séparés chacun
pour ses affaires, moi pour m'arranger & pour me reposer, eux
pour continuer à boire du *Grog* * & du cidre, je les vis rentrer
dans ma chambre. J'étois alors occupé à vérifier ma route
sur la carte du pays : cette carte excita leur curiosité ; ils y virent
avec surprise & satisfaction les endroits par lesquels ils avoient
passé. Ils me demanderent si on les connoissoit en Europe,
& si c'étoit dans cette partie du monde que j'avois acheté mes
cartes. Ils parurent très-contens, lorsque je leur assurai que nous
connoissions aussi bien l'Amérique que les pays les plus voisins
du nôtre ; mais leur joie n'eut pas de bornes quand ils recon-
nurent sur ma carte le *New-Hampshire*, leur patrie. Ils appel-
lerent aussitôt ceux de leurs camarades qui étoient restés dans
l'autre chambre, & la mienne se trouva remplie de grands hommes les plus forts & les plus robustes que j'aie encore vu en
Amérique. Je parus surpris de leur taille & de leur stature : ils
me dirent que les habitans du New-Hampshire étoient forts &
vigoureux ; que cela venoit de plusieurs raisons ; de ce que l'air y
étoit excellent, de ce que l'agriculture y faisoit leur seule occupa-
tion, & sur-tout de ce que le sang n'y étoit pas mêlé, ce pays

---

* Boisson faite avec du rum & de l'eau.

D

étant habité par des familles d'anciens émigrans venus d'Angleterre. Nous nous séparâmes très-bons amis, nous touchant, ou plutôt nous secouant la main à la maniere angloise, & ils me dirent qu'ils se trouvoient heureux d'avoir eu une occasion, *to shake hands with à French General*, ce qui signifie proprement, de secouer la main d'un Général François.

Le cheval qui portoit mes porte-manteaux, n'ayant pu marcher aussi vîte que moi, ne me rejoignit que le lendemain matin; de sorte que ce jour là, qui étoit le 20 Décembre, je ne pus partir que vers dix heures. A trois milles de *Moor-House Tavern*, on trouve une montagne très-élevée. On descend ensuite, mais un peu moins qu'on a monté; puis on chemine sur un terrein élevé, laissant les grandes montagnes sur la gauche. Le pays est bien cultivé : on y voit de belles fermes & quelques moulins, & malgré la guerre, on y bâtit encore, sur-tout à *Hopel*, Town Ship principalement habitée par les Hollandois, ainsi que la plus grande partie de l'Etat de New-York, cet Etat ayant appartenu à la République de Hollande, qui l'échangea ensuite avec *Surinam*. Mon dessein étoit de coucher à cinq milles en deçà de Fish-Kill, à la taverne du Colonel *Griffin*. Je le trouvai qui coupoit & façonnoit du bois pour faire des barrieres. Il m'assura que sa maison étoit pleine, ce que je n'eus pas de peine à croire, car elle étoit très-petite. Je continuai donc ma route, & j'arrivai à Fish-Kill vers quatre heures après-midi. Cette ville où l'on ne compte guere plus de cinquante maisons dans l'espace de deux milles, est depuis long-tems le principal dépôt de l'armée Américaine ; c'est là qu'on a placé les magasins, les hôpitaux, les atelliers d'ouvriers, &c. mais tous ces établissemens forment une ville particuliere, composée de belles & grandes baraques qu'on a construites dans le bois au pied des montagnes; car les Américains semblables aux Romains à bien des égards, n'ont guere pour quartier d'hiver que des villes de bois ou des camps barraqués, qu'on peut comparer à ceux que les Romains appelloient *Hiemalia*.

Quant à la position de Fish-Kill, les évenemens de la campagne de 1777 avoient prouvé combien il étoit important de l'occuper. Il étoit clair que le projet des Anglois avoit été, & pouvoit être encore de se rendre maître de tout le cours de la riviere du nord, & de séparer ainsi des Etats de l'est ceux de l'ouest & du sud. Il falloit s'assurer un poste sur cette riviere : on choisit *Westpoint* comme le point le plus important à fortifier, & *Fish-Kill* comme la place la plus convenable pour établir le principal dépôt des vivres, des munitions, &c. ces deux positions sont liées ensemble. Je parlerai bientôt de celle de Westpoint ; mais j'observerai ici que Fish-Kill a toutes les conditions nécessaires pour une place de dépôt, parce que cette ville se trouve située sur le grand chemin du Conecticut & près de la riviere du nord, & qu'en même-tems elle est protégée par une chaîne de montagnes inaccessibles, lesquelles occupent une espace de plus de vingt milles entre la riviere de *Croton* & celle de Fish-Kill.

L'approche des quartiers d'hiver & les mouvemens des troupes que cette circonstance occasionnoit, rendoient les logemens très-rares : j'eus assez de peine à en trouver, mais enfin je m'établis dans une médiocre auberge, tenue par une vieille Madame Egremont. La maison n'avoit pas la propreté qu'on trouve communément en Amérique ; mais le plus grand inconvénient étoit que plusieurs carreaux de vitres manquoient. En effet, de toutes les réparations, celles des fenêtres est la plus difficile dans un pays où les habitations étant éparses & éloignées les unes des autres, il faut quelquefois envoyer à vingt milles pour avoir un vitrier. Nous employâmes tout ce qui tomba sous notre main pour calfater de notre mieux les croisées, & nous fîmes bon feu. Un moment après, le Docteur de l'hôpital qui m'avoit vu passer & qui m'avoit reconnu pour un Officier-général François, vint avec beaucoup de politesse s'informer si je n'avois besoin de rien, & m'offrir tout ce qui pouvoit dépendre de lui. Je me suis servis du mot anglois *Doctor*, parce que la distinction de chirurgien & de médecin n'est pas plus connue dans l'armée de Washington, que dans celle d'Agamemnon. On lit dans Homere que le médecin Macaon pansoit lui-même les blessures ; mais nos médecins qui ne sont pas grecs, ne veulent pas suivre cet exemple. Les Américains se conforment à l'usage antique & s'en trouvent bien.

Ils sont très-contents de leurs docteurs, pour lesquels ils témoignent la plus grande considération. Le Docteur Graig, que j'ai connu à Newport, est l'ami intime du Général Washington ; & dernierement M. de la Fayette avoit pour aide-de-camp le Colonel Mac-Henry qui, l'année passée, faisoit les fonctions de Docteur dans la même armée.

Le 21 à neuf heures du matin, le Quartier-Maître de Fish-Kill qui étoit venu la veille au soir avec toute l'honnêteté possible, m'offrir ses services & placer deux sentinelles à ma porte, honneur que je refusai malgré toutes ses instances, se rendit chez moi, & après avoir pris du thé selon l'usage, il me conduisit aux baraques, où je vis les casernes, les magasins & les atteliers des différens ouvriers attachés au service de l'armée. Ces baraques sont de véritables maisons de bois bien construites, bien couvertes, ayant des greniers & même des caves ; de sorte qu'on en prendroit une très-fausse idée, si on en jugeoit par celles qu'on voit dans nos armées, lorsque nous faisons baraquer les troupes. Les Américains en font quelquefois de plus approchantes des nôtres, mais seulement pour mettre les soldats à couvert, lorsqu'ils sont plus à portée de l'ennemi. Ils donnent à celles-ci le nom de hutes, *hutts*, & ils sont très-adroits à construire les unes & les autres. Il ne leur faut que trois jours pour construire les premieres, à compter du moment qu'ils commencent à abbattre les arbres ; les autres sont achevées en vingt-quatre heures. Elles consistent dans de petites murailles faites avec des pierres entassées, dont les intervalles sont remplis avec de la terre paitrie dans l'eau, ou simplement avec de la boue : quelques planches forment le toit ; mais ce qui les rend très-chaudes, c'est que la cheminée en occupe le côté extérieur, & qu'on n'y entre que par une petite porte latérale, pratiquée à côté de cette cheminée. L'armée à passé des hivers entiers sous de pareilles huttes, sans souffrir & sans avoir de maladies. Quant aux baraques, ou plutôt quant à la petite ville militaire de Fish-Kill, on y a si bien pourvu à tout ce que le service & la discipline de l'armée pourroient exiger, qu'on y a construit une Prévôté & une prison qui sont entourées de palissades. Il n'y a qu'une porte pour entrer dans l'enceinte de la Prévôté, & devant cette porte on a placé un corps-de-garde. A travers les barreaux dont les fenêtres de la prison font armées, je diftinguai quelques prifonniers portant l'uniforme anglois ; c'étoit une trentaine de foldats ou *Torys* en-régimentés. Ces miférables avoient fuivis les Sauvages dans l'incurfion que ceux-ci venoient de faire par le lac Ontario & la riviere des Mokawks. Ils avoient brûlés plus de deux cens maifons, tué les chevaux & les vaches, & détruit plus de cent mille boiffeaux de bled. La potence devoit être le prix de ces exploits ; mais les ennemis ayant fait auffi quelques prifonniers, on craignoit les repréfailles, & on fe contentoit de garder ces brigands dans une dure & étroite prifon.

Après avoir paffé quelque tems à vifiter ces différens établiffemens, je montai à cheval, & conduit par un guide de l'Etat que le Quartier-Maître m'avoit donné, je m'enfonçai dans les bois & je fuivis la route de Weftpoint, où je voulois arriver pour dîner. A quatre ou cinq milles de Fish-Kill, je vis quelques arbres abattus & un éclairci dans le bois : m'étant approché d'avantage, je reconnus que c'étoit un camp ou plutôt des hutes habitées par quelques centaines de foldats invalides. Ces invalides étoient tous en très-bonne fanté ; mais il faut favoir que dans les armées américaines, on appelle invalides tous les foldats qui ne font pas en état de faire leur fervice : or ceux-ci avoient été renvoyés fur les derrieres, parce que leurs habits étoient véritablement invalides. Ces honnêtes gens, car je ne dirai pas ces malheureux (ils favent trop bien fouffrir, & fouffrent pour une caufe trop noble) n'étoient vraiment pas couverts, pas même de guenilles ; mais leur maintien affuré, leurs armes en bon état fembloient couvrir leur nudité, & ne laiffer voir que leur courage & leur patience. Ce fut près de ce camp que je rencontrai le Major *Liman*, aide-de-camp du Général *Heath*, que j'avois connu particulierement à Newport, & M. de Villefranche, Officier François fervant à Weftpoint, en qualité d'Ingénieur. Le Général Heath avoit été inftruit de mon arrivée par un exprès que le Quartier-Maître de Fish-Kill lui avoit dépêché à mon infçu, & il avoit envoyé ces deux Officiers au devant de moi. Je continuai de marcher dans les bois & dans un chemin refferré des deux côtés par des montagnes très-efcarpées, qui paroiffent arrangées tout exprès pour l'habitation des ours, & où en effet ils font de fréquentes promenades pendant l'hiver. On profite d'un endroit où les montagnes s'abaiffent un peu, pour tourner vers l'oueft & s'approcher de la riviere, mais on ne la voit point encore. Je defcendois lentement ces montagnes, lorfque tout à coup au tournant d'un chemin, mes yeux furent frappés du plus magnifique tableau que j'aie vu de ma vie ; c'eft celui que préfente la riviere du nord, coulant dans un encaiffement profond formé par les montagnes, à travers lefquelles elle a jadis forcé fon paffage. Le fort de Weftpoint & les batteries formidables dont il eft défendu, fixent l'attention fur la rive de l'oueft ; mais fi l'on éleve fes regards, on voit de tous côtés des fommets élevés, tous hériffés de redoutes & de batteries. Je fautai à bas de mon cheval, & je fus long tems à regarder avec ma lunette d'approche, le feul moyen qu'on puiffe employer pour connoître l'enfemble des fortifications dont ce pofte important eft entouré. Deux fommets élevés fur chacun defquels on a conftruit une grande redoute, protegent la rive de l'eft. Ces deux ouvrages n'ont pas d'autres noms que ceux de redoutes du nord & de redoutes du midi ; mais depuis le fort de *Weftpoint* proprement dit, qui eft au bord de la riviere, jufqu'au haut de la montagne au pied de laquelle il a été conftruit, on compte fix forts différens, tous en amphithéatre & protégés les uns par les autres. On me contraignit de quitter cette place où j'aurois vonlontiers paffé la journée entiere, & je n'eus pas fait un mille, que je vis pourquoi on m'avoit preffé d'arriver ; en effet, j'apperçus un corps d'infanterie, fort de deux mille cinq cens hommes à peuprès, qui étoit en bataille fur le bord de la riviere. Il venoit de la paffer pour fe porter enfuite fur *King's-Bridge*, & couvrir un grand fourage qu'on fe propofoit de faire vers les plaines blanches & jufqu'aux portes de New-York. Le Général Stark, celui qui battit les Anglais à *Bennington*, commandoit ces troupes, & le Général Heath étoit à leur tête. Il voûloit me les faire voir avant qu'elles fe miffent en marche. Je paffai devant les rangs, falué de l'efponton par tous les Officiers, & les tambours battant au champ, honneur qu'on rend en Amérique aux Majors généraux dont le grade eft le premier dans les armées, quoiqu'il ne correfponde qu'à celui de Maréchal de camp. Les troupes étoient mal habillées, mais elles avoient bonne apparence : quant aux Officiers, ils ne laiffoient rien à defirer, tant pour leur contenance que pour leur maniere de marcher & de commander. Après que j'eus paffé fur le front de la ligne, elle fe rompit, défila devant moi & continua fa route. Le Général Heath me conduifit au rivage où fa barge l'attendoit pour me paffer de l'autre côté. C'eft alors qu'une nouvelle fcene s'ouvrit à mes regards, non moins fublime que la premiere. Nous defcendions le vifage tourné vers le nord ; de ce côté là on voit une île couverte de rochers, qui femble fermer le canal de la riviere, mais bientôt à travers l'efpece d'embrafure que fon lit a formé en féparant des montagnes immenfes, on s'apperçoit qu'elle vient obliquement du côté de l'oueft, & qu'elle a tourné tout à coup autour de Weftpoint pour s'ouvrir un paffage & fe hâter de rejoindre la mer, fans faire déformais le plus petit détour. Les regards, en fe portant vers le nord au-delà de *Conftitution-Ifland* (c'eft l'île dont je viens de parler) retrouvent encore la riviere, diftinguent *New-Windfor* fur fa rive gauche, puis s'arrêtent fur différens amphithéatres formés par les appalaches, dont les derniers fommets qui terminent la fcene, font éloignés de plus de dix lieues. Nous nous embarquâmes dans la barge & nous traverfâmes la riviere qui a près d'un mille de largeur. Amefure que nous approchions du rivage oppofé, le fort de Weftpoint qui, vu de la rive de l'eft, paroiffoit humblement fitué au pied des montagnes, s'élevoit à nos yeux & fembloit lui-même le fommet d'un rocher efcarpé : ce rocher n'étoit cependant que le bord de la riviere. Quand je n'aurois pas remarqué que les fentes qui le partageoient en différentes places, n'étoient que des embrafures de canons & des batteries formidables, j'en aurois été averti par treize coups de canon de 24, tirés fucceffivement. C'étoit un falut militaire, dont le Général Heath vouloit bien m'honorer au nom des treize Etats. Jamais honneur n'a été plus impofant ni plus majeſtueux. Chaque coup de canon, après un long intervalle, étoit renvoyé par la rive oppoſée avec un bruit preſqu'égal à celui de la décharge même. Si l'on ſe rappelle qu'il y a deux ans, Weſtpoint étoit un déſert preſqu'inacceſſible, que ce déſert a été couvert de forthereſſes & d'artillerie, par un peuple qui, ſix ans auparavant, n'avoit jamais vu de canons; ſi l'on refléchit que le ſort des treize Etats a dépendu de ce poſte important, & qu'un marchand de chevaux transformé en Général, ou plutôt devenu un héros, toujours intrépide, toujours vainqueur, mais achetant toujours la victoire au prix de ſon ſang; que cet homme extraordinaire, à la fois l'honneur & l'opprobre de ſa patrie, a vendu & penſé livrer aux Anglois le *Palladium* de la liberté Americaine; ſi l'on rapproche enfin les unes des autres tant de merveilles, dans l'ordre phyſique & dans l'ordre moral, on croira aiſément que ma penſée dut être exercée & que je ne m'ennuyai pas en chemin.

En deſcendant à terre, ou plutôt en grimpant ſur les rochers qui s'élevent au bord de la riviere & dont elle arroſe le pied, nous fûmes reçus par le Colonel Lamb & le Major Bowman, tous deux Officiers d'artillerie, par le Major Fish, jeune homme d'une jolie figure, ſpirituel & inſtruit & le Major Frank, ci-devant Aide de camp du Général Arnold. Celui-ci venoit d'être jugé & acquitté honorablement par un Conſeil de guerre, qu'il avoit demandé lui-même après l'évaſion & la trahiſon de ſon Général. Il parle bien françois ainſi que le Colonel Lamb; ils l'ont appris tous deux dans le Canada où ils étoient établis. Le dernier a reçu un coup de fuſil dans la mâchoire à l'attaque de Quebec, combattant à côté d'Arnold & ayant déja pénétré dans la ville. Preſſés par l'heure du dîner, nous allâmes tout de ſuite à la baraque du Général Heath. Le fort que l'on avoit commencé ſur un plan beaucoup trop étendu, a été reſerré depuis par M. du Portail; de ſorte que cette baraque ne ſe trouve plus dans ſon enceinte. Il y a autour quelques magaſins, & plus loin du côté du nord-oueſt des caſernes pour trois ou quatre bataillons; elles ſont conſtruites en bois & pareilles à celles de Fishkill. Tandis qu'on ſe diſpo-

foit à fervir, le Général Heath me fit entrer dans un petit réduit qui lui fert de chambre à coucher, & il me montra l'inftruction qu'il avoit donnée au Général Stark pour le grand fourage dont il l'avoit chargé. Cette expédition exigeoit un mouvement de troupes dans un efpace de plus de cinquante milles,
& je puis affurer qu'elle étoit auffi bien faite qu'aucune inftruction de ce genre, que j'aie encore vu manufcrite ou im-
primée. Il me montra auffi une lettre par laquelle le Général
Washington lui ordonnoit feulement d'envoyer ce détachement,
& lui en défignoit l'objet, fans lui faire part cependant d'une autre
opération liée à celle-là, qui devoit avoir lieu fur la rive droite
de la riviere du nord. D'après différens avis parvenus par des
voies indirectes, le Général Heath fe perfuadoit que dans le
cas où les ennemis raffembleroient leurs forces pour interrompre
le fourage, M. de la Fayette attaqueroit *Staten-Ifland*, & il
ne fe trompoit pas ; mais M. Washington fe contentoit d'annoncer quelques mouvemens de fon côté, ajoutant feulement
qu'il attendoit une voie plus fûre pour en inftruire le Général
Heath. C'eft que le fecret eft gardé très exactement à l'armée
américaine ; peu de perfonnes ont part à la confiance du chef,
& en général on y parle moins que dans les armées Françoifes
des opérations de la guerre, & de ce que l'on appelle chez
nous *les nouvelles*.

Le Général Heath eft tellement connu dans notre petite armée, que je me difpenferois de donner aucun détail fur lui,
fi ce Journal, où j'effaie de me rappeller le peu que j'ai vu dans
ce pays-ci, n'étoit pas deftiné en même tems à contenter la
curiofité de quelques perfonnes qui n'ont pas traverfé les mers
& dont je defire amufer les loifirs. Je dirai donc que ce Général eft un des premiers qui prit les armes lors du blocus de
Bofton, & qu'ayant d'abord joint l'armée en qualité de Colonel, il fut tout de fuite élevé au rang de Général major. Il
étoit alors bon fermier, ou riche gentilhomme ; car il ne faut
pas perdre de vue, qu'en Amérique *Farmer* fignifie cultivateur
par oppofition à *Merchant*, qui eft le nom de tout homme qui
s'occupe du commerce. Ici comme en Angleterre on entend

par *Gentleman* celui qui possede un *freehold*, ou une terre en pro‑
priété. Le Général Heath étoit donc *farmer* ou *gentleman*, & nour‑
rissoit dans ses terres un grand nombre de bœufs, qu'il vendoit
pour l'approvisionnement des vaisseaux. Mais son goût naturel le
portoit à l'étude de la guerre : il s'y est appliqué principalement
depuis que le devoir a concouru avec son inclination ; il a lu nos
meilleurs ouvrages de tactique, & surtout celui de M. Guibert,
dont il fait un cas particulier. Sa fortune lui ayant permis de
se soutenir au service malgré le défaut de paye qui a contraint les
moins aisés à l'abandonner, il a fait toute la guerre, mais le ha‑
sard n'a pas voulu qu'il se trouvât aux occasions les plus importan‑
tes. Sa physionomie est noble & ouverte, & sa tête chauve
ainsi que sa corpulence lui donnent beaucoup de ressemblance
avec Milord *Granby*. Il écrit bien & facilement ; il a de plus
une ame sensible & un caractere franc & aimable ; enfin, s'il
n'a pas été à portée de montrer ses talens dans l'action même,
on peut du moins assurer qu'il est très propre à ce que nous
appellons la partie du cabinet. Ses biens sont près de Boston :
il commandoit dans cette place lorsque l'armée de Burgoyne y
fut amenée prisonniere. C'est lui qui mit aux arrêts le Général
anglois Philips, qui avoit manqué de respect au Congrès : sa
conduite dans cette occasion fut noble & ferme. Lorsque nous
arrivâmes à Rhode-Island, il y fut envoyé, & bientôt après,
lorsque Clinton se disposa à nous attaquer, il assembla & com‑
manda les milices qui vinrent à notre secours. Pendant son sé‑
jour à Newport il a vécu honorablement & en grande liaison
avec tous les Officiers François. Enfin, au mois de Septembre
le Général Washington ayant appris la trahison d'Arnold, le
rappella auprès de lui & lui donna le commandement de West‑
point ; preuve de confiance d'autant plus honorable, qu'il n'y
avoit que le plus honnête de tous les hommes qui pouvoit succéder
dans ce commandement au plus lâche de tous les traîtres.

Après avoir donné cette idée avantageuse, mais juste du Gé‑
néral Heath, c'est à moi sans doute à m'applaudir de l'amitié
& de la parfaite intelligence qui a regné toujours entre nous
pendant son séjour à Newport, où l'usage que j'ai de la lan‑

gue Angloife me rendoit l'organe de toutes les affaires que nous avions à traiter avec lui. Ce fut avec une véritable joie qu'il me reçut à Weftpoint ; il me donna un dîner fimple, mais très bon : il eft vrai qu'il n'y avoit pas une goutte de vin ; mais je trouve qu'avec de l'excellent cidre & du *Towdy* * on s'en paffe très-bien. Dès qu'on fut forti de table, on fe hâta de profiter de ce qu'il reftoit encore de jour pour aller voir les fortifications. Le premier fort que l'on trouve au deffus de Weftpoint, fur la pente de la montagne, à reçu le nom du Général *Putnam*. Il eft placé fur un rocher efcarpé de tous côtés : les remparts avoient d'abord été conftruits avec des troncs d'arbres ; on les refait en pierres & ils ne font pas encore entiérement finis. Il y a un magafin à poudre à l'abri de la bombe, une grande citerne & un fouterrein pour la garnifon. Au deffus de ce fort & en gagnant le fommet le plus élevé, on trouve encore fur trois petits fommets différens, trois fortes redoutes garnies de canons : chacune de ces redoutes exigeroit un fiege en forme. Le jour étant prêt à finir, je me contentai de juger au coup d'œil de la maniere très bien entendue dont elles fe protegent mutuellement. Le fort *Wallis* où le Général Heath me conduifit, étoit plus à portée & d'un accès plus facile. Quoiqu'il foit placé plus bas que le fort *Putnam*, il domine encore fur la riviere du côté du fud. C'eft une grande redoute pentagonè, conftruite en bois, c'eft-à-dire avec d'immenfes troncs d'arbres ; elle eft fraifée & garnie d'artillerie. Sous le feu de cette redoute, & plus bas, on a fait une batterie de canon pour battre plus obliquement le cours de la riviere. Cette batterie n'eft point fermée par la gorge, de forte que l'ennemi peut bien la prendre, mais jamais la conferver ; fur quoi je remarquerai que c'eft la meilleure méthode à fuivre dans toutes les fortifications de campagne. Les batteries placées dans les ouvrages ont deux inconvéniens : le premier , que pour peu que ces ouvrages foient elevés elles ne font pas affez rafantes , & le fecond, que l'ennemi peut attaquer à la fois &

______

(*) Boiffon faite avec du rum , du fucre & de l'eau ; c'eft proprement du punch fans citron.

la redoute & la batterie : au lieu que celle-ci étant extérieure & protégée par la redoute, doit être attaquée la premiere ; alors elle se trouve soutenue par des troupes qui n'ont rien à craindre pour elles-mêmes, & dont le feu est par conséquent mieux dirigé & plus meurtrier. Une batterie plus basse encore & plus près de la riviere, acheve d'assurer la partie du sud.

En retournant à Westpoint nous vîmes une redoute qu'on a laissé dégrader comme étant inutile, & elle l'est effectivement. Nous ne rentrâmes qu'à la nuit ; mais ce qui me restoit à voir n'éxigeoit pas la lumiere du jour : c'est un vaste souterrein pratiqué dans le fort de Westpoint, où l'on tient en réserve non-seulement les poudres & les munitions nécessaires à ce poste, mais encore le dépôt de toute l'armée. Ces magasins exactement remplis, l'artillerie nombreuse qu'on voit dans ces différentes forteresses ; le travail prodigieux qu'il a fallu pour conduire & entasser sur des rochers escarpés d'immenses troncs d'arbres & d'énormes pierres de taille, impriment dans l'esprit une idée des Américains, bien différente de celle que le ministere Anglois s'est efforcé d'en donner au Parlement. Un François seroit surpris qu'une nation, à peine naissante, eut dépensé en deux années plus de douze millions dans ce désert ; il le seroit davantage lorsqu'il sauroit que ces fortifications n'ont rien coûté à l'Etat, ayant été construites par des soldats, à qui on ne donnoit pas la moindre gratification & qui ne touchoient pas même leur paye ; mais il éprouveroit sans doute quelque satisfaction, en apprenant que ces ouvrages si beaux & si bien entendus, ont été conçus & exécutés par deux Ingénieurs François, M. du Portail & M. de Gouvion, qui n'étoient pas plus payés que leurs ouvriers.

Au reste, dans ce séjour tout sauvage & tout guerrier où l'on se croit au fond de la Trace dans l'asyle du Dieu Mars, on trouve le soir en rentrant de jolies femmes & de très-bon thé. Madame Bowman, femme du Major de ce nom & une jeune sœur, qui l'avoit suivie à Westpoint, nous attendoient à notre retour. Elles logeoient toutes deux dans une petite baraque très bien arrangée. La chambre où elles nous reçurent étoit tapissée

d'un joli papier, meublée de tables de Mohagoney & même ornée de pluſieurs eſtampes. Après avoir paſſé là quelques momens, il s'agiſſoit de retourner à la baraque du Général Heath
& de s'arranger pour y paſſer la nuit, ce qui n'étoit pas choſe
aiſée ; car dans la ſoirée la compagnie s'étoit fort augmentée.
Le Vicomte de Noailles , le Comte de Damas & le Ch^{er.} Du-
pleſſis-Mauduit étoient arrivés à Weſtpoint : ils avoient deſſein
de voir ce poſte dans de plus grands détails ; mais les mouvemens de l'armée Américaine les déciderent à partir avec moi ,
afin de pouvoir joindre M. de la Fayette le lendemain au ſoir
ou le ſurlendemain de grand matin. Quoique le Général Heath
eut beaucoup de monde à loger , la beſogne de ſon Maréchal
général des logis ne fut pas difficile : il n'y avoit dans la baraque que trois pieces ; la chambre du Général , celle de ſon
Aide de camp, que celui-ci voulut bien me céder, & la ſalle
à manger où l'on étendit à terre des couvertures devant un grand
feu. Ce fut là que ces Meſſieurs paſſerent une nuit très *confortable* *, c'eſt-à-dire auſſi bonne qu'il étoit poſſible de l'eſpérer. le coup de canon de réveil n'eut pas de peine à les tirer
de leur lit; les couvertures furent enlevées, & la ſalle à manger reprenant ſes droits fut bientôt meublée d'une grande table ,
& la table couverte de *beef ſtakes* **, que nous mangeâmes de
très-bon appetit, en avalant de tems en tems une taſſe de thé
au lait. Les Européens ne trouveroient pas une convenance bien
ſenſible entre cet aliment & cette boiſſon ; mais je puis aſſurer
que tout cela faiſoit un déjeûner très *confortable*. Ce qui ne
l'étoit pas du tout, c'eſt une plûie épouvantable qui avoit commencé pendant la nuit & qui duroit encore , jointe à un vent affreux qui rendoit le paſſage du Ferry très-difficile pour nos chevaux, & nous empêchoit de nous ſervir de la voile dans la barge
que le Général Heath nous avoit donnée pour nous conduire à
King's-Ferry. Malgré tous ces obſtacles nous nous embarquâmes,
au bruit des canons, qui tirerent encore treize coups , malgré

---

* Expreſſion très uſitée en Amérique & qui n'a pas beſoin de traduction.

** Tranches de bœuf grillées.

les inſtances que je fis pour l'empêcher. Une circonſtance que j'avois appriſe, donnoit cependant un nouveau prix à ces honneurs ; c'eſt que les pieces de canon dont j'entendois les décharges, avoient appartenu à l'armée de Burgoyne. Ainſi, l'artillerie que le Roi d'Angleterre envoya en 1777, de *Wolwich* en Canada, ſert à préſent à défendre l'Amérique & à rendre hommage à ſes alliés, en attendant qu'elle ſoit employée au ſiege de New-York.

Le Général Heath, que ſes affaires avoient retenu à *Weſt-point*, me donna le Major Liman pour m'accompagner juſqu'à *Verplank's-point* : nous n'y arrivâmes qu'à midi & demi, après avoir toujours voyagé dans le ſein des montagnes immenſes, qui couvrent ce pays, & ne laiſſent d'autre intervalle entr'elles que le lit de la riviere. La plus haute de ces montagnes s'appelle *Anthony's-noſe* le nez d'Antoine : elle s'avance dans la riviere & l'oblige de détourner un peu ſon cours. Avant d'arriver à ce point, on voit ſur la droite les ruines du fort Clinton. Ce fort qui tenoit ſon nom du Gouverneur de l'Etat de New-York, fut attaqué & pris en 1777 par le Général Clinton, lorſqu'il remonta vers Albany pour eſſayer de donner la main à Burgoyne. C'étoit alors la principale défenſe de la riviere ; on l'avoit conſtruit ſur un rocher, au pied d'une montagne, qu'on croyoit inacceſſible, & il étoit encore défendu par une petite *Creek* qui ſe jette dans la grande riviere. Sir Harry Clinton gravit ſur le ſommet de la montagne, portant lui-même le drapeau Britannique qu'il tint toujours élevé, tandis que ſes troupes deſcendoient l'eſcarpement, paſſoient la *Creek* & enlevoient le poſte. La garniſon compoſée de 700 hommes, fut priſe preſque toute entiere. Depuis que la défaite de Burgoyne & l'alliance avec la France ont changé la face des affaires en Amérique, le Général Vashington n'a pas jugé à propos de rétablir le fort Clinton ; il a préféré de placer ſa communication & de concentrer ſes forces à *Weſtpoint*, parce que dans cet endroit, *l'Hudſon* fait un détour qui empêche les vaiſſeaux de le remonter vent arriere ou avec la marée, & que l'île de *conſtitution* qui ſe trouve préciſément à ce détour, dans la direction nord & fud , eft parfaitement fituée pour protéger la chaîne qui ferme le paffage aux vaiffeaux de guerre.

Cependant les Anglois avoient confervé un pofte très-important à King's-Ferry. Ils y étoient fuffifamment fortifiés ; de forte qu'à l'aide de leurs vaiffeaux, ils fe trouvoient maîtres du cours de la riviere dans l'efpace de plus de cinquante milles , & repouffoient ainfi vers le nord la communication très-importante des Jerfeys & du Coneƈicut. Tel étoit l'état des chofes, lorfqu'au mois de Juin 1779, le Général Waine qui commandoit dans le *Clove* un corps de 1500 hommes , forma le projet de furprendre le fort de *Stoney-Point*. Ce fort confiftoit dans un retranchement entouré d'abattis qui couronnoit un rocher efcarpé , & dont le réduit formoit une bonne redoute bien fraifée. Le Général Waine marcha la nuit fur trois colonnes : la principale étoit commandée par M. de Fleury qui , fans tirer un coup de fufil, força les abattis & les retranchemens , & entra avec les fuyards dans la redoute. L'attaque fut fi vive de la part des Américains , & l'épouvante fut telle de la part des Anglois, que M. de Fleury qui étoit entré le premier, fe trouva en un inftant chargé d'onze épées qu'on lui avoit remifes en demandant quartier. On doit ajouter à l'honneur de nos alliés , que de ce moment là il n'y eut plus une goutte de fang répandu. Les Américains , une fois maître de l'une des rives de la riviere , ne tarderent pas à s'affurer la poffeffion de l'autre. M. de Gouvion conftruifit à *Verplank's-Point* une redoute où nous abordâmes, & où nos chevaux, par un hafard très-heureux, fe trouverent arrivés en même tems que nous. Cette redoute eft d'une forme particuliere, qui n'eft guere ufitée qu'en Amérique. Le foffé eft en dedans du parapet; ce parapet eft efcarpé des deux côtés & fraifé à la hauteur du cordon ; on a pratiqué au-deffous des logemens pour les foldats. Le milieu de l'ouvrage eft un réduit conftruit en bois & en forme de tour quarrée ; il eft crenelé par-tout & commande le rampart. Un abattis formé de têtes d'arbre enlacées environne le tout & tient lieu de chemin couvert. On voit aifément qu'un pareil ouvrage ne peut être infulté, & qu'il faut abfolument du canon pour le prendre. Or comme celui-ci eft adoffé à des montagnes dont les Américains font toujours les maîtres, il eft prefqu'impoffible que les Anglois en faffent le fiege. Une *Creek* qui fe jette dans la riviere d'Hudfon & coule au fud de cette redoute, en rend la pofition encore plus avantageufe. Le Colonel *Livingfton*, qui commande à *Kings-Ferry*, s'y eft établi de préférence à *Stoney-Point*, parce qu'il s'y trouve plus à portée des plaines blanches où les Anglois font de tems en tems des incurfions. C'eft un jeune homme aimable & inftruit. Avant la guerre il s'étoit marié en Canada, où il a acquis l'ufage de la langue françoife. En 1775, il fut un des premiers à prendre les armes ; il combattit fous les ordres de Mongomery, & s'empara du fort Chambly, tandis que le premier affiégeoit Saint-Jean. Il nous reçut dans fa petite citadelle avec beaucoup de grace & de politeffe ; mais pour en fortir avec les honneurs de la guerre, les loix américaines exigeoient que nous fiffions un déjeûner ; c'étoit le fecond de la journée : il confifta encore en *Beef-Stakes*, accompagné de thé au lait & de quelques bowls de grog ; car la cave du commandant n'étoit pas mieux fournie que la garde-robe des foldats : ceux-ci avoient été envoyés dans cette garnifon comme étant les plus mal vêtus de l'armée américaine ; ainfi on peut fe faire une idée de leur habillement.

Vers deux heures après-midi nous pafsâmes de l'autre côté de la riviere, & nous nous arrêtâmes pour examiner les fortifications de *Stoney-Point*. Les Américains les ayant trouvé trop étendues, les ont refferrées & les ont réduites à une redoute à peu-près pareille à celle de Verplank, mais pas tout-à-fait fi bonne. Là je pris congé de M. *Livingfton* ; il me donna un guide pour me rendre à l'armée, & je me mis en chemin, précédé par MM. de Noailles, de Damas & de Mauduit, qui voulurent joindre M. de la Fayette dès le foir même, quoiqu'il leur reftât encore trente milles à faire & de très-mauvais chemins à paffer. Cette impatience convenoit à merveille à leur âge ; mais les nouvelles que j'avois raffemblées, m'ayant prouvé que l'armée ne pouvoit fe mettre en mouvement que le lendemain, je me décidai à m'arrêter en chemin, content de profiter du peu de jour qui me reftoit pour faire encore dix ou douze milles. En m'éloignant de

la

la riviere, je me retournois souvent pour jouir encore du magnifique spectacle qu'elle offre en cet endroit, où elle élargit tellement son lit, qu'en regardant du côté du sud, on croit voir un lac immense, tandis que celui du nord n'offre que l'aspect d'un fleuve majestueux. On me fit remarquer une espece de promontoire, d'où le Colonel Livingston pensa prendre avec une seule piece de canon, la frégate le *Vautour* qui avoit conduit *André* & qui attendoit *Arnold*. Cette frégate s'étant trop approchée du rivage, échoua à marée basse ; le Colonel en avertit Arnold & lui demanda deux pieces de gros canon, assurant qu'il les placeroit de façon à la couler bas : Arnold éluda la proposition sous de vains prétextes ; de sorte, que le Colonel ne put conduire qu'une seule piece de 4, qui étoit alors dans la redoute de *Verplank*. Cette piece prolongeoit le vaisseau de l'avant à l'arriere, & lui faisoit tant de dommage que s'il ne s'étoit pas relevé avec le flot, il auroit été obligé d'amener. Le lendemain le Colonel Livingston se trouvant sur le rivage, vit passer Arnold dans sa barge, comme il descendoit la riviere pour gagner la frégate. Il assure qu'il en conçut un tel soupçon que s'il avoit eu a portée de lui ses batteaux de garde, il auroit été sur-le-champ le joindre & lui demander où il alloit. Il est vraissemblable que cette question l'auroit jeté dans l'embarras, & qu'alors le Colonel Livingston se fut confirmé dans ses soupçons & l'eut arrêté.

Arnold & sa trahison occupoient encore ma pensée, lorsque mon chemin me conduisit à cette fameuse maison de *Smith* où il eut son entrevue avec André & où il forma son affreux complot. C'est dans cette maison qu'ils passerent la nuit ensemble & qu'André changea de vêtement : c'est là que la liberté de l'Amérique fut marchandée & vendue ; & c'est là que le hasard ; qui décide toujours des plus grands intérêts, déconcerta cet horrible projet, & que satisfait d'immoler l'imprudent André, il ne prévint le crime qu'en sauvant le criminel. En effet, André repassoit tranquillement la riviere pour se rendre à New-York par les plaines blanches, si les coups de canon tirés sur la frégate, ne lui avoient fait craindre de rencontrer les troupes Américaines.

F

Il crut à la faveur de son déguisement, trouver plus de sûreté sur la rive droite ; à quelques milles de là il fut arrêté, à quelques milles plus loin il trouva la potence.

Smith, plus que soupçonné, mais non convaincu d'avoir eu part à ce complot, est encore dans les prisons, où la loi le défend contre la justice. Mais sa maison paroît avoir éprouvé le seul châtiment dont elle soit susceptible ; elle est punie par la solitude ; en effet elle est tellement abandonnée, qu'il n'y est pas même resté un seul gardien, quoiqu'il y ait une grosse ferme qui en dépende. Je poursuivis mon chemin, mais sans y pouvoir donner assez d'attention pour en conserver la mémoire. Je me souviens seulement qu'il étoit aussi ténébreux que mes pensées : il me conduisit dans une vallée profonde, toute couverte de cyprès ; un torrent y couloit à travers des rochers ; je le traversai & bientôt après la nuit survint. Il me fallut faire encore quelques milles pour parvenir à une auberge où je fus passablement logé. Cette auberge est située dans le *Haverstraw* ; elle appartient à un autre *Smith*, mais qui n'a rien de commun avec le premier : il m'assura qu'il étoit bon whig, & comme il me donna un assez bon souper, je le crus aisément.

Le 23, je partis à 8 heures du matin dans le dessein d'arriver de bonne heure au camp de M. de la Fayette ; car j'avois appris par des voyageurs que l'armée ne faisoit aucun mouvement ce jour-là, & je voulois qu'il me présentat au Général Washington. Le chemin le plus court étoit de passer par *Paramus* ; mais le guide qu'on m'avoit donné insista pour que je me détournasse vers le nord, prétendant que l'autre chemin n'étoit pas sûr, que cette route étoit infestée de Torys & que lui-même l'évitoit toujours lorsqu'il avoit quelques lettres à porter : je pris donc sur la droite & je suivis quelque tems le ruisseau de *Romopog* ; ensuite je tournai à gauche, & bientôt après je me trouvai dans le Town-ship de *Pompton* & dans la route de *Totohaw* ; mais apprenant qu'elle me menoit tout droit à la grande armée, sans passer par l'avant-garde de M. de la Fayette, je demandai s'il n'y avoit pas quelque chemin de traverse qui pût me conduire à son quartier ; on m'en indiqua un, par lequel paſſant près d'un eſpece de lac, qui forme un point de vue très-agréable, & traverſant enſuite de fort beaux bois, j'aboutis à un ruiſſeau qui ſe jette dans *Second-river*, préciſément à l'endroit où M. de la Fayette étoit campé. Ses poſtes garniſſoient le ruiſſeau ; ils étoient bien diſpoſés & en très-bon ordre : enfin j'arrivai au camp, mais je ne trouvai pas M. de la Fayette ; prévenu de mon arrivée par M. le Vicomte de Noailles, il m'étoit allé attendre à ſept milles de là, au Quartier-général vers lequel il croyoit que je m'étois dirigé. Cependant il avoit envoyé au-devant de moi M. de Gimat & un de ſes aides de camp ; mais ils avoient pris les deux chemins qui menent à Paramus, de ſorte qu'a force de précautions, tant de ſa part que de celle de mon guide, je me trouvai, comme on dit en anglois, tout-à-fait *déſapointé* ; car il étoit deux heures & j'avois déja fait trente milles ſans m'arrêter. J'avois la plus grande impatience d'embraſſer M. de la Fayette & de voir le Général Washington ; mais je ne pouvois la faire partager à mes chevaux, qui auroient été glacés d'effroi s'ils avoient pu entendre la propiſition qu'on me fit d'aller tout de ſuite au Quartier général ; parce que diſoit-on, je pouvois *peut-être* y arriver encore pour dîner. Quant à moi j'en voyois l'impoſſibilité, & comme je me trouvois en pays de connoiſſance, je demandai qu'on donnat un peu d'avoine à mes chevaux. Tandis qu'ils prenoient ce léger repas, j'allai voir le camp du *Marquis* ; c'eſt ainſi qu'on déſigne M. de la Fayette, la langue angloiſe aimant à abréger, & les titres n'étant pas communs en Amérique. Je trouvai ce camp placé dans une excellente poſition ; il occupoit deux hauteurs ſéparées par un petit fond, mais ayant entr'elles une communication très facile : la riviere de *Totohaw* ou *Second-river* en protege la droite, & c'eſt là qu'elle fait un coude aſſez conſidérable pour ſe détourner vers le ſud, & ſe jetter enſuite dans la baye de *Newark*. La plus grande partie du front, & tout le flanc gauche de ce camp, juſqu'à une grande diſtance, ſont couverts par le ruiſſeau qui vient de *Paramus* & ſe jette dans la même riviere. Cette poſition n'eſt pas à plus de vingt milles de l'île de New-York ; auſſi étoit-elle occupée par l'avant-garde composée de l'infanterie légere, c'est-à-dire, de l'élite de l'armée Américaine : en effet les régimens qui la composent n'ont point de grenadiers, mais seulement une compagnie d'infanterie légere, qui répond à nos chasseurs, & dont on forme des bataillons à l'entrée de la campagne. Cette troupe avoit très bon air, elle étoit mieux habillée que le reste de l'armée ; les uniformes, tant des soldats que des Officiers, étoient lestes & militaires, & chaque soldat portoit aulieu de chapeau un casque fait de cuir bouilli, avec un cimier de queue de cheval. Les Officiers sont armés d'espontons ou plutôt de demi piques, & les bas-Officiers de fusils ; mais les uns & les autres étoient munis de sabres courts & légers que M. de la Fayette avoit apportés de France & dont il leur avoit fait présent. Les tentes, suivant l'usage de l'armée Américaine, ne formoient que deux rangs ; elles étoient très-bien alignées ainsi que celles des Officiers, & comme la saison étoit avancée, elles avoient chacune de bonnes cheminées, mais placées différemment des nôtres, car elles sont construites du côté extérieur & masquent l'entrée des tentes, ce qui a le double effet de prévenir le vent & d'entretenir la chaleur nuit & jour. Je ne vis pas de faisceaux d'armes, & j'appris que les Américains ne s'en servoient pas. Lorsqu'il fait beau, chaque compagnie place ses fusils sur un chevalet, mais dès qu'il pleut, il faut les remettre dans la tente, ce qui est sans doute un grand inconvénient : on y remédiera quand les moyens seront plus abondans ; je crains bien que ce ne soit pas encore l'année prochaine.

Comme je me promenois sur le front du camp, je fus joint par un Officier qui me parla en très-bon françois ; cela n'étoit pas étonnant, puisqu'il est tout aussi françois que moi ; c'étoit le Major Valgan. Cet officier est venu en Amérique pour des affaires de commerce ; il a eu même à ce sujet une espece de procès avec le Congrès ; mais il a été protégé par plusieurs personnes, & particulierement par M. le Ch^{er.} de la Luzerne : ayant demandé à entrer au service, il a obtenu le grade de Major & le commandement d'un bataillon d'infanterie légere. C'est un homme d'esprit, & on est content de lui dans l'armée

Américaine. Il me mena dans fa tente, où je trouvai un couvert mis très-proprement. Il me propofa à dîner, mais je ne l'acceptai pas, comptant ne rien perdre à attendre celui que le Général Washington me donneroit. D'après tout ce qu'on fait en Europe fur l'état de détreffe de l'armée Américaine, il paroîtra peut-être furprenant que telle chofe qu'un dîner fe trouve chez un fimple Major. Sans doute il eft impoffible de vivre fans argent, lorfqu'il faut acheter ce que l'on mange, & fur cet article les Officiers Américains n'ont pas de privilege particulier ; mais il faut favoir qu'ils reçoivent des rations en viande, en rum & en farine ; qu'ils ont dans chaque régiment des boulangers pour cuire leur pain, & des foldats pour les fervir, deforte qu'un Officier qui entre en campagne avec une tente & fuffifamment d'habits, peut fort bien aller jufqu'à l'hiver fans avoir rien à dépenfer. Le malheur eft que quelquefois les provifions manquent, ou n'arrivent pas à tems ; c'eft alors qu'ils ont réellement à fouffrir, mais ce font des momens de crife qui ne font pas fréquens & qu'on peut prévenir par la fuite, fi les Etats s'exécutent, & fi le Quartier-Maître général & les Commiffaires font bien leur devoir. Je laiffai M. Valgan commencer fon dîner, & j'allai hâter celui de mes chevaux, afin de me rendre au Quartier-Général avant la fin du jour. Le Colonel Mac-Henry dont j'ai parlé plus haut, fe chargea de m'y conduire. Nous cotoyames toujours la riviere que nous laiffions fur notre gauche. Après avoir fait deux milles, nous vîmes celle de l'armée. Elle campoit auffi fur deux hauteurs & fur une feule ligne, dans une pofition affez étendue, mais très-bonne, étant adoffée à un bois & ayant la riviere devant elle. On ne peut guere paffer cette riviere qu'à *Totohaw-Bridge* ; mais le local feroit tout à l'avantage de l'armée qui défendroit la rive gauche, les hauteurs de ce côté dominant par-tout celles de la rive droite. A deux milles au-delà du pont, on trouve un *Meeting-Houfe* de forme héxagone ; c'eft celle que les Presbyteriens Hollandois, qui font en grand nombre dans les Jerfeys, donnent à leur Eglife.

Je pourfuivois mon chemin, caufant avec M. Mac-Henry, lorfqu'un bruit confidérable que j'entendis, m'avertit que je n'étois pas loin de la grande Cataracte, connue sous le nom de *Totohaw-Fall*. J'étois partagé entre l'impatience de voir cette curiosité & celle de me trouver auprès du Général Washington ; mais M. Mac-Henry m'ayant dit que je n'aurois pas à me détourner de deux cens pas pour voir la Cataracte, je voulus profiter du beau jour qui luisoit encore, & effectivement je n'eus pas fait cent pas hors du chemin, que j'eus l'étonnant spectacle d'une grande riviere qui se précipite de soixante-dix pieds de haut, & s'engouffre ensuite dans le creux d'un rocher qui semble l'engloutir, mais d'où elle s'échappe en tournant tout court à droite, comme si elle s'enfuyoit par une porte dérobée. Il me paroît impossible de donner une idée de cette chûte d'eau, autrement que par un dessein figuré. Essayons cependant de commencer le tableau, & laissons à l'imagination le soin de l'achever : c'est la rivale de la nature, c'est quelquefois aussi son amie & son interprete. Qu'on se figure donc une riviere qui coule entre des montagnes couvertes de sapins, dont le verd-foncé contraste avec la couleur de ses eaux & en rend le cours plus majestueux ; qu'on se représente ensuite un immense rocher qui lui fermeroit tout passage, si par quelque tremblement de terre ou toute autre révolution souterraine, il n'avoit pas été ouvert en plusieurs endroits, de sa cime à sa base, formant ainsi de longues crevasses parfaitement verticales. L'une de ces crevasses dont on ne connoît pas la profondeur, peut avoir ving-cinq ou trente pieds d'ouverture. C'est dans cette espece de cuve que la riviere ayant franchi une partie du rocher, se précipite avec fracas ; mais comme ce rocher traverse tout son lit, elle ne peut sortir que par celle des deux extrémités qui lui offre une issue. Là se présente un autre obstacle ; un nouveau rocher s'oppose à sa fuite, & elle est obligée de former un angle droit pour tourner tout court sur la gauche. Ce qu'il y a d'extraordinaire, c'est qu'après son épouvantable chûte, elle n'écume, ne bouillonne, ni ne tournoie, mais fort tranquillement par le chemin qui lui est ouvert, & gagne en silence une vallée profonde, d'où elle poursuit sa route vers la mer. Ce calme parfait, après un mouvement si rapide, ne peut être expliqué que par l'énorme profondeur de l'antre où elle s'engloutit, & par le frottement extrême qu'elle éprouve dans un espace aussi serré. Je n'ai point essayé le rocher à l'eau forte ; mais comme on ne trouve point dé pierre calcaire dans ce pays, je le crois de roche dure & de la nature du quartz : mais il offre une particularité digne d'attention, c'est que toute sa surface est guillochée, c'est-à-dire creusée par petits carreaux comme les anciennes boîtes de Maubois. Etoit-il dans un état de fusion, lorsqu'il a été soulevé du sein de la terre & qu'il a bouché le passage de la riviere ? Ces fentes verticales, ces gerçures à la surface font-elles un effet du réfroidissement ? c'est ce que je laisse aux savans à examiner. Je dirai seulement qu'il n'offre rien de volcanique, & que dans tout ce pays-là on ne voit nulle trace de volcan, du moins de ceux qui font postérieurs aux dernieres époques de la nature.

Quoique M. Mac-Henry ait commencé par être *Docteur* avant d'être Officier, & qu'il soit très instruit, je ne le trouvai pas fort sur l'histoire naturelle, & je préférai de lui faire des questions sur l'armée dont je longeois le front, rencontrant perpétuellement des postes qui prenoient les arme s, les tambours battant au champ, & les officiers saluant de l'esponton. Tous ces postes n'étoient pas pour la sûreté de l'armée ; il y en avoit beaucoup qu'on employoit à garder des maisons & des granges qui servoient de magasins. Enfin, après avoir dépassé de deux milles le flanc droit de l'armée, & après avoir traversé sur la droite dés bois épais, je me trouvai dans une petite plaine où je vis une assez belle ferme : un petit camp qui sembloit la couvrir, une grande tente qui étoit tendue dans la cour & plusieurs charriots rangés autour me la firent reconnoître pour le quartier-général de son *Excellence*, car c'est ainsi qu'on appelle M. Washington à l'armée & dans toute l'Amérique. M. de la Fayette causoit dans la cour avec un grand homme de cinq pieds neuf pouces, d'une figure noble & douce ; c'étoit le Général lui-même. Je fus bientôt descendu de cheval & à portée de lui. Les complimens furent courts ; le sentiment qui m'animoit & la bienveillance qu'il me témoignoit, n'étoient pas équivoques. Il me conduisit dans sa maison où je trouvai qu'on étoit encore à table, quoique le dîner fut fini depuis long-tems. Il me préfenta aux Généraux Knox, Waine, Howe, &c. & à fa *Famille*, compofée alors des Colonels Hamilton & Tighman, fes fecrétaires & fes aides-de-camp, & du Major Gibbs, commandant de fes gardes, car en Angleterre & en Amérique, les Aides-de-camp, Adjudants & autres officiers attachés au Général, forment ce qui s'appelle fa *Famille*. On rapporta pour moi & pour la mienne un nouveau dîner ; l'ancien fut prolongé pour me tenir compagnie. Quelques verres de Claret & de Madere accélérerent les connoiffances que j'avois à faire, & bientôt je me trouvai à mon aife près du plus grand & du meilleur de tous les hommes. La bonté & la bienveillance qui le caractérifent fe font fentir dans tout ce qui l'environne ; mais la confiance qu'il fait naître n'eft jamais familiere, parce que le fentiment qu'il infpire, a dans tous les individus la même origine, une eftime profonde pour fes vertus & une grande opinion de fes talens. Vers neuf heures du foir, les Officiers-Généraux fe retirerent & gagnerent leurs quartiers qui étoient tous affez éloignés ; mais comme le Général avoit voulu que je priffe le mien dans fa propre maifon, je reftai encore quelque tems avec lui, après quoi il me conduifit dans la chambre qu'il avoit fait préparer pour mes aides-de-camp & pour moi : cette chambre faifoit le quart du logement qu'il occupoit ; il me fit des excufes fur le peu d'efpace dont il pouvoit difpofer, mais toujours avec une politeffe noble qui n'étoit ni gênante ni complimenteufe.

Le lendemain, on vint à neuf heures m'avertir que fon excellence étoit defcendue dans le *parloir* : cette piece fervoit à-la-fois de falle d'audience & de falle à manger, j'allai l'y joindre & je trouvai un déjeûner préparé. Lord *Stirling* vint déjeûner avec nous. C'eft un des plus anciens Majors généraux de l'armée : fa naiffance, fon titre & des propriétés affez étendues, lui ont donné plus de confidération en Amérique, que fes talens ne lui en auroient acquis. On ne lui contefte point ici le titre de Lord qui lui a été refufé en Angleterre : il a prétendu avoir hérité de ce titre & , il a fait un voyage en Europe pour foutenir fes droits, mais il a perdu fon procès. Une partie de

fes

fes biens a été diffipée par la guerre & par fon goût pour la dé- penfe ; on l'accufe d'aimer la table & de boire autant qu'il convient à un Lord, mais plus qu'il ne convient à un Général. Il eſt brave mais fans capacité, & il n'a pas été heureux dans les différens commandemens qu'il a eu. A l'affaire de *Long-Iſland*, il fut fait prifonnier ; au mois de Juin 1777, il fe compromit près d'Elifabeth-Town, tandis que le Général Washington faifoit tête à vingt mille Anglois fur les hauteurs de Middle-brook ; il per- dit deux ou trois cens hommes & trois pieces de canon : à Brandywine il commandoit la droite de l'armée, ou plutôt le corps de troupe qui fut battu par *Cornwalis* ; mais dans toutes ces occafions il a montré beaucoup de courage & de fermeté. J'ai caufé long-tems avec lui & je l'ai trouvé un homme de bon fens & affez inſtruit des affaires de fon pays. Il eſt âgé & un peu lourd ; avec cela il continuera de fervir, parce que le fer- vice, quoique peu lucratif, répare un peu le défordre de fes affaires, & que n'ayant pas quitté l'armée depuis le commence- ment de la guerre, il a au moins pour lui le zele & l'ancien- neté ; ainfi il confervera le commandement de la premiere ligne que fon rang lui donne, mais on évitera de l'employer aux ex- péditions particulieres.

Tandis que nous déjeunions on nous amenoit des chevaux, & le Général Washington ordonnoit que l'armée prît les armes & fe tint en parade a la tête du camp. Le tems étoit très-mauvais & la pluie commençoit déja ; nous attendîmes une demi-heure ; mais le Général voyant qu'elle devoit augmenter, plutôt que finir, prit le parti de monter à cheval. On lui en amena deux dont l'Etat de Virginie lui avoit fait préfent ; il en monta un & me donna l'autre. M. Linch & M. de Montefquieu eurent auffi chacun un très-beau cheval de race, & tel que nous n'en avons pu trouver à Newport pour quelque prix que ce fût. Nous nous rendîmes au camp de l'artillerie, où le Général Knox nous re- çut : cette artillerie étoit nombreufe & les Canonniers en très- bel ordre, formés en parade à la maniere étrangere, c'eſt-à-dire chaque Canonnier à fon poſte de batterie & prêt à tirer. Le Général eut la bonté de me faire des excufes de ce que le ça-

G

non ne tiroit pas pour me saluer ; il me dit qu'il avoit mis en mouvement toutes les troupes de l'autre côté de la riviere, & que les ayant prévenues qu'il pourroit marcher lui-même sur la rive droite, il craignoit de donner l'allarme & de tromper les détachemens qui etoient dehors. Nous gagnâmes ensuite la droite de l'armée, & nous vîmes la ligne de Pensylvanie : elle étoit composée de deux brigades, chaque brigade formant trois bataillons, sans compter l'infanterie légere qui étoit détachée avec M. de la Fayette. Le Général Waine qui la commandoit étoit à cheval, ainsi que les Brigadiers généraux & les Colonels. Ils étoient tous bien montés ; les Officiers particuliers avoient aussi l'air très-militaire : ils étoient bien alignés & saluoient de fort bonne grace. Chaque brigade avoit une bande de Musique ; la marche qu'elles jouoient alors étoit celle du Huron. Je savois que cette ligne, quoique manquant encore de beaucoup de choses, étoit la mieux habillée de l'armée ; de sorte que Son Excellence m'ayant demandé si je voulois continuer de voir l'armée, où me rendre par le plus court chemin au camp du *Marquis*, j'acceptai cette derniere proposition. Les troupes dûrent m'en savoir gré, car la pluie avoit redoublé ; on les fit donc rentrer & nous arrivâmes bien mouillés au quartier de M. de la Fayette, où je me chauffai avec grand plaisir, prenant de tems en tems ma part d'un grand bowl de grog, qui est à poste fixe sur sa table, & dont on offre à chaque Officier qui entre chez lui. La pluie parut cesser, ou vouloir cesser un moment ; nous en profitâmes pour suivre Son Excellence au camp du *Marquis* : nous trouvâmes toutes ses troupes en bataille sur la hauteur de la gauche, & lui-même à leur tête, exprimant par son maintien & sa physionomie, qu'il aimoit mieux me recevoir là que dans ses terres d'Auvergne. La confiance & l'attachement des troupes, sont pour lui des propriétés précieuses, des richesses bien acquises que personne ne peut lui enlever ; mais ce que je trouve de plus flatteur encore pour un jeune homme de son âge, c'est l'influence, la considération qu'il a acquise dans l'ordre politique comme dans l'ordre militaire. Je ne serai pas démenti lorsque je dirai, que de simples lettres de lui ont eu souvent plus de pouvoir fûr quelques Etats que les invitations les plus fortes de la part du Congrès. On ne fait en le voyant ce qu'il faut le plus admirer : qu'un jeune homme ait donné tant de preuves de talens ; ou, qu'un homme tellement éprouvé laiffe encore de fi longues efpérances. Heureufe fa patrie fi elle fait bien s'en fer-vir, plus heureufe s'il lui devient inutile !

Je diftinguai avec plaifir parmi les Colonels, qui étoient très-bien montés & qui faluoient de très-bonne grace, M. de Gi-mat, Officier François, fur lequel je reclame les droits d'une efpece de paternité militaire, l'ayant élevé dans mon régiment dès fa plus tendre enfance. Toute cette avant-garde étoit com-pofée de fix bataillons, formant deux brigades ; mais il n'y avoit qu'un piquet de dragons ou de cavalerie légere, le refte ayant marché vers le fud avec le Colonel *Lee*. Ces dragons font par-faitement montés & ne craignent pas les dragons Anglois, fur lefquels ils ont eu plufieurs avantages ; mais ils n'ont jamais été affez nombreux pour former un corps folide & permanent. Le piquet que l'on avoit confervé à l'armée, fervoit alors d'efcorte au Prévôt & faifoit les fonctions de la maréchauffée, en attendant que l'on en établît une, comme c'étoit le projet.

La pluie ne nous épargna pas plus au camp du *Marquis* qu'à celui de la grande armée ; de forte que notre revue étant faite, je vis avec plaifir que le Général Washington déterminoit fon cheval au grand galop pour regagner fon quartier. Nous nous y rendîmes auffi vîte que les mauvais chemins pouvoient nous le permettre. A notre retour, nous trouvâmes un bon dîner tout prêt & une vingtaine de convives, parmi lefquels étoient les Généraux Howe & St. Clair. Le repas étoit à l'angloife, com-pofé de huit ou dix grands plats, tant de viande de boucherie que de volaille, accompagnés de légumes de plufieurs efpeces, & fuivis d'un fecond fervice de pâtifferies, comprifes toutes fous ces deux dénominations, *Pyes* & *Powding*. Après ces deux fervices on ôta la nappe & on fervit des pommes & beaucoup de noix, dont le Général Washington mange ordinairement pendant deux heures, tout en *roftant* & en faifant la converfation. Ces noix font petites & feches, & couvertes d'une écorce fi dure, que

le marteau feul peut la caffer ; on les fert à demi ouvertes &
on ne finit pas d'en éplucher & d'en manger. La converfation
fut tranquille & agréable ; Son Excellence voulut bien entrer
avec moi dans quelques détails fur les principales opérations de
la guerre, mais toujours avec une modeftie & une concifion,
qui prouvoient affez que c'étoit par pure complaifance qu'il con-
fentoit à parler de lui. Vers fept heures & demie nous nous le-
vâmes de table, & auffi-tôt les domeftiques vinrent la démonter
pour la racourcir, & lui faire faire un quart de converfion ;
car à l'heure du dîner on la mettoit en diagonale pour avoir
plus d'efpace. Je parus étonné de cette manœuvre & j'en demandai la raifon ; on me dit qu'on alloit mettre le couvert pour le
fouper. Au bout d'une demi heure je me retirai dans ma chambre, craignant que le Général n'eut quelque chofe à faire, & ne
reftât avec la compagnie par égard pour moi ; mais au bout d'une
autre demi-heure, on vint m'avertir que Son Excellence m'attendoit pour fouper. Je retournai dans la falle à manger, pro-
teftant de toutes mes forces contre ce fouper ; mais le Général dit qu'il étoit accoutumé à prendre quelque chofe le foir ;
que fi je voulois feulement m'affeoir, je mangerois quelques
fruits & je ferois la converfation. Je ne demandois pas mieux,
car alors il n'y avoit plus d'étrangers & il ne reftoit que la
famille du Général. Le fouper étoit compofé de trois ou quatre plats légers, de quelques fruits, & fur-tout d'une grande abondance de noix, qui ne furent pas plus mal reçues le foir que le
matin. La nappe ayant été bientôt enlevée, quelques bouteilles
de bon vin de Bordeaux & de Madere furent placées fur la
table. Tout homme fenfé penfera fans doute, qu'étant Officier
général François, aux ordres du Général Washington, & de plus
bon *Whig*, je ne pouvois pas refufer un verre de vin lorfqu'il me
l'offroit ; mais j'avouerai que j'avois peu de mérite à cette complaifance, & que, moins accoutumé à boire que perfonne, je
m'accommode toujours très-bien de la *Toaft* Angloife : on a de
très-petits verres, on verfe foi-même la quantité de vin qu'on
veut, fans qu'on vous preffe d'en prendre davantage, & la
Toaft n'eft qu'une efpece de refrein placé dans la converfa-

tion, pour avertir que chaque individu fait partie de la compagnie, & que le total forme une fociété. J'obfervai qu'à dîner les *Toafts* avoient plus de folemnité. Il y en avoit plufieurs d'étiquete, & les autres étoient fuggérées par le Général, & annoncées par celui des aides-de-camp qui faifoit les honneurs du dîner ; car chaque jour il y en a un qui fe place au bout de la table près du Général, pour fervir de tous les plats & diftribuer les bouteilles : or, le foir les *Toafts* étoient indiquées par le Colonel Hamilton, & il les donnoit comme elles lui venoient, fans ordre & fans étiquete. A la fin du fouper on ne manque guere de demander aux convives de donner un *fentiment* ; c'eft-à-dire, une femme à laquelle ils foient attachés par quelque fentiment, foit amour, amitié ou fimple préférence. Ce fouper ou cette converfation duroit communément depuis neuf heures jufqu'à onze heures du foir, toujours libre & toujours agréable.

Le 25, le tems devint fi affreux qu'il me fut impoffible de fortir, même pour aller voir les Généraux, chez qui M. de la Fayette devoit me conduire. Je m'en confolai aifément, & je trouvai fort doux de paffer une journée entiere avec M. Washington, comme s'il étoit à la campagne & qu'il n'eut rien à faire. Les Généraux *Glover*, *Hnntington* & quelques autres encore, dînerent avec nous, ainfi que les Colonels *Steward* & *Buttler*, deux Officiers diftingués dans l'armée. Les nouvelles qu'on apprit dans la journée, firent renoncer au projet d'entreprendre fur *Staten-Ifland* : en effet, le fourage du Général Starke avoit eu un plein fuccès ; les ennemis n'avoient pas jugé à propos de l'inquiéter, ainfi ils ne s'étoient pas dégarnis du côté où on vouloit les attaquer : d'ailleurs, cette expédition n'auroit jamais été qu'un coup de main, & les chemins abîmés par la pluie, la rendoient très-difficile. Il fut donc décidé que l'armée partiroit le furlendemain pour prendre fes quartiers d'hiver, & moi pour continuer ma route & me rendre à Philadelphie.

Le 26, le tems étant devenu très-beau, je montai à cheval après avoir déjeûné avec le Général : il eut l'attention de me faire donner ce jour là le cheval qu'il montoit la furveille & dont j'avois fait beaucoup d'éloges ; je le trouvai auſſi bon qu'il eſt beau ; mais ſur-tout parfaitement dreſſé, bien aſſis, ayant la bouche bonne, les aides fines & s'arrêtant tout court au galop ſans *gueuler* ni peſer ſur le mord. J'entre dans ce détail, qui paroît minutieux, parce que c'eſt le Général lui-même qui dreſſe tous ſes chevaux, qu'il eſt très-bon & très-hardi cavalier, ſautant les barrieres les plus hautes & allant très-vîte, le tout ſans ſe guinder ſur ſes étriers, tirer ſur le bridon, & laiſſer courir ſon cheval comme un égaré, choſe que nos jeunes gens regardent comme une partie ſi eſſentielle de l'équitation anglaiſe, qu'ils aiment mieux ſe caſſer les bras & les jambes que d'y renoncer.

Ma premiere viſite fut chez le Général Waine, où M. de la Fayette m'attendoit pour me conduire chez les autres Officiers généraux de la ligne. Ceux qui nous reçurent furent le Général Huntington qui paroît aſſez jeune pour le grade de Brigadier général, qu'il occupe depuis deux ans ; ſon maintien eſt froid & réſervé, mais il ne manque pas d'eſprit ; le Général Glover, âgé de 45 ans, petit de taille, mais actif & bon militaire ; le Général Howe, qui eſt un des plus anciens Majors généraux & qui jouit de quelque conſidération dans ſon pays, quoiqu'il n'ait jamais été heureux à la guerre, & qu'il ne paſſe pas pour avoir beaucoup de talens. Il eſt d'une grande taille & d'une figure aſſez déſagréable, qui n'eſt pas embellie par une balafre qu'il a ſur le nez. Je reſtai aſſez long tems chez lui, où je vis un jeu de la nature très-curieux, & en même tems auſſi hideux qu'il eſt poſſible ; c'eſt un jeune homme de famille Hollandoiſe, dont la tête eſt ſi enormement groſſie, qu'elle a pris toute la nourriture de ſon corps, de ſorte que ſes bras & ſes jambes ſont ſi foibles qu'il ne peut s'en ſervir. Il eſt toujours couché, ſa tête monſtrueuſe étant ſoutenue par un oreiller, & comme il a eu long tems l'habitude de ſe coucher du côté droit, ſon bras droit s'eſt tout-à-fait atrophié ; il n'eſt pas abſolument imbécile, mais il n'a pu rien apprendre, & il n'a guere plus de raiſon qu'un enfant de cinq ou ſix ans, quoiqu'il en ait vingt-ſept. Ce dérangement extraordinaire de l'économie animale vient d'une hydropiſie dont il fut attaqué dans ſon enfance, & qui écarta les os qui forment la boîte du cerveau. On ſait que ces os ſont joints

enſemble par des ſutures qui ſe durciſſent & s'oſſifient dans l'a-
doleſcence, & ſont molles dans les premiers années de la vie.
Une telle exubérance, une ſi grande affluvion d'humeur, dans
celui de tous les viſceres qui ſemble exiger la proportion la plus
juſte, tant pour la vie que pour l'entendement de l'homme,
prouve beaucoup plus la néceſſité de l'équilibre & de la réſiſ-
tance dans les ſolides, que l'exiſtence des cauſes finales.

Le Général Knox que nous avions rencontré & qui nous avoit
accompagné enſuite, nous ramena au Quartier-Général, paſſant
à travers les bois, pour coûper au court & retomber dans un
chemin qui conduit à ſa maiſon, où nous voulions voir Madame
Knox. Nous la trouvâmes établie dans une petite ferme où elle
avoit paſſé une partie de la campagne, car elle ne quitte pas
ſon mari. Sa parure étoit ridicule ſans être négligée ; elle avoit
fait de ſes cheveux noirs une piramide qui s'élevoit d'un pied
au deſſus de ſa tête ; tout cela avec un afublement de gaze &
de linge que je ne puis décrire. Un enfant de ſix mois, une
petite fille de trois ans formoient pour le coup une véritable
famille au Général. Pour lui, c'eſt un homme de trente-cinq
ans, très-gros, mais très-diſpos, d'un caractere gai & aimable.
Avant la guerre il étoit Libraire à Boſton, & il s'étoit amuſé à lire
quelques livres militaires qui étoient dans ſa boutique. Telle eſt
l'origine des premieres connoiſſances qu'il a acquiſes ſur la guerre,
& du goût qu'il a toujours eu depuis pour la profeſſion des armes. Dès la premiere campagne on lui confia le commandement
de l'artillerie, & il s'eſt trouvé qu'on ne pouvoit la mettre en
meilleures mains. C'eſt lui que M. du Coudray vouloit ſupplan-
ter, & qui n'eut pas de peine à l'éconduire. Peut-être M. du
Coudray fut-il heureux de ſe noyer dans le *Skuyl-Kill*, plutôt
que dans les intrigues auxquelles il s'étoit livré, & qui auroient
pu produire un très-grand mal.

En rentrant au Quartier-Général, nous trouvâmes beaucoup
d'Officiers-Généraux & de Colonels avec leſquels nous dînâmes.
J'eus occaſion de cauſer plus particulierement avec le Général Waine ; c'eſt celui de l'armée Américaine qui a le plus
ſervi & avec le plus de diſtinction, quoiqu'il ſoit encore aſſez

jeune. Il a de l'esprit & une conversation agréable & animée. L'affaire de Stoney-Point lui a acquis beaucoup de considération dans l'armée : cependant il n'est encore que Brigadier-Général ; c'est que les grades supérieurs sont à la nomination des Etats auxquels les troupes appartiennent, & que celui de Pensylvanie n'a pas jugé à propos de faire de promotion, apparamment par principe d'économie. Le reste de la journée fut consacrée à jouir de la présence du Général Washington que je devois quitter le lendemain. Il eut la bonté de diriger lui-même mon voyage, d'envoyer à l'avance me faire préparer des logemens, & de me donner un Colonel pour me conduire jusqu'à Trenton. Le lendemain matin on plia tous les bagages du Général, ce qui ne nous empêcha pas de dejeûner, avant de nous féparer, lui pour visiter ses quartiers d'hiver, & moi pour me rendre à Philadelphie.

Ce seroit ici le lieu convenable pour placer le portrait du Général Washington ; mais qu'est-ce que mon propre témoignage pourroit ajouter à l'idée qu'on a de lui ? L'Amérique Septentrionale, depuis Boston jusqu'à Charles-Town, est un grand livre où chaque page offre son éloge. Je sais qu'ayant eu l'occasion de le voir de près & de l'observer, on peut attendre de moi quelques détails plus particuliers ; mais ce qui caractérise le mieux cet homme respectable, c'est l'accord parfait qui regne entre les qualités physiques & morales qui composent son individu. Une seule peut faire juger des autres. Si on vous présente des médailles de César, de Trajan ou d'Alexandre, vous pouvez en voyant les traits de leur visage, demander encore quelle étoit leur taille & la forme de leur corps ; mais si vous découvrez parmi des ruines la tête ou quelque membre d'un *Apollon* antique, ne vous inquiétez pas des autres parties, & soyez sûr que tout le reste est d'un Dieu. Que cette comparaison ne soit pas attribuée à l'enthousiasme : je ne veux rien exagérer ; je veux exprimer seulement l'impression que le Général Washington m'a laissée ; cette idée d'un ensemble parfait, qui ne peut être produite par l'enthousiasme, qui le repousseroit plutôt, puisque le propre de la proportion est de diminuer l'idée de la grandeur. Brave sans témérité,

laborieux

laborieux fans ambition, généreux fans prodigalité, noble fans orgueil, vertueux fans févérité, il femble toujours s'être arrêté en deçà de cette limite, où les vertus, en fe revêtant de couleurs plus-vives, mais plus changeantes & plus douteufes, peuvent être prifes pour des défauts. Voici la feptieme année qu'il commande l'Armée & qu'il obéit au Congrès ; c'eft en dire affez, fur-tout en Amérique, où l'on fait tous les éloges que ce fimple expofé renferme. Qu'on répete que Condé fut hardi, Turenne prudent, Eugene adroit, Catina défintéreffé, ce ne fera pas ainfi qu'on caractérifera Washington. On dira : *à la fin d'une longue guerre civile il n'eut rien à fe reprocher.* Si quelque chofe peut être encore plus merveilleux qu'un pareil caractere, c'eft l'unanimité des fuffrages en fa faveur ; Guerrier, Magiftrat, Peuple, tous l'aiment & l'admirent ; tous ne parlent de lui qu'avec tendreffe & vénération. Exifte-t'il donc une vertu capable d'enchaîner l'injuftice des hommes ; ou la gloire & le bonheur font ils encore trop récemment établis en Amérique, pour que l'envie ait daigné paffer les mers ?

Je n'ai point exclu les formes extérieures, en parlant de cet enfemble parfait dont le Général Washington offre l'idée. Sa taille eft noble & élevée, bien prife & exactement proportionnée ; fa phyfionomie douce & agréable, mais telle qu'on ne parlera en particulier d'aucun de fes traits, & qu'en le quittant, il reftera feulement le fouvenir d'une belle figure. Il n'a l'air ni grave ni familier ; on voit quelquefois fur fon front l'impreffion de la penfée, mais jamais celle de l'inquiétude ; en infpirant le refpect il infpire la confiance, & fon fourire eft toujours celui de la bienveillance.

C'eft fur-tout au milieu des Officiers généraux de fon armée qu'il eft intéreffant de le voir. Général dans une république, il n'a pas le fafte impofant d'un Maréchal de France qui donne *l'ordre* ; héros dans une république, il excite une autre forte de refpect qui femble naître de cette feule idée, que le falut de chaque individu eft attaché à fa perfonne. Au refte, je dois dire dans cette occafion, que les Officiers-généraux de l'armée Américaine ont un maintien très-militaire & très décent;

H

que même tous les Officiers que leurs fonctions mettent en évidence, joignent beaucoup de politesse à beaucoup de capacité ; enfin, que le Quartier général de cette armée n'offre l'image ni de l'inexpérience, ni du besoin. Quand on voit le bataillon des gardes du Général, campé dans l'enceinte de sa maison, neuf chariots destinés à porter ses équipages, rangés dans sa cour ; un grand nombre de palefreniers gardant de très-beaux chevaux appartenants aux Officiers-généraux & à leurs aides de camp ; lorsqu'on observe l'ordre parfait qui regne dans cette enceinte, où les gardes font exactement posés & où les tambours battent un réveil & une retraite particuliere ; on est tenté d'appliquer aux Américains ce que Pyrrus disoit des Romains : *en vérité ces gens là n'ont rien de barbare dans leur discipline.*

On voit que j'ai peine à quitter le Général Washington ; prenons donc brusquement notre parti & supposons nous en chemin. Me voilà voyageant avec le Colonel *Moyland*, que Son Excellence m'avoit donné malgré moi pour m'accompagner, & que j'aurois voulu voir bien loin, parce qu'en voyage on ne sauroit être trop à son aise. Cependant il falloit tirer parti de cette situation ; je me mets à le questionner, lui à me repondre, & la conversation s'engageant peu à peu, je reconnois que j'ai affaire au plus galant homme possible ; à un homme instruit qui a long-tems habité en Europe & qui a parcouru la plus grande partie de l'Amérique ; je le trouve d'une politesse parfaite, parce quelle n'étoit point gênante, enfin, je finis par le prendre dans la plus grande amitié. M. Moyland est Catholique Irlandois ; il a même un frere qui est Evêque à *Cork* ; il en a quatre autres, dont deux font le commerce, l'un à Cadix l'autre à l'Orient, le troisieme est en Irlande avec sa famille & le quatrieme se destine à la prêtrise. Pour lui, il est venu il y a quelques années s'établir en Amérique, où il a d'abord fait le commerce ; ensuite il a servi dans l'Armée comme aide-de-camp du Général, & il a mérité le commandement de la cavalerie légere. Pendant la guerre il s'est marié dans les Jerseys, à la fille d'un riche négociant, qui habitoit autrefois à New-York, & qui vit maintenant dans une terre peu éloignée du chemin que nous devions prendre le lendemain. Il me propoſa d'y aller coucher ou tout au moins dîner ; je m'en excuſai, toujours par la crainte d'avoir à faire des complimens, de gêner les autres & de me gêner moi-même ; il n'inſiſta pas. Je pourſuivis mon chemin, traverſant tantôt de très-beaux bois, tantôt des terres bien cultivées & des hameaux habités par des familles Hollandoiſes. Un de ces hameaux qui forme un petit Town-Ship, porte le beau nom de *Troye* : là le pays eſt plus ouvert & continue ainſi juſqu'à *Morris-Town*. Cette ville célébre par les quartiers d'hiver de 1779, eſt à peu près à vingt trois milles de *Prakeneſs* ; c'eſt le nom du Quartier général que je venois de quitter. Elle eſt ſituée ſur une hauteur au pied de laquelle coule le ruiſſeau appellé *Vipenny-river* : les maiſons en ſont jolies & bien bâties ; il peut y en avoir 60 ou 80 autour du *Meeting*. Je ne comptois m'arrêter à *Morris-Town* que pour faire manger mes chevaux : en effet, il n'étoit que deux heures & demie ; mais en entrant dans l'auberge de M. *Arnold*, je vis une ſalle à manger ornée de glaces & de beaux meubles de *Mohagony*, & ſur-tout un couvert mis pour douze perſonnes. J'appris que tout cela étoit préparé pour moi ; & ce qui me paroiſſoit encore plus touchant, c'eſt qu'un dîner correſpondant étoit tout prêt à ſervir. Je devois ces préparatifs aux bontés du Général Washington & aux précautions du Colonel Moyland, qui avoit envoyé à l'avance avertir de mon arrivée. Il auroit été de mauvaiſe grace de laiſſer ce dîner aux frais de M. Arnold, qui eſt un honnête homme & un bon Whig, & qui n'a rien de commun avec *Benedict Arnold* ; il auroit été encore plus gauche de payer le feſtin ſans le manger. Mon conſeil fut donc bientôt aſſemblé ; je réſolus de dîner & de coucher dans cette bonne auberge. On me demandera pourquoi ces douze couverts, c'eſt qu'on attendoit encore le Vicomte de Noailles, le Comte de Damas &c. ; mais ces jeunes voyageurs, qui avoient compté ſur leur ſéjour à l'armée pour être témoins de quelques combats, voulurent ſe dédomager en allant au bord de la riviere, enviſager l'île de New-York & eſſayer s'ils ne pourroient pas ſe faire tirer quelques coups de fuſil. M. de la Fayette les avoit conduit lui-même, en ſe faiſant eſcorter par une vingtaine de dragons. Ils différerent donc d'un jour leur voyage à Philadelphie, & je n'eus pour convives qu'un se-crétaire & un aide-de-camp de M. de la Fayette, qui arrive-rent comme j'étois à table, très-disposé à y figurer pour les absens.

Après-dîner, j'eus la visite du Général *Sinclair*; je l'avois déja vu à l'armée, & il en étoit parti la veille pour venir coucher à *Morris-Town*. C'est lui qui commandoit sur le lac *Champlain*, lors de l'évacuation de *Ticonderoga* : il s'éleva alors un cri ter-rible contre lui, & il fut mis au conseil de guerre, mais il en sortit honnorablement *acquitté*; non-seulement parce que sa re-traite eut les suites les plus heureuses, Burgoyne ayant été forcé de capituler, mais parce qu'il fut prouvé qu'on l'avoit laissé manquer de toutes les choses nécessaires à la défense du poste dont il étoit chargé. Il est né en Ecosse, où il a encore sa fa-mille & ses biens ; on le regarde comme un bon Officier, & certainement si la guerre continue, il jouera un rôle principal dans l'armée.

Je partis de *Morris-Town* le 28 à huit heures du matin par un tems très-nébuleux, qui ne m'empêcha pas cependant de voir, à droite du chemin, les huttes que les troupes occuperent pendant l'hiver de 1779 à 1780. A quelques milles de là, nous rencontrâmes un homme à cheval qui venoit au devant du Colo-nel Moyland & qui lui remit une lettre de sa femme: après l'avoir lue il me dit, avec une politesse très-européenne, qu'il falloit toujours faire la volonté des femmes ; *que la sienne n'avoit point admis mon excuse, That she admitted no excuse*, & qu'elle m'at-tendoit à dîner : au reste, il m'assura qu'il me feroit prendre un chemin qui ne me détourneroit pas d'un mille, tandis que mes gens poursuivroient leur route, & iroient m'attendre à *Sommerset-court-house*. J'avois trop bien fait connoissance avec mon Colonel, & j'étois trop content de lui pour me refuser à cette invitation; je le suivis donc, & après avoir traversé un bois, je me trouvai sur une hauteur dont la position me frap-pa au premier coup d'œil : je dis au Colonel Moyland, que je serois bien trompé si cet endroit là n'offroit pas un camp avantageux ; il me répondit que c'étoit précisément celui de *Middle-brook* , où le Général Washington avoit arrêté les Anglois , lorsqu'au mois de Juin 1778 , Sir William Howe voulut traverser les Jerseys, pour passer la *Delaware* & prendre *Philadelphie*. Continuant mon chemin , & regardant autant que ma vue pouvoit s'étendre , la seule figure du terrein me fit penser que la droite, que je ne voyois pas, ne devoit pas être très-bonne ; j'appris encore avec plaisir que le Général Washington y avoit fait construire deux fortes redoutes. On me permettra cette courte réflexion : que pour les militaires, la meilleure façon de s'instruire en suivant sur le terrein, les campagnes des grands Généraux, n'est pas de se faire montrer & expliquer les différentes positions ; il vaut beaucoup mieux, avant de savoir tous ces détails, se porter sur les lieux, regarder de tous côtés & se proposer à soi-même des especes de problêmes sur la nature du terrein, & sur le parti qu'on en peut tirer ; ensuite, on compare ses idées avec les faits , & on se trouve à portée de rectifier les unes & d'apprécier les autres.

En descendant des hauteurs nous prîmes un peu sur la gauche, & nous nous trouvâmes au bord d'un ruisseau qui nous conduisit dans une vallée profonde. Les différentes cascades que forme ce ruisseau en coulant, ou plutôt en se précipitant sur des rochers, les vieux sapins dont il est environné, & dont une partie étant tombée de vétusté, traverse son cours , quelques usines destinées à faire valoir des mines de cuivre, mais à demi-détruites par les Anglois ; ces débris de la nature & ces ravages de la guerre, composoient le tableau le plus poëtique, ou suivant l'expression angloise, le plus romanesque ; car c'est précisément ce qu'on appelle en Angleterre *a Romantick prospect*. C'est là que le beau-pere du Colonel Moyland a fait accommoder un petit asyle champêtre, où sa famille va chercher la fraîcheur dans les jours de l'été, & reste quelquefois pendant la nuit pour entendre chanter le *Mocking-Bird*, ou l'oiseau moqueur ; car le Rossignol ne chante pas en Amérique. On sait que les grands musiciens se trouvent plutôt dans les cours des Despotes que dans les républiques. Ici le chantre de la nuit n'est ni le gracieux *melico*, ni le pathétique *tanducci* ; c'eſt le bouffon *Caribaldi*. Il n'a point de chant, & par conſéquent point de ſentiment qui lui ſoit propre. Il contrefait le ſoir tout cequ'il a entendu dans la journée. A-t-il écouté l'Alouette, ou le Pinſon, c'eſt l'Alouette ou le Pinſon que vous entendez. Quelques ouvriers ſont-ils venus travailler dans le bois, ou bien a-t-il approché de leur maiſon, il chantera préciſément comme eux. Si ce ſont des Ecoſſois, il vous répétera l'air d'une romance douce & plaintive ; s'ils ſont Allemands, vous reconnoîtrez la groſſe gaieté d'un Souabe ou d'un Alſacien. Quelquefois il pleure comme un enfant, quelquefois il rit comme une jeune fille : enfin rien n'eſt plus divertiſſant que cet oiſeau comédien ; mais il ne repréſente qu'en été, & je n'ai pas eu le bonheur de l'entendre.

Lorſqu'on a fait deux milles dans cette eſpece de gorge, les bois commencent à s'éclaircir, & l'on ſe trouve bientôt au-delà des montagnes. On me fit voir ſur la croupe de ces montagnes, du côté du ſud, les huttes qu'une partie de l'armée avoit occuppées en 1779, après la bataille de *Monmouth*. Nous ne tardâmes pas à arriver chez le Colonel Moyland, ou plutôt chez le Colonel *Vanhorn* ſon beau-pere. Ce manoir, car cette maiſon repréſente aſſez bien ce qu'on appelle en Angleterre *a Mannor*, eſt dans une jolie poſition. Il eſt entouré de quelques arbres ; un tapis de gaſon en décore l'entrée, & ſi ce gaſon étoit mieux ſoigné, on ſe croiroit plutôt dans le voiſinage de Londres que dans celui de New-York. M. *Vanhorn* vint au devant de moi ; c'eſt un grand & gros hommme, de près de ſoixante ans, mais vigoureux, diſpos & de bonne humeur. On l'appelle Colonel, parce qu'il l'étoit de la milice du pays, ſous le gouvernement des Anglois. Quelque tems avant la guerre il réſigna ſa place. Il étoit alors commerçant & cultivateur, paſſant l'hiver à New-York, & l'été à la campagne ; mais depuis la guerre il a quitté cette ville & s'eſt retiré dans ſon manoir, toujours fidele à ſa patrie ſans ſe rendre odieux aux Anglois, auxquels il a laiſſé deux de ſes fils qui font le commerce à la Jamaïque, mais qui doivent, ſi la guerre continue, vendre leurs habitations, & venir rejoindre leur pere. Rien ne prouve mieux l'honnêteté de ſa conduite que l'eſtime qu'on conferve pour lui dans les deux partis oppofés. Placé à dix milles de *Staten-Ifland*, près du *Rariton*, d'*Amboy* & de *Brunf-wik*, il s'eft trouvé fouvent au milieu du théâtre de la guerre ; de forte que tantôt il a reçu chez lui les Américains, tantôt les Anglois. Il lui eft même arrivé dans le même jour, de donner à déjeûner à Milord *Cornwalis*, & à dîner au Général *Lincoln*. Lord Cornwalis informé que ce dernier avoit couché chez M. *Vanhorn*, vint pour le furprendre & l'enlever ; mais Lincoln averti à tems, fe retira dans les bois. Lord Cornwalis fut furpris de ne pas le trouver. Il demanda fi le Général Américain n'étoit pas caché dans la maifon : Non, répliqua fimplement M. Vanhorn. Sur votre honneur ? dit Cornwalis. — Sur mon honneur, & fi vous en doutez, cherchez par-tout, voilà les clefs. Je m'en rapporte à vous, répondit Cornwalis, & il demanda à déjeûner ; au bout d'une heure il s'en retourna. Lincoln qui étoit caché près de là, revint auffitôt, & dîna tranquillement avec fes hôtes.

La connoiffance que je fis avec M. Vanhorn ayant été prompte & cordiale, il me conduifit auffitôt dans le parloir, où je trouvai fa femme, fes trois filles, une voifine & deux jeunes officiers. Madame Vanhorn eft une vieille femme qui, par fa figure, fon accoûtrement & fon maintien, reffemble parfaitement à un tableau de Vandyek. Elle fait exactement les honneurs de fa maifon, fert à table fans dire mot, & le refte du tems elle eft là comme un portrait de famille. Ses trois filles ne font pas mal ; l'aînée, Madame de Moyland, étoit groffe de fix mois ; la cadette n'a que douze ans, mais la feconde eft en âge d'être mariée. Elle paroiffoit en grande famillarité avec un des jeunes officiers, lequel étoit dans un négligé très-recherché, & repréfentoit fort bien un agréable *country-fquire* : a table il lui épluchoit fes noix, & lui prenoit fouvent les mains. Je crus que c'étoit un mari en herbe, mais l'autre officier, avec qui j'eus occafion de caufer, parce qu'il nous accompagna le foir, me dit qu'il ne croyoit pas qu'il fut queftion de mariage entr'eux. Je ne parle de ces bagatelles, que pour faire voir l'extrême liberté qui regne dans ce pays-ci entre les perfonnes de différent fexe, tant qu'elles

ne font pas mariées. Ce n'eſt pas un crime à une fille d'embraſſer un jeune homme ; c'en feroit un à une femme mariée
d'avoir feulement le deſſein de plaire. Madame *Carter*, jeune &
& jolie femme, dont le mari eſt intéreſſé dans les approviſionnemens de l'armée, & habite à préſent à Newport, m'a conté
qu'un matin étant entrée dans *l'office*, c'eſt-à-dire dans la ſe-
crétairerie de ſon mari, ſans être fort parée, mais dans un deſ-
habillé françois aſſez élégant, un Fermier de l'Etat de Maſſachuſſet, qui étoit là pour affaire, parut ſurpris de la voir, &
demanda qui étoit cette Demoiſelle. On lui dit que c'étoit Madame Carter. *Bon !* répondit-il, aſſez haut pour qu'elle l'entendît,
quand on eſt femme & mere, on n'eſt pas ſi bien miſe.

A trois heures après midi, je remontai à cheval, avec le Colonel Moyland & le Capitaine Hern, un des jeunes officiers
avec leſquels j'avois dîné. Il ſert dans la Cavalerie légere, &
par conſéquent dans le régiment du Colonel Moyland. Sa taille
& ſa figure que j'avois déja remarquées, parurent encore avec
plus d'avantage quand il fut à cheval. J'obſervai qu'il y étoit
placé d'une maniere très-noble & très-aiſée, & tout-à-fait con-
forme à nos principes d'équitation ; je lui demandai où il avoit
fait ſes exercices ; il me dit que c'étoit à ſon propre régiment;
que l'envie d'inſtruire ſes cavaliers l'avoit engagé à s'inſtruire
lui-même, qu'il s'occupoit de les dreſſer, & que la poſition
qu'il avoit, étoit celle qu'il s'efforçoit de leur donner. Quoiqu'il
n'eut que vingt-un an, il avoit déja acquis de l'expérience, &
il s'étoit diſtingué l'année précédente dans une occaſion, où un
petit nombre de chevaux légers américains battit un beaucoup
plus conſidérable de dragons anglois. Je cauſai long-tems avec
lui, & il me parla toujours avec une modeſtie & une grace qui
réuſſiroient en Europe auprès de tous les militaires, & qui,
ſelon toute apparence, n'auroient pas moins de ſuccès à Paris
que dans les camps.

A peine avions nous fait trois milles, que nous nous trouvâmes
dans le chemin de Princes-Town & ſur les bords du Rariton,
qu'on paſſe aiſément à gué ou ſur un pont de bois. A deux
milles plus loin, nous traverſâmes le *Mill-ſtone*, dont nous
cotoyâmes

cotoyâmes la rive gauche jufqu'à Sommerfet-Court-houfe. De tous les endroits de l'Amérique où j'ai paffé, celui-ci eft le plus découvert ; on y trouve de jolies petites plaines, où l'on peut faire camper depuis quinze jufqu'à vingt mille hommes. Le Général Howe n'en avoit guere moins lorfqu'il paffa le Rariton en 1778 : il appuya fa droite à un bois, derriere lequel coule le Millftone ; fa gauche s'étendoit auffi vers d'autres bois. Alors, le Général Washington occupoit le camp de Middlebrook, & le Général Sullivan, à la tête de 1500 hommes feulement, étoit à fix milles de l'armée & à trois milles de la gauche des ennemis. Dans cette pofition, il étoit à portée de les inquiéter fans fe compromettre, parce qu'il avoit derriere lui les montagnes de *Saourland*. Ceux qui, pendant la derniere guerre, ont parcouru le Saourland, croiront aifément que le pays, auquel les Allemands émigrés ont donné ce nom, ne doit pas être d'un accès bien facile. Ce fut à Sommerfet-Court-houfe que je trouvai mes gens ; ils m'avoient attendu dans une affez bonne auberge ; mais comme il me reftoit encore un peu de jour & que j'avois calculé ma journée du lendemain, qui exigeoit que je gagnaffe du chemin dans celle-ci, je réfolus de continuer ma route. La nuit qui furvint bientôt, m'empêcha de faire d'autres obfervations fur le pays. Après avoir paffé encore une fois le Millftone, & nous être tirés heureufement d'un horrible bourbier, nous nous arrêtâmes à *Greeg-Town*, où nous couchâmes à Skillman's-tavern, auberge affez médiocre, mais tenue par de bonnes gens. Le Capitaine Hern continua fa route. Celle que nous fîmes le lendemain, offroit des objets très-intereffans : nous devions voir deux endroits qui feront toujours chers aux Américains ; puifque c'eft là que les premiers rayons de l'efpérance ont brillé à leurs yeux, ou pour mieux dire, que le falut de la patrie s'eft opéré. Ces lieux célébres font Prince-Town & Trenton ; je ne dirai pas que j'allai les vifiter, car ils fe trouvoient précifément fur mon chemin. Qu'on juge donc de l'humeur que je dûs avoir, lorfque je vis s'élever un brouillard fi épais que je ne diftinguois pas les objets à cinquante pas de moi ; mais j'étois dans le pays où il ne faut défefpérer de rien ;

I

le fort de ma journée fut femblable à celui de l'Amérique ; tout-
à-coup le brouillard fe diffipa, je vis que je voyageois fur la
rive droite du Millftone, dans une vallée affez refferrée : à deux
milles de Greegftone on fort de cette vallée, en montant fur
la hauteur de *Rocky-hill*, où l'on trouve quelques maifons raffemblées. *Kings-Town* eft à un mille plus loin, toujours fur le
Millftone ; le chemin de *Maidenhead* y aboutit, & cette communication eft facilitée par un pont qu'on a conftruit fur le ruiffeau. C'eft là que le Général Washington fit halte après l'affaire de Prince-Town : il avoit marché depuis minuit jufqu'à deux
heures après-midi, prefque toujours en combattant ; il voulut
raffembler fes troupes & leur donner du repos : cependant,, il
favoit que Lord Cornwalis venoit à lui par le chemin de Maidenhead ; mais il fe contenta d'enlever quelques planches du
pont, & lorfqu'il vit parroître l'avant-garde des Anglois, il continua tranquillement fa marche fur Midlebrook. Au-de-là de
Kingstown, le pays commence à être plus ouvert & continue
ainfi jufqu'à Prince-Town. Cette ville eft fituée fur une efpece
de plateau peu élevé, mais qui domine de tous côtés : elle n'a
qu'une rue formée par le grand chemin ; les maifons font au
nombre de 60 ou 80, toutes affez bien bâties ; mais on y fait peu
d'attention, parce que les regards font tout de fuite appellés par
un immenfe bâtiment qu'on voit d'affez loin ; c'eft un College
que l'Etat de Jerfey a fait conftruire quelques années avant la guerre.
Comme cet édifice n'eft remarquable que par fa grandeur, il
eft inutile de le décrire : on fe fouviendra feulement, quand il
fera queftion du combat, qu'il fe trouve fur la gauche du chemin en allant à Philadelphie, qu'il eft placé vers le milieu de
la ville dans un endroit ifolé, & qu'on y entre par une grande
cour quarrée entourée de hautes paliffades. L'objet qui excitoit
ma curiofité, quoique très-étranger aux lettres, m'ayant conduit
à la porte même du College, je defcendis de cheval pour parcourir un moment ce vafte édifice. Je fus joint prefqu'auffitôt
par M. *Wederpurn*, Préfident de l'Univerfité : c'eft un homme
âgé de foixante ans au moins ; il eft membre du Congrès &
très-confidéré dans fa patrie. En m'abordant il me parla Fran-

çois, mais je m'apperçus aisément qu'il avoit acquis l'usage de cette langue, plutôt par la lecture que par la conversation ; ce qui ne m'empêcha de lui répondre & de continuer à l'entretenir en François, car je voyois qu'il étoit bien aise de montrer ce qu'il en savoit. C'est une attention qui coûte peu, & qu'on n'a pas assez en pays étranger. Répondre en Anglois à quelqu'un qui vous parle François ; c'est lui dire, vous ne savez pas ma langue aussi-bien que je fais la vôtre : encore, arrrive-t'il souvent qu'on se trompe dans ce calcul. Pour moi, j'aime toujours mieux mettre l'avantage de mon côté, & combattre sur mon terrein, Ce fut donc en françois que je conversai avec le Présidem: je sus de lui que ce College est une Université complette ; qu'il peut contenir deux cens éleves, & davantage en comptant les externes ; que la distribution des études est faite de telle maniere qu'il n'y a qu'une seule classe pour les *humanités*, laquelle correspond à nos quatre premieres classes ; que deux autres sont destinées à perfectionner les jeunes gens dans l'étude du latin & du grec ; une quatrieme à la physique, les mathématiques, l'astronomie, &c. enfin une cinquieme à la philosophie morale. Avec une dépense annuelle de 40 guinées, les parens peuvent entretenir leurs enfans dans ce College. Le logement & les maîtres emploient la moitié de cette somme ; le reste suffit pour la nourriture, soit qu'on la prenne au College même, soit qu'on paye pension à quelques particuliers de la ville. Depuis la guerre cet utile établissement est tombé en décadence ; il n'y avoit que quarante étudians lorsque je l'ai vu. On avoit rassemblé un assez grand nombre de livres ; la plupart ont été dispersés. Les Anglois ont même enlevé de la chapelle le portrait du Roi d'Angleterre, & les Américains se sont aisément consolés de cette perte, en disant qu'ils ne vouloient pas de Roi chez eux, pas même en peinture. Il reste encore une très-belle machine astronomique ; mais comme elle n'étoit pas en état pour lors, & que d'ailleurs elle ne differe pas de celle que j'ai vu depuis à Philadelphie, je me dispenserai d'en parler. J'avoue aussi que j'étois un peu pressé de chercher les traces du Général Washington, dans un pays où tout rappelloit ses succès. Je passai donc brus-

I ji

quement du parnaffe à la guerre, & des mains du Préfident Wederpurn dans celles du Colonel Moyland. Tous les deux étoient
également fur leur terrein ; de forte que tandis que le premier
me tiroit par le bras droit en me difant, c'eft ici la claffe de
philofophie, l'autre me tiroit par le bras gauche en me difant,
c'eft là que cent quatre-vingt Anglois ont mis bas les armes.

Tous ceux qui depuis le commencement de la guerre fe font
feulement donné la peine de lire les gazettes, peuvent fe rappeller que le Général Washington furprit la ville de Trenton,
le 25 Décembre 1776 ; qu'auffitôt après cette expédition, il
fe retira de l'autre côté de la Delaware, mais qu'ayant un peu
augmenté fes forces, il la repaffa de nouveau & vint camper à
Trenton. Lord Cornwallis avoit alors raffemblé fes troupes, difperfées auparavant dans leurs quartiers d'hiver. Il marcha contre
Washington qui fut obligé de mettre *l'Affampik* ou la riviere de
Trenton entre les ennemis & lui. De cette façon, la ville fe
trouvoit entre les deux armées, les Américains occupant la rive
gauche de la Creek, & les Anglois la rive droite. Cependant l'armée de Cornwallis fe renforçoit tous les jours ; deux brigades
parties de Brunfwik étoient prêtes à le joindre, & il n'attendoit
que leur arrivée pour attaquer. D'un autre côté le Général Wafhington fe trouvoit dépourvu de vivres, & privé de toute communication avec le fertile pays des Jerfeys & les quatre Etats
de l'eft. Telle étoit fa pofition lorfque le 2 Janvier à une heure
après minuit, il ordonna de tenir les feux bien allumés & de
laiffer quelques foldats pour les entretenir, tandis que le refte
de l'armée marcheroit par fa droite pour rabattre enfuite fur la
gauche, paffer derriere l'armée Angloife & rentrer dans les
Jerfeys. Il fallut fe jetter confidérablement fur la droite, afin de
gagner *Allenftown* & les fources de l'Affampik, & enfuite retomber fur Prince-Town. Ce fut à peu-près à un mille de cette ville
que l'avant-garde du Général Washington, en entrant dans le grand
chemin, trouva le Colonel *Mawhowd* qui marchoit tranquillement à la tête de fon régiment pour fe rendre à Maidenhead,
& de là à Trenton. Le Général *Mercer* l'attaqua fur le champ,
mais il fut repouffé par le feu des ennemis : alors il voulut char-

ger à la bayonnette , & malheureusement en sautant un *foffé* ;
il fut enveloppé & poignardé par les Anglois. Les troupes qui
n'étoient pour la plupart que des milices , furent bientôt décou-
ragées par la perte de leur chef , & se retirerent dans les bois ,
attendant le reste de l'armée qui arriva bientôt après ; mais le
Colonel Mawhoud avoit continué sa route vers Maidenhead ,
de sorte que le Général Washington n'eut plus à faire qu'au-qua-
rante - huitieme régiment , dont une partie s'étoit portée sur
le grand chemin , au bruit de la premiere attaque. Il pouffa
vivement ces troupes , les diffipa & leur fit cinquante ou soixante
prisonniers. Cependant , le Général Sullivan s'avançoit à grands
pas , laiffant sur sa gauche le chemin de Prince-Town , dans le
deffein de tourner cette ville , & de couper aux troupes qui
l'occupoient , la retraite qu'elles pouvoient avoir encore sur Brunf-
wik. Deux cens Anglois s'étoient jettés dans un bois par lequel il
devoit paffer , mais ils n'y tinrent pas long temps , & ils revinrent
en défordre à *Naffaw-Hall* ; c'est le nom du College dont j'ai
parlé. Ils auroient pu s'en emparer & y faire une vigoureuse
défenfe. Il y a toute apparence que leurs officiers perdirent la
tête , car au lieu d'entrer dans la maifon , ou feulement dans la
cour , ils resterent dans une efpece de rue affez large , où ils
furent environnés & obligés de mettre bas les armes au nombre de cent quatre-vingt , non compris quatorze officiers. Pour
le Général Washington , après avoir pris ou diffipé tout ce qui
étoit devant lui , il raffembla ses troupes , marcha à Kings-Town ,
où il fit halte , comme je l'ai dit plus haut , pour continuer enfuite sa marche sur Midle-Brook ; ayant fait ainfi près de trente
milles dans un jour , mais regrettant encore que ses troupes fuffent
trop fatiguées pour marcher jufqu'à Brunfwik , dont il se feroit
emparé alors fans aucune difficulté. Lord Cornwallis n'eut rien
de plus preffé que d'y revenir avec toute son armée. De ce moment , la Penfylvanie fut en sûreté , les Jerfeys se trouverent
évacués , & les Anglois réduits aux feules villes de Brunfwick &
d'Amboy , où ils furent toujours sur la défenfive , ne pouvant
fortir , pas même pour aller au fourage , fans être repouffés &
très-maltraités par les milices du pays. Ainfi les grands évenne-

mens de la guerre ne font pas toujours les grandes batailles; & lhumanité peut se consoler par cette seule réflexion, que l'art de la guerre n'est pas nécessairement un art meurtrier, que l'habileté des chefs épargne la vie des soldats, & que l'ignorance seule est prodigue de sang.

L'affaire de Trenton, qui donna origine à celle-ci, ne couta pas plus cher & fut peut-être plus glorieuse, sans être plus utile. *Addisson* disoit en parcourant les divers Monumens de l'Italie, qu'il croyoit marcher sur une terre *classique* ; pour moi je voyageois sur une terre toute guerriere, & la même matinée devoit m'offrir deux champs de bataille. J'arrivai de bonne heure à Trenton, n'ayant rien remarqué d'intéressant sur la route, si ce n'est un beau pays qui répond par-tout à la réputation dont jouissent les Jerseys, car on les appelle le jardin de l'Amérique. En approchant de Trenton, le chemin descend un peu & laisse voir à l'est de la ville, le verger où les Hessois se rassemblerent à la hâte & se rendirent prisonniers. C'est à peu-près tout ce que l'on peut dire de ce combat, que les gazettes ont amplifié de part & d'autre. On sait que le Général Washington à la tête de trois mille hommes seulement, passa la Delaware par un tems affreux, la nuit du 24 au 25 Décembre ; qu'il sépara ses troupes en deux colonnes, dont une se détourna pour prendre un chemin sur la gauche, qui conduit au grand chemin de Maidenhead, tandis que l'autre marchoit le long de la riviere, droit à Trenton; que la grande garde des Hessois fut surprise, & que la brigade eut à peine le tems de prendre les armes. L'artillerie étoit parquée près d'une église ; on voulut atteller les chevaux, mais l'avantgarde des Américains qui avoit poussé le piquet, tira sur eux & les tua presque tous. Le Général washington arriva avec la colonne de droite; on entoura les Hessois qui tirerent quelques coups de fusil, sans ordre & au hasard. Le Général washington les laissa faire, mais il profita du premier moment où le feu se rallentît pour leur envoyer un officier, qui leur parla en françois, car notre langue est celle qui supplée à toutes les autres. Les Hessois entendirent fort bien sa proposition ; on leur promit de ne point piller les effets qu'ils avoient laissés dans leurs maisons,

& ils rendirent auſſitôt leurs armes , qu'à peine ils avoient eu le tems de prendre. Il eſt certain que leur poſition n'étoit pas bonne ; j'ai même peine a comprendre que ce fût un champ de bataille indiqué en cas d'allarme. Il eſt sûr qu'ils auroient eu une retraite aſſurée en paſſant le pont qui eſt ſur la Creek au ſud de la ville , mais l'avant-garde de la colonne de droite s'en étoit emparée. Tel fut en peu de mots cet évennement , qui n'eſt pas honorable pour les Heſſois, qui n'eſt pas deshonorant non plus , mais qui prouve ſeulement qu'il n'exiſte pas de troupes ſur leſquelles on puiſſe compter , lorſqu'elles ſe ſont laiſſées ſurprendre.

Après avoir vu tant de combats, il étoit juſte que je ſongeaſſe à dîner. Je trouvai mon quartier-général très-bien établi dans une belle auberge tenue par M. *William.* L'enſeigne de cette auberge eſt un emblême philoſophique , ou ſi vous voulez, politique. Elle repréſente un Caſtor qui travaille avec ſes petites dents à abattre un gros arbre , & au deſſous eſt écrit, *perſeverando.* A peine étois-je deſcendu de cheval que je reçus la viſite de M. Livingſton, Gouverneur des *deux Jerſeys.* C'eſt un vieillard conſidéré, & qui paſſe pour avoir beaucoup d'eſprit. Il voulut bien m'accompagner dans une petite promenade que je fis avant dîner, pour reconnoître les environs de la ville, & voir le camp que les Américains avoient occupé avant l'affaire de Prince-Town. Je revins dîner avec le Colonel Moyland , M. de Gimat & deux aides-de-camp de M. de la Fayette qui étoient arrivés quelque temps avant moi. Nous étions tous gens de connoiſſance , très-contens de nous trouver enſemble , & de dîner à notre aiſe, lorſqu'un Juge de Paix qui étoit à Trenton pour affaire , & un Capitaine de l'Artillerie Américaine , vinrent ſe mettre à table avec nous, ſans aucune cérémonie, l'uſage du pays étant que les voyageurs qui ſe rencontrent à l'heure du repas, mangent enſemble. Le dîner étoit fort bon ; je leur en fis les honneurs; mais ils ne parurent pas s'appercevoir que je l'avois commandé. Il y avoit du vin, choſe rare & chere en Amérique ; ils en burent modérément, & ſe leverent de table avant nous. J'avois donné ordre qu'on mit tout le dîner ſur mon compte ; ils l'apprirent en partant, & se mirent en marche sans me rien dire à ce sujet. J'ai eu souvent occasion d'observer qu'en Amérique, il y a plus de cérémonies que de complimens. Toute la politesse est en formule, comme de boire à la santé des convives, d'observer les rangs, de céder la droite, &c. mais on ne fait de tout cela que ce qu'on en a appris, & le sentiment ne peut rien suggérer ; en un mot, la politesse est ici comme la religion en Italie, toute en pratique & rien en principe.

A quatre heures je me remis en marche, après m'être séparé, non sans regret, du bon Colonel Moyland. Je m'acheminai vers Bristol, passant la riviere à trois milles au dessous de Trenton : à six milles de là on traverse un bois ; après l'avoir passé on se rapproche de la Delaware, dont on ne s'écarte plus jusqu'à Bristol. Il étoit nuit lorsque j'arrivai dans cette ville. L'auberge où je defendis est tenue par un M. *Benne*{et, françois d'origine, & d'une famille très-considérée parmi les *Quaters*, mais celui-ci est un déserteur de cette communion. Il est Anglican, & il n'a conservé des principes reçus parmi ses freres, que celui de faire payer plus cher que les autres : au reste son auberge est belle, les fenêtres donnent sur la Delaware, & la vue en est superbe ; car cette riviere a plus d'un quart de lieue de large, & coule dans un très-beau pays.

Je partis de Bristol le 30 Novembre entre neuf & dix heures du matin, & j'arrivai à Philadelphie à deux heures après-midi. Le chemin qui conduit à cette ville est très-large & très-beau ; on traverse plusieurs bourgs ou villages, & on ne fait pas cinq cens pas sans voir de belles maisons de campagne. A mesure qu'on avance on trouve la culture plus riche & mieux soignée ; on voit sur-tout beaucoup de vergers & de paturage ; enfin tout annonce le voisinage d'une grande ville, & ce chemin ressemble assez à ceux qui conduisent à Londres. A quatre milles de Bristol, on passe sur un bacq ou ferry la Creek de *Neshaminy*. Elle est assez large & coule dans une telle direction qu'elle forme une espece de presqu'île du pays qui est entr'elle & la Delaware. Il me parut par l'inspection du pays & par celle de la carte, que lors de la retraite de Clinton, le Général washington auroit pu

passer

paſſer les ſources de cette riviere, pour la côtoyer enſuite & s'approcher de la Delaware ; elle auroit ſervi à couvrir ſon flanc droit. De cette façon il lui auroit été libre de s'approcher de la Délaware, & de la paſſer auſſitôt que Clinton. M. de Gimat, à qui je fis cette obſervation, me répondit que le Général Washington n'ayant jamais été ſûr du moment où les Anglois évacueroient Philadelphie, craignoit de s'éloigner de Lancaſtre où il avoit tous ſes magaſins. La ville de Francfort, qui eſt à quinze milles de Briſtol & à cinq de Philadelphie, eſt aſſez conſidérable. Une Creek coule au devant de cette ville ; on la paſſe ſur deux ponts de pierre, car elle ſe diviſe en deux branches, dont l'une me paroît artificielle & deſtinée à faire tourner un grand nombre de moulins, qui fourniſſent de la farine à Philadelphie. Ces moulins néceſſaires à la ſubſiſtance des deux armées, ont fait long-tems de la ville de Francfort l'objet d'une longue contention, qui a donné lieu à pluſieurs petits combats ; mais la poſition eſt telle qu'elle n'étoit avantageuſe pour aucun des deux partis, car la riviere coule dans un fond, & le terrein eſt également élevé ſur les deux rives.

Plus on avance vers Philadelphie, plus on reconnoît les traces de la guerre. Les débris des maiſons abattues ou brûlées ſont les monumens que les Anglois ont laiſſés derriere eux, mais ces débris n'offrent que l'image d'un malheur paſſager, & non celle d'une longue adverſité ; à côté des édifices detruits, ceux qui exiſtent encore, annoncent la proſpérité & l'abondance. On croit voir la campagne après un orage : quelques arbres ſont renverſés, mais les autres ſont encore couverts de fleurs & de verdure. Avant d'entrer à Philadelphie, on traverſe les lignes que les Anglois avoient faites dans l'hiver de 1777 à 1778 ; elles ſont encore reconnoiſſables en beaucoup d'endroits. La partie de ces lignes que je vis alors, eſt celle de la droite ; le flanc en eſt appuyé à une groſſe redoute ou batterie quarrée qui commande auſſi la riviere. Quelques parties du parapet ont été conſtruites avec une recherche, qui multiplie le travail plus qu'elle ne fortifie les ouvrages. Elles ſont faites en forme de *ſcie*, c'eſt-à-dire compoſées d'une ſuite de petits redans, dont chacun ne peut contenir que trois hommes. Dès que j'eus paſſé ces lignes, pluſieurs grands édifices

K

frapperent ma vue ; les deux principaux étoient un corps de caserne bâti par les Anglois , & un grand hôpital construit antérieurement aux frais des Quakers. Insensiblement je me trouvai dans la ville, & après avoir suivi trois ou quatre rues très-larges & parfaitement droites, j'arrivai à la porte de M. le Ch^{er.} de la Luzerne.

Il y avoit justement vingt jours que j'étois parti de Newport, & pendant ces vingt jours, je n'en avois séjourné qu'un à Volontown, & trois à l'armée Américaine. Je n'étois donc pas fâché de prendre des quartiers de rafraîchissement, & je n'en pouvois pas désirer de plus agréables que la maison du Ch^{er.} de la Luzerne. J'eus tout le tems de causer avec lui avant le dîner, car à Philadelphie comme à Londres, on ne dîne qu'à cinq heures, & souvent à six. J'aurois autant aimé que la Compagnie ne fut pas assez nombreuse pour me mettre à portée de faire connoissance avec une partie de la ville. Mais notre Ministre tient un Etat considérable, & donne fréquemment de grands dîners, de sorte qu'il est difficile de ne pas tomber dans ces especes de *guet-à-pens.* Les convives, dont je me rappelle les noms, étoient M. *Governor Morris*, jeune homme plein d'esprit & de vivacité, mais mutilé malheureusement, ayant perdu une jambe par accident ; ses amis l'ont félicité sur cet évennement, parce que, disoient-ils, il se livreroit entièrement aux affaires publiques : M. *Powel*, possesseur d'une fortune considérable, sans avoir part au Gouvernement, son attachement à la cause commune, ayant paru jusqu'ici un peu équivoque : M. *Penbelton*, grand Juge de la Caroline, homme d'une taille très-haute, & d'une figure très-distinguée ; il eut le courage de faire pendre trois *Torys* à Charles-Town, peu de jours avant que la ville se rendit ; aussi a-t'il été en danger de perdre la vie & obligé de s'échapper des mains des Anglois, quoique compris dans la capitulation : le Colonel *Lawrens*, fils de M. Lawrens, ci-devant Président du Congrès, & maintenant détenu dans la Tour de Londres ; il parle très-bien françois, ce qui n'est pas étonnant, puisqu'il a été élevé à Geneve ; mais il l'est davantage qu'étant marié à Londres, il ait quitté l'Angleterre pour servir l'Amérique ; il s'est diſtingué en pluſieurs occaſions , particuliérement à *German-Town*, où il a été bleſſé : M. *Wright*, Chapelain du Congrès, homme d'une belle figure , & d'un caractere doux & tolérant : le Général *Mifflin*, dont les talens ont brillé également dans la guerre & dans la politique ; il a été Quartier-Maître général de l'armée ; mais il a quitté cette place pour quelques préférences que le Général Green avoit obtenues ſur lui : Dom *Francesco*, chargé des affaires d'Eſpagne ; je crois que c'eſt tout ce qu'on en peut dire : M. de *Ternan*, Officier François au ſervice Américain ; il avoit été chargé de quelques commiſſions en Amérique ; après les avoir faites, il a pris de l'emploi dans l'armée ; c'eſt un jeune homme qui a beaucoup d'eſprit & de talens ; il deſſine bien & parle l'anglois comme ſa propre langue ; il a été fait priſonnier à Charles-Town. Le dernier dont je me rappelle le nom, eſt le Colonel *Armand*, c'eſt-à-dire, M. de la *Rouerie*, neveu de M. de la *Blinai*. Il a été célebre en France par ſa paſſion pour Mademoiſelle *Beaumeſnil* ; il l'eſt en Amérique par ſon courage & ſa capacité. Sa famille l'ayant obligé de renoncer au bonheur d'épouſer Mademoiſelle Beaumeſnil, il alla ſe jeter à la Trappe ; mais il en ſortit bien-tôt pour paſſer en Amérique, où il s'eſt ſoumis à une abſtinence plus glorieuſe & à des mortifications plus méritoires. Son caractere eſt gai, ſon eſprit eſt agréable, & perſonne ne voudroit qu'il ſe fût voué au ſilence.

Tels étoient ceux de nos convives avec leſquels je fis connoiſſance, car je ne parle pas de M. de *Lanuʒe*, Conſul de France à Baltimore, de M. de Marbois, Secrétaire d'Ambaſſade, & de la *Famille* de M. le Ch^{er} de la Luzerne, qui eſt aſſez conſidérable. Le dîner fut ſervi à l'Américaine, ou ſi l'on veut, à l'Angloiſe ; c'eſt-à-dire compoſé de deux ſervices, l'un comprenant les entrées, le rôti & les entremets chauds ; l'autre, les pâtiſſeries ſucrées & les confitures : quand celui-ci eſt enlevé, on ôte la nappe & on ſert des pommes, des châtaignes & des noix : c'eſt alors qu'on porte les ſantés. Le café qui vient après, ſert de ſignal pour ſortir de table. Ces ſantés ou *toaſtes*, comme je l'ai déja dit plus haut, n'ont aucun inconvénient, & ne ſervent qu'à prolonger la converſation, qui eſt toujours plus animée à la fin du repas. Elles n'obligent à faire aucun excès; en quoi elles different beaucoup des fantés allemandes, & de celles qu'on porte encore dans nos garnifons & dans nos provinces. Mais un ufage abfurde & vraiment barbare, c'eft qu'au commencement du repas, & la premiere fois qu'on boit, on interpelle chaque individu fucceffivement, pour boire à fa fanté. Il y a de quoi mourir de foif pour l'acteur de cette ridicule comédie, tandis qu'il eft obligé de chercher autour d'une table, les noms ou les regards de vingt-cinq ou trente perfonnes, & de quoi mourir d'impatience pour les malheureux à qui il s'adreffe; car ils ne peuvent donner une attention, bien légitime affurément, à ce qu'ils mangent & à ce qu'on leur dit, étant fans ceffe appellés de droite & de gauche, ou tiraillés par les gens cruellement charitables, qui veulent bien les avertir des politeffes qu'ils reçoivent. Les Américains les plus civils ne fe contentent pas de cet appel général ; à chaque fois qu'ils boivent, ils en font de partiels, comme par exemple, de quatre ou cinq perfonnes à la fois. Un autre ufage acheve de défefpérer les étrangers, pour peu qu'ils foient diftraits & de bon appétit. Les attaques générales & particulieres finiffent par de véritables duels. On vous dit d'un bout d'une table à l'autre : *Monfieur, voulez-vous permettre que je boive un verre de vin avec vous ?* Cette propofition eft toujours acceptée, & n'admet pas même l'excufe du grand coufin : *on ne boit pas fans connoître.* Alors il faut fe faire paffer une bouteille, puis regarder fon ennemi, car je ne faurois donner un autre nom à celui qui exerce un tel empire fur ma volonté ; on attend qu'il fe foit verfé du vin à fon tour, & qu'il ait pris fon verre, puis on boit triftement avec lui, comme un foldat de recrue imite les tems d'exercice qui lui font montrés pas fon caporal. Au refte, je dois cette juftice aux Américains, qu'ils fentent eux-mêmes le ridicule de ces ufages que la vieille Angleterre leur a donnés & qu'elle a quittés depuis. Ils ont propofé au Ch^{er.} de la Luzerne de s'en difpenfer, fachant bien que fon exemple auroit le plus grand poids ; mais il a voulu s'y conformer, & il a très-bien fait. Plus les François font en poffeffion de donner leurs ufages aux autres peuples, plus ils doivent éviter d'avoir l'air de changer ceux des Américains. Heureuse notre nation, si ses Ambassadeur & ses voyageurss avoient toujours un si bon esprit, & s'ils ne perdoient jamais de vue que de tous les hommes, ceux qui doivent avoir le maintien le plus négligé, sont les maîtres à danser.

Après ce dîner, que j'ai peut-être prolongé trop long-tems à la maniere de ce pays-ci, le Ch^er de la Luzerne me mena faire des visites. La premiere fut chez M. Reed, président de l'Etat. Cette place répond à celle de Gouverneur dans les autres provinces, sans avoir pourtant la même autorité ; car le Gouvernement de la Pensylvanie est tout-à-fait démocratique, & consiste uniquement dans l'assemblée générale, ou, si l'on veut, dans la Chambre des Communes. Celle-ci nomme un Conseil exécutif, composé de douze membres qui ont un pouvoir très-limité, & qui sont obligés de rendre compte à l'assemblée, dans laquelle ils n'ont pas de voix. M. Reed a été Officier général dans l'armée Américaine : il y a montré du courage, & il a eu un cheval tué sous lui dans une escarmouche près de *White-marsh.* C'est lui que le Gouverneur *Johnstone* essaya de corrompre en 1778, lorsque l'Angleterre envoya des Commissaires pour traiter avec le Congrès ; mais cette démarche s'étoit bornée à quelques insinuations, dont on avoit chargé une Madame Ferguson. M. Reed qui est homme d'esprit, un peu intriguant, & sur-tout avide de la faveur populaire, fit beaucoup d'éclat, publia & exagéra les offres qu'on lui avoit faites. Comme il étoit lié infiniment avec le Général Washington, il lui étoit aisé de justifier l'importance qu'il cherchoit à se donner. Les plaintes de Madame Ferguson, qui avoit été compromise, une déclaration publique du Gouverneur Johnstone, dont l'objet étoit de nier les faits, mais qui ne servoit qu'à les prouver ; diverses accusations & réfutations imprimées & rendues publiques, n'eurent d'autre effet que de seconder les vues de M. Reed, & de le faire parvenir à son but, qui étoit de jouer un premier rôle dans sa patrie. Malheureusement ses prétentions ou son intérêt, l'on conduit à se déclarer l'ennemi de M. *Franklin.* Lorsque j'étois à Philadelphie, il n'étoit question de rien moins que de rappeller cet homme respectable;

mais le parti françois, ou celui du Général Washington, ou pour mieux dire encore, le parti vraiment patriote, a prévalu, & on s'eft contenté de lui donner une efpece d'adjoint, qui fût bien intentionné pour lui, & qui ne fervît qu'à l'aider dans fon pénible Miniftere. Le choix a tombé fur le Colonel Lawrens, dont j'ai parlé plus haut.

M. Reed habite une belle maifon, arrangée & meublée à l'angloife. Je trouvai chez lui Madame Washington, qui arrivoit de Virginie, & qui alloit joindre fon mari, comme elle a coutume de le faire à la fin de chaque campagne. C'eft une groffe femme de quarante à quarante-cinq ans, bien fraîche & d'une figure affez agréable. Je trouve qu'elle reffemble à une princeffe allemande. Après avoir paffé un quart d'heure chez M. Reed, nous allâmes voir M. Huntington, Préfident du Congrès : nous le trouvâmes dans fon cabinet, éclairé par une feule chandelle. On dit qu'il n'eft guere plus éclairé au fens figuré qu'au fens littéral ; mais c'eft un homme droit, qui n'époufe aucun parti, & fur lequel on peut compter. Il eft né dans le Conecticut, & il étoit délégué pour cet Etat, lorfqu'il fut élu Préfident.

Ma journée ayant été fuffifamment employée, le Cher. de la Luzerne me ramena dans la maifon où il m'avoit fait préparer un logement. C'étoit celle du Miniftre d'Efpagne, où il y avoit plufieurs appartemens vacans ; car M. *Miralès* qui l'occupoit, mourut il y a un an à Moris-Town. Son fecrétaire eft refté chargé des affaires, maître de la maifon, & très-content d'avoir *l'incarico*, qui emporte avec foi, outre la correfpondance, une table entretenue aux frais du Roi d'Efpagne. Le Cher. de la Luzerne, quoique très-bien & très-agréablement logé, n'avoit pas d'appartemens à donner ; cependant il m'en fit arranger un le lendemain, ce qui contribua beaucoup à mon bonheur pendant mon féjour à Philadelphie. Je me trouvois placé juftement entre M. de Marbois & lui, & à portée de caufer avec eux à tous les inftans de la journée.

Celle du 22 commença, ainfi que toutes les journées Américaines, par un grand déjeûner. Comme on dîne très-tard chez le Cher. de la Luzerne, quelques longes de veau, quelques gigots de mouton, & autres bagatelles de ce genre, fe gliffent toujours parmi les taffes de thé & de café, & ne manquent pas d'être très-bien acueillies. Après ce léger repas, qui ne dura guere qu'une heure & demie, nous allâmes voir les Dames, fuivant l'ufage de Philadelphie, où la matinée eft l'heure la plus convenable pour faire des vifites. Nous commençâmes par Madame *Beach :* elle méritoit tout notre empreffément, puifqu'elle eft fille de M. Franklin. Simple dans fes manieres comme fon refpectable pere, elle en a auffi la bienfaifance. Elle nous mena dans une chambre, toute remplie d'ouvrages récemment faits par les Dames de Philadelphie. Ces ouvrages n'étoient ni des veftes brodées au tambour, ni des garnitures de filet, ni même de l'or parfilé; c'étoit des chemifes pour les Soldats de Penfylvanie. Les Dames en avoient acheté la toile fur leurs propres penfions, & elles s'étoient fait un plaifir de les couper & de les coudre elles-mêmes. Sur chaque chemife étoit marqué le nom de la Dame ou de la Demoifelle qui l'avoit faite, & le nombre des chemifes montoit à 2200. Sans doute, c'eft ici la place d'une réflexion bien *morale* & bien *triviale* fur la différence de nos mœurs avec celles de l'Amérique; mais moi, je penfe qu'en pareille occafion, nos Dames Françoifes en feroient autant, & j'ofe croire encore que de tels ouvrages infpireroient des vers auffi agréables que ceux dont on accompagne les envois annuels de berceaux, de carroffes, de maifons, de châteaux, &c., péniblement & gauchement fabriqués en parfilage. C'eft, il faut l'avouer, une fource abondante d'idées très-ingénieufes; mais le bon tems en eft paffé, & elles commencent à s'épuifer. Au refte fi quelque philofophe févere veut cenfurer les mœurs françoifes, je ne lui confeille pas de s'adreffer à Madame *Platter*, chez qui je fus conduit en fortant de chez Madame Beach. C'eft la femme agréable de Philadelphie; elle a le goût auffi délicat que la fanté; enthoufiafte à l'excès de toutes les modes de France, elle n'attend que la fin de cette petite révolution-ci, pour en faire une plus importante dans les mœurs de fa nation.

Après avoir rendu un hommage légitime à cette excellente patriote, je m'empreffai de faire connoiffance avec M. *Morris.*

C'eſt un négociant très-riche, c'eſt par conſéquent un homme de tous les pays ; car le commerce a par-tout le même caractere. Il eſt libre dans les monarchies , il eſt égoïſte dans les républiques ; étranger, ou, ſi l'on veut citoyen dans tout l'univers, il exclut également les vertus & les préjugés qui s'oppoſent à ſon intérêt. On aura peine à croire qu'au milieu des déſaſtres de l'Amérique , cytoyen d'une ville, à peine échappée des mains des Anglois, M. Morris poſſede une fortune de 8 millions. Cependant, c'eſt dans les criſes les plus fâcheuſes que les grandes fortunes ſe forment & s'élevent. Les retours heureux de pluſieurs vaiſſeaux, les courſes encore plus heureuſes des corſaires qu'il a armés, ont accru ſes richeſſes au de là de ſon attente, ſi ce n'eſt au de là de ſes ſouhaits. En effet, il eſt ſi accoutumé au ſuccès de ſes corſaires, que lorſqu'on le voit le Dimanche plus ſérieux qu'à l'ordinaire, on conclut qu'il n'eſt point arrivé de priſe la ſemaine précédente. Cet état floriſſant du commerce, tant à Philadelphie que dans la baye de Maſſachuſſet, eſt abſolument dû à l'arrivée de lEſcadre Françoiſe. Les Anglois ont abandonné toutes leurs croiſieres pour la bloquer dans New-port, & encore y ont-ils bien mal réuſſi, car ils n'ont pas pris une ſeule chaloupe venant à Rhode-Iſland ou à Providence. M. Morris eſt un gros homme, fort ſimple dans ſes manieres, mais bien intentioné, & entendant les affaires publiques auſſibien que les ſiennes. Il eſt ami de M. Franklin, & ennemi décidé de M. Reed. Sa maiſon eſt belle, & reſſemble parfaitement aux maiſons de Londres. Il y vit modeſtement, n'étant ni prodigue, ni avare, mais ne connoiſſant aucun moyen de manger plus de trente mille livres par an, quand même il en auroit cinq cens mille. J'ai déja parlé de M. *Powel*, il faut à préſent parler de ſa femme ; car en dépit des mœurs américaines, c'eſt elle qui dans le ménage fait (ſuivant l'expreſſion italienne) *la prima figura*. Elle me reçut dans une belle maiſon accommodée à l'angloiſe, & ce qui me toucha le plus, ornée de belles eſtampes & de très-bonnes copies des meilleurs tableaux d'Italie : c'eſt que M. Powel a voyagé en Europe, & qu'il a été à Rome & à Naples, où il a pris le goût des beaux
arts.

àrts. Pour Madame Powel elle n'a pas voyagé ; mais elle a de l'efprit & de la mémoire, parle bien & parle beaucoup ; elle m'a fait l'honneur de me prendre en amitié & m'a trouvé beaucoup de mérite, parce que j'avois celui de l'écouter.

Je crains que mes lecteurs, fi j'en ai jamais, ne faffent cette réflexion très-naturelle ; c'eft que les vifites font par-tout bien ennuieufes ; & comme on ne peut prévenir les François en fait d'épigrame, qu'en fe preffant beaucoup, je veux prendre l'avance fur eux. Je les avertis cependant que je les tiens quitte d'un long dîner que le Cher. de la Luzerne donna ce jour là aux Délégués du fud. J'aurai occafion de parler ailleurs de quelques-uns de ces Délégués, & ceux qui ne me la fourniront pas, méritent d'être paffés fous filence.

Dans la crainte que les délices de Capoue ne me fiffent oublier les campagnes d'*Annibal* & de *Fabius*, je voulus monter à cheval dès le 2 Décembre, pour aller voir le champ de bataille de *Germantown*. On peut fe rappeller qu'en 1777, après la défaite de Brandy-Wine, l'armée américaine ne jugea pas à propos de défendre Philadelphie, & qu'elle fe retira fur la haute *Skuylkill*, tandis que les Anglois s'emparoient fans réfiftance de la capitale de la Penfylvanie. Fiers de leurs fuccès, & remplis de cette confiance qui les a toujours trompés, ils avoient partagé & difperfé leurs forces : la plus grande partie de leurs troupes campoit fur la Skuylkill, à quatre milles de Philadelphie ; une autre occupoit la ville de Germantown, à huit milles au nord de cette place, & ils venoient de faire un détachement confidérable fur *Billingsport* pour favorifer le paffage de leur flotte qui effayoit inutilement de remonter la Delaware. Dans cette circonftance, le Général Washington jugea que c'étoit le tems de faire reffouvenir les Anglois qu'il exiftoit encore une armée Américaine. On ne fait ce qu'il faut louer davantage, ou de la fage intrépidité du chef, ou de la réfolution que montra fon armée en allant attaquer ces mêmes troupes dont elles n'avoit pu foutenir le choc un mois auparavant. Germantown eft une longue ville ou bourg, qui confifte dans une feule rue, & qui reffemble affez à la Villette ou à Vaugirard. De la premiere maifon

L

au fud, à la derniere du côté du nord, il y a près de trois quarts
de lieue. Le corps Anglois qui occupoit cette ville, ou plutôt
qui la couvroit, étoit campé près des dernieres maifons du côté du nord, & placé de façon que la rue ou le grand chemin
partageoit le camp par le milieu. Ces troupes pouvoient monter à trois ou quatre milles hommes. Le Général Washington
qui occupoit une pofition à dix milles de là, près de *Shippack
creek*, partit de fon camp vers minuit, & marcha fur deux colonnes, dont l'une devoit tourner Germantown du côté de l'eft,
l'autre du côté de l'oueft : deux brigades de la colonne de droite
avoient ordre de former le corps de réferve, & de fe féparer
de cette colonne au moment de l'attaque, pour fuivre la grande
rue de Germantown. Il furvint un brouillard très-épais qui fa-
vorifa la marche de l'armée, mais qui rendit l'attaque plus difficile, parce qu'il fut impoffible de concerter les mouvemens
& les déployemens des troupes. Les milices marchoient fur la
droite & fur la gauche, extérieurement aux deux colonnes, n'é-
tant point compromifes, & longeant toujours les bois, tant du
côté de Francfort que de celui de la Skuylkill. Le Général
Washington fit halte un moment avant le jour, à une croifée
de chemin, qui n'étoit pas éloigné d'un demi mille du *piquet*, ou
pofte avancé des ennemis. Là il apprit par un dragon anglois
qui s'étoit ennyvré & égaré, que le détachement de Billingsport venoit de rentrer. Cette nouvelle inattendue ne lui fit pas
changer de deffein ; il continua fa route à la tête de la colonne
de droite & tomba fur le piquet des Anglois, qui fut furpris,
mis en déroute & pouffé jufqu'au camp, où il porta la premiere
nouvelle de l'arrivée des Américains. On prit les armes & on
fe replia à la hâte, laiffant les tentes tendues & tous les équipages à l'abandon. Il falloit profiter de ce moment, & les François n'y auroient pas manqué ; on auroit eu même bien de la
peine à les empêcher, ou de fuivre les ennemis trop loin, ou
de fe difperfer pour piller le camp. C'eft ici que l'on peut juger du caractere américain ; peut-être cette armée, malgré fa
lenteur dans fes manœuvres & fon inexpérience à la guerre,
méritera-t'elle les éloges des Européens. Le Général Sulivan

qui commandoit la colonne de droite , en forma tranquillement
& lentement les trois brigades de tête , & après les avoir mifes en bataille , il traverfa le camp des Anglois fans qu'aucun
foldat s'arrêtât pour piller : il s'avança ainfi , laiffant les maifons fur la gauche & pouffant devant lui tout ce qui faifoit réfiftance dans les enclos & dans les jardins ; enfin, il pénétra
dans la ville même , où il fut engagé pendant quelques tems
avec les troupes qui déffendoient une petite place près du marché.

Tandis que les chofes réuffiffoient ainfi vers la droite , le
Général Washington à la tête de la réferve , efpéroit de voir
arriver fa colonne de gauche & pourfuivoit fa marche par la
grande rue. Mais un feu de moufquetterie qui fortoit d'une grande
maifon , fituée à portée de piftolet de la rue , arrêta tout court
la tête de fes troupes. Il fut réfolu d'attaquer cette maifon ;
mais il falloit du canon , car on favoit qu'elle étoit bâtie
en pierre & qu'on ne pouvoit y mettre le feu. Malheureufement on n'avoit que du canon de fix : le Ch^{er.} du Pleffis-Mau-
duit en conduifit deux pieces près d'une autre maifon qui n'é-
toit pas à deux cens pas de la premiere. Ce canon ne fit aucun effet ; il perçoit les murailles, mais ne les abattoit pas.
Le Ch^{er.} de Mauduit, plein de cette ardeur qui , à l'âge de 16
ans , lui fit entreprendre le voyage de la Grece , pour voir les
champs de bataille de *Platée* & des *Thermopyles*, & à celui
de vingt, l'engagea à chercher des lauriers en Amérique , ré-
folut alors d'attaquer de vive force cette maifon , qu'il ne pouvoit réduire à coups de canon. Il propofa au Colonel Lawrens
de prendre avec lui quelques hommes déterminés , & d'aller
tout près de là, enlever dans une grange de la paille & du
foin , qu'ils amafferoient près de la porte principale pour y mettre le feu. On peut concevoir que cette idée fe foit offerte à
deux jeunes gens bien valeureux ; mais il eft difficile de croire
que de ces deux nobles avanturiers, l'un foit à préfent en chemin pour la France & l'autre bien portant à Newport. M. du
Pleffis ne doutant pas qu'on apportât derriere lui toute la paille
de la grange, s'en alla droit à une fenêtre du rez-de-chauffée
qu'il enfonça & fur laquelle il monta. A la vérité, il fut reçu à

peu près comme cet amant, qui montant par une échelle pour voir fa maîtreſſe, trouva le mari qui l'attendoit fur le balcon : je ne fais fi on lui demanda auſſi ce qu'il faiſoit là, & s'il répondit *je me promene* ; mais ce que je fais, c'eſt que tandis qu'un galant homme, le piſtolet à la main, lui propoſoit de fe rendre, un autre moins honnête entrant bruſquement dans la chambre, tira un grand coup de fuſil, lequel renverſa, non M. de Mauduit, mais l'Officier qui vouloit le prendre. Après ces légeres méprifes & cette petite conteſtation, l'embarras étoit de fe retirer. Il falloit s'expoſer au feu meurtrier qui ſortoit du premier & du ſecond étage : d'un autre côté, on avoit pour ſpectateurs une partie de l'armée Américaine, & il auroit été ridicule de revenir en courant. M. de Mauduit, en véritable François, aima mieux s'expoſer à la mort qu'au ridicule ; mais les balles reſpecterent nos préjugés ; il revint fain & fauf, & M. Lawrens qui ne s'étoit pas plus preſſé que lui, en fut quitte pour une légere bleſſure à l'épaule. Je ne veux pas omettre une circonſtance qui prouve encore à quoi tient ſouvent la vie des militaires. Le Général Washington penſa que fi l'on ſommoit le Commandant de ce poſte, il ne feroit pas difficulté de fe rendre. On propoſa à M. de Mauduit de prendre avec lui un tambour & de faire cette ſommation ; mais il fit obſerver qu'il parloit mal anglois, & ne feroit peut-être pas entendu ; on envoya un Officier Américain, qui, précédé d'un tambour & tenant un mouchoir blanc à la main, ne devoit pas courir le moindre riſque : les Anglois ne répondirent à cet Officier que par des coups de fuſil, & il fut étendu fur le carreau.

Cependant les ennemis commençoient à fe rallier ; l'armée Angloiſe avoit marché de ſon camp près de la Skuilkill pour ſecourir Germantown, & Cornwallis arrivoit à courſe de Philadelphie avec les grenadiers & chaſſeurs, tandis que le corps de réſerve des Américains perdoit ſon tems près de la maiſon de pierre, & que la colonne de gauche fe trouvoit à peine en meſure d'attaquer. La partie étoit devenue trop inégale ; il fallut ſonger à la retraite ; elle s'exécuta en bon ordre, & le Général Washington alla prendre une excellente poſition à quatre milles de Germantown ; de forte que le foir de la bataille il fe trouva fix milles plus près des ennemis qu'il n'étoit auparavant. La capacité qu'il venoit de montrer dans cette occafion, la confiance qu'il avoit infpirée à une armée qu'on croyoit découragée, & qui femblable à l'hydre de la fable, reparoiffoit avec une nouvelle tête plus menaçante encore ; étonnerent les Anglois & les tinrent en refpect, jufqu'à ce que la défaite de Burgoyne donnât une autre afpect à leurs affaires. C'eft ce qu'on peut dire de plus favorable fur cette journée, malheureufement trop fanglante pour l'avantage que l'on en a retiré. Les militaires qui verront le local, ou qui auront fous les fyeux un plan exact, penferont je crois, que l'entreprife a manqué parce qu'on lui a donné trop d'étendue. Le projet de battre d'abord le corps avancé, enfuite l'armée & de s'emparer après de Philadelphie, étoit abfolument chimérique : en effet, la ville de Germantown ayant plus de deux milles de longueur, préfentoit trop d'obftacles aux attaquans, & trop de points de ralliement aux Anglois ; d'ailleurs, ce n'eft pas dans les pays coupés & fans avoir de cavalerie, qu'on gagne de ces grandes batailles qui détruifent ou diffipent les armées. Si le Général Washington fe fût contenté de marcher fur Whitemarsh & de couvrir fa marche par un gros corps de troupes, qui fe feroit avancé jufqu'à Germantown, auroit furpris l'avant-garde angloife & l'auroit forcée à fe retirer avec perte ; & fi content de cette efpece de leçon donnée à une armée victorieufe, il fe fut replié fur la nouvelle pofition qu'il vouloit occuper, il auroit parfaitement rempli fon objet, & tout l'honneur de la journée lui feroit refté : mais fuppofant le projet d'attaque, tel qu'il fut adopté, il me paroît qu'on a fait deux fautes, affez excufables à la vérité : l'une de perdre fon tems à mettre en bataille la colonne du Général Sullivan, au lieu de marcher tout de fuite au camp ennemi ; l'autre de s'amufer à attaquer la maifon de pierre. La premiere faute paroîtra très-pardonnable à ceux qui ont vu les troupes Américaines, telles qu'elles étoient alors. Ils favent qu'elles n'avoient nulle inftruction & qu'elles étoient fi mal difciplinées, qu'elles ne pouvoient ni conferver le bon ordre en

marchant en colonne, ni fe déployer enfuite quand le cas l'auroit exigé ; car l'expérience, qui eft toujours brouillée avec M.
Menil-Durand, nous apprend que l'ordre profond eft celui qui
eft le plus fujet au défordre & à la confufion, & qui demande
par conféquent plus de plegme & de difcipline. La feconde faute
fe juftifiera par l'efpérance qu'on eut toujours de s'emparer de
la maifon de pierre, dont on mefuroit l'importance fur l'obfti-
nation que les ennemis mettoient à la défendre. Il eft fûr qu'il
y avoit deux meilleurs partis à prendre ; le premier, de pourfuivre fon chemin fans s'inquiéter d'un feu de moufquetterie,
qu'on auroit toujours affez ralenti en détachant quelques fufiliers
pour tirer fur les fenêtres ; & le fecond, celui de laiffer le village fur la gauche, pour y rentrer trois cens pas plus loin.
Alors, on fe feroit contenté de s'emparer d'une autre maifon vis-
à-vis de celle que les ennemis occupoient : quoique cette maifon ne foit pas tout-à-fait fi haute que la premiere, le feu qui
en feroit forti auroit fuffi pour contenir les Anglois & affurer la
retraite en cas de befoin.

En me permettant cette forte de cenfure, je fens combien je
dois me défier de mes propres lumieres, fur-tout n'ayant pas été
préfent à l'action ; mais j'ai fait les mêmes obfervations à MM.
Lawrens, de Mauduit & de Gimat, & ils m'a paru qu'ils ne
pouvoient les réfuter. On fait la part que les deux premiers ont
eue à ce combat : le troifieme a vu plufieurs fois le champ de bataille avec le Général Washington, qui lui a expliqué les mouvemens des deux armées, & il eft plus en état que perfonne
de bien entendre & de bien rendre ce qu'il a entendu.

Lorfque j'eus bien examiné la pofition de Germantown, je
retournai à Philadelphie par le plus court chemin, & plus vîte
encore que je n'étois venu ; car il faifoit un froid très-piquant,
& d'ailleurs je n'avois que le tems néceffaire pour m'habiller &
pour aller dîner avec le Ch^{er.} de la Luzerne, chez les Délégués
des Etats du nord. Il faut favoir que les Délégués, ou, fi l'on
veut, les Membres du Congrès, ont une taverne à eux, où ils
donnent de fréquens repas ; mais pour ne pas raffembler trop de
monde à la fois, ils fe divifent en deux parties, & comme on

le voit, d'une maniere affez géographique , la ligne de démar-
cation étant du nord an fud. Le dîner fut bon & fimple, & la
réception qu'on nous fit , honnête & cordiale, mais fans cérémonies. Deux délégués faifoient les honneurs, chacun à un bout
de la table. M. *Duane*, Député de l'Etat de New-York, occupoit
cette place du côté où j'étois. C'eft un homme gai & ouvert,
qui parle volontiers, & boit auffi fans répugnance. Je caufai quelque tems, mais moins que je ne l'aurois voulu, avec M. Charles
Thompfon, Secrétaire du Congrès. Il paffe avec raifon pour
un des hommes les plus inftruits de fon pays ; quoiqu'il foit
homme de cabinet, & peu repandu dans la fociété , fes manieres
font polies & aimables. M. Samuel Adams, Député pour Maffa-
chufett-Bay, n'étoit point à ce dîner ; en fortant de table, j'allai
le voir. Lorfque j'entrai chez lui, je le trouvai tête-à-tête avec une
jeune fille de quinze ans qui lui préparoit fon thé : on n'en fera
pas fcandalifé, fi l'on fait qu'il a foixante ans au moins. Perfonne
n'ignore en Europe, qu'il a été un des premiers auteurs de la
révolution préfente. J'ai éprouvé près de lui cette farisfaction qu'on
a rarement dans le monde & même au théatre, de trouver la
perfonne de l'acteur correfpondante au rôle qu'il joue. Je vis un
homme tout entier à fon objet, qui ne me parloit que pour me
donner une bonne opinion de fa caufe, & une grande idée de
fa nation. Son extérieur fimple & mefquin, fembloit fait pour
contrafter avec la force & l'étendue de fes penfées ; elles étoient
toutes tournées vers la république, & ne perdoient pas de leur
chaleur pour être exprimées avec méthode & précifion, comme
une armée qui marche à l'ennemi n'a pas l'air moins audacieux
pour obferver les loix de la tactique. Parmi plufieurs faits qu'il
me cita en l'honneur de fon pays, j'en rapporterai un qui mérite de paffer à la poftérité. Deux jeunes foldats avoient déferté
de l'armée, & ils étoient retournés à la maifon paternelle. Leur
pere indigné de cette action, les chargea de fers, & les conduifit
lui-même au Lord Stirling leur Général. Celui-ci fit ce que tout
autre auroit fait à fa place ; il leur pardonna. Le pere auffi patriote, mais moins févere qu'un Romain, fut heureux de conferver fes enfans, mais il en parut étonné, & s'approchant du

Général : Milord, lui dit-il, les larmes aux yeux, *c'est plus que que je n'avois espéré, t'is more than I hop'd.* Je quittai à regret M. Adams, me promettant bien de le revoir encore, & ma soirée se termina par une visite au Colonel Bland, Délégué de la Caroline. C'est un grand & bel homme, qui a voyagé dans les Indes occidentales, où il a appris le François. On le dit bon militaire ; maintenant il sert sa patrie dans le Congrès, & la sert bien : en effet les Délégués du sud ont beaucoup de crédit ; ils travaillent sans relâche à attirer à eux l'attention du Gouvernement, & à éloigner toute idée d'acheter la paix à leurs dépens. Sa femme étoit avec lui ; je crois qu'on pouvoit la regarder comme un meuble de la maison, plus commode qu'agréable.

Le 3, il fit un si vilain tems qu'il me fut impossible de sortir ; cependant je n'eus pas à me plaindre de l'emploi de cette journée ; je la passai toute entiere à causer avec M. le Ch^{er.} de la Luzerne & M. de Marboïs, ou à lire des papiers intéressans qu'ils voulurent bien me confier. M. Huntington m'avoit prévenu que le lendemain matin il me feroit voir la chambre ou le Congrès s'assemble : je m'y rendis à dix heures & je le trouvai qu'il m'attendoit, accompagné de plusieurs délégués. Cette salle est spacieuse sans magnificence ; son plus bel ornement est le portrait du Général Washington, plus grand que nature : il est représenté en pied, dans cette attitude noble & douce qui lui est naturelle ; des canons, des drapeaux & tous les attributs de la guerre forment les accessoires du tableau. On me conduisit ensuite dans la salle de la secrétairerie, qui n'a rien de remarquable que la maniere dont elle est meublée : les drapeaux pris sur les ennemis y servent de tapisserie. De là on passe dans la bibliotheque, qui est assez grande, mais qui n'est pas remplie à beaucoup près ; le peu de livres dont elle est composée, m'a paru bien choisi. C'est dans l'ancien hôtel-de-ville que le Congrès a fait son établissement : cet édifice est assez beau ; l'escalier surtout est large & noble ; quant aux ornemens extérieurs, ils ne consistent que dans la décoration de la porte & dans plusieurs tables de marbre placées au-dessous des croisées. J'ai

remarqué

remarqué une recherche dans les combles qui m'a parue nouvelle. Les cheminées ont été reléguées aux deux extrémités du bâtiment, qui est un quarré long, & elles ont été construites de maniere qu'elles font liées ensemble en forme d'arcade, représentant
ainsi une espece de portique.

Après avoir pris congé du Président & des Délégués, je retournai chez le Cher· de la Luzerne, & comme il faisoit un
verglas affreux, je restai chez moi. J'y reçus la visite de M.
Wilson, Avocat célébre & auteur de plusieurs pamphlets sur les
affaires présentes. Il possede dans sa bibliotheque nos meilleurs
auteurs sur le droit public & la jurisprudence : les œuvres du
Président Montesquieu & du Chancelier d'Aguesseau y tiennent
le premier rang, & il en fait son étude journaliere. Après le
dîner, qui fut un dîner privé & à la françoise, j'allai voir Madame Bingham, jeune & jolie femme, âgée seulement de 17
ans : son mari, qui étoit là suivant l'usage américain, n'en a
guere plus de 25 ; il a été agent du Congrès à la Martinique,
& il en est revenu sachant assez bien le françois, & ayant conçu
beaucoup d'attachement pour M. de Bouillé. Je passai le reste
de la soirée chez Madame Powel, où, comme on le peut croire,
la conversation ne tomba pas ; elle fut agréable & animée &
je m'y oubliai assez long-tems.

Le 5, j'allai encore à l'hôtel-de-ville ; mais c'étoit pour as-
sister à l'assemblée de l'Etat de Pensylvanie ; car la salle où cette
espece de parlement s'assemble, est dans le même édifice que
celle du Congrès. J'étois avec M. de la Fayette, le Vicomte
de Noailles, le Comte de Damas, M. de Gimat & tout ce
qu'il y avoit de François, ou de *Gallo-Américains* à Philadelphie. Nous nous plaçâmes sur un banc vis-à-vis la chaire de
l'Orateur. Il avoit à sa droite le Président de l'Etat ; la place
des Clercs ou des Greffiers, étoit le long d'une grande table
qui est devant l'Orateur. Les débats rouloient sur quelques trans-
gressions, dont on accusoit la commission de la tréforerie. Le
Conseil exécutif fut mandé & entendu. Il n'y eut guere que le
Général Mifflin qui parla ; il le fit avec esprit & avec grace,
mais avec une intention marquée de contredire le Président de

M

l'Etat, qui n'eft pas de fes amis : fa maniere de s'exprimer, fes geftes, fon maintien, l'air d'aifance & de fupériorité qu'il confervoit toujours, me retraçoient parfaitement ces membres de la chambre des communes, qui font accoutumés à donner le ton aux autres, & à faire tout plier fous leur opinion. L'affaire n'ayant pu être terminée dans la matinée, l'Orateur quitta la chaire; la chambre fe forma en comité & s'ajourna.

La matinée n'étoit pas encore avancée & j'avois de quoi la bien employer : j'étois attendu en trois endroits; chez un amateur d'hiftoire naturelle, chez un anatomifte, & au college, ou plutôt à l'Univerfité de Philadelphie. Je commençai par le cabinet d'hiftoire naturelle. Cette collection affez petite & affez mefquine, eft très-renommée en Amérique parce qu'elle n'y a pas de rivale ; elle a été formée par un peintre Genevois, appellé M. *Cimetiere*, nom qui conviendroit mieux à un médecin qu'à un peintre. Ce galant homme eft venu à Philadelphie il y a vingt ans, pour y faire des portraits, & depuis il n'en eft pas forti; il y vit toujours garçon & toujours étranger, chofe très-rare en Amérique, où l'on ne tarde pas à acquérir les deux titres de mari & de citoyen. Ce que J'ai vu de plus curieux dans ce cabinet, c'eft une grande quantité de *vis*, efpece de coquillage affez commune, dans lefquelles s'eft moulé exactement une pierre très-dure, femblable au *Jade*. Il ne me paroît pas douteux que ces pétrifications fe foient formées par le tranfport fucceffif de molécules lapidifiques, qui ont été voiturées par les eaux & agrégées par le concours de l'air fixe. Après avoir fatigué mes jambes & fatisfait mes yeux, comme cela arrive toujours dans les cabinets d'hiftoire naturelle, je jugeai à propos de quitter la terre pour le ciel; c'eft-à-dire en ftile vulgaire, que j'allai à la bibliotheque de l'Univerfité voir une machine très-ingénieufe, qui repréfente tous les mouvemens céleftes. Je me hâte d'annoncer que je n'en ferai pas la defcription; car rien n'eft fi fatiguant ni fi ennuieux, que la defcription d'une machine quelconque : il me fuffit d'affurer qu'une partie de celle-ci expofe parfaitement, fur un plan vertical, tous les mouvemens des planettes dans leur orbite ; & que l'autre, deſtinée ſeulement à repréſenter celui de la lune, montre de la maniere la plus ſenſible ſes phaſes, ſes nœuds & ſes différentes latitudes. Le Préſident du College, & M. de *Rittenhauſen* qui a inventé & exécuté cette machine, ſe donnerent la peine de m'en expliquer tous les détails : ils parurent très-contents de ce que je ſavois aſſez d'anglois & d'aſtronomie pour les entendre ; ſur quoi je dois obſerver, que le dernier article eſt plus à la honte des Américains qu'à ma louange, l'almanach étant à-peu-près le ſeul livre d'aſtronomie qui ſoit étudié à Philadelphie. M. de Rittenhauſen eſt d'une famille allemande, comme ſon nom ſeul l'indique ; mais il eſt né à Philadelphie, où ſa profeſſion eſt d'être horloger. C'eſt un homme très-ſimple & très-modeſte ; il n'eſt pas aſſez profond dans les mathématiques pour entendre les livres de M. d'Alembert, mais il en ſait aſſez pour connoître les mouvemens des corps céleſtes. Quant à ſon talent pour les méchaniques, il ne faut pas chercher à en rendre raiſon ; on ſait que c'eſt celui de tous qui doit le moins à l'étude, & le plus à la nature : c'eſt même une choſe digne d'obſervation, que malgré le peu de rapport que l'on apperçoit entre cette diſpoſition particuliere & la délicateſſe de nos ſens, ou la perfection de nos organes, il arrive plus ſouvent qu'on naiſſe méchanicien que peintre ou muſicien. L'éducation, la rigueur même de l'éducation, a fait ſouvent des artiſtes célébres dans ces derniers genres, & l'on n'a pas d'exemple qu'elle ait fait un machiniſte.

Cette matinée ſembloit vouée aux ſciences, & mes courſes étoient une eſpece d'encyclopédie : en effet, je ne quittai la bibliotheque de l'Univerſité que pour me rendre chez un célébre anatomiſte, appellé le Docteur *Shovel.* Voici en peu de mots ſon hiſtoire. Il eſt né en Angleterre il y a plus de 70 ans : après y avoir fait ſes premieres études en médecine & en chirurgie, il alla en France pour ſe perfectionner ſous M. Winſloo. En 1734 il paſſa aux Indes occidentales, où depuis il a pratiqué la médecine, tantôt à la Barbade, tantôt à l a Jamaïque ; mais toujours appliqué, toujours laborieux. Pendant la guerre de 1744, le haſard voulut qu'on amenât à la Barbade une priſe ſur laquelle il y avoit beaucoup de cire. M. Shovel profita de cette heureuſe occaſion pour faire divers eſſais d'anatomie en cire, & il a ſi bien réuſſi qu'il a pouſſé cet art au plus haut point de perfection. En le voyant on a peine à comprendre qu'il ait pu accorder tant de patience & d'obſtination avec ſa vivacité naturelle; car il ſemble que le ſoleil du tropique ait conſervé en lui toute la chaleur de la jeuneſſe : il parle avec feu, & s'exprime en françois auſſi facilement que s'il étoit encore dans nos écoles de chirurgie. Du reſte, c'eſt un parfait original : ſon goût dominant eſt celui de la diſpute ; il étoit whig lorſque les Anglois étoient à Philadelphie, & il eſt devenu tory depuis qu'ils en ſont partis; il ſoupire toujours après l'Europe, ſans ſe décider à y retourner, & déclamant ſans ceſſe contre les Américains, il reſte parmi eux. Son intention, en venant ſur le continent, étoit de rétablir ſa ſanté afin de ſe mettre en état de traverſer les mers; c'étoit vers le tems où la guerre s'eſt allumée ; depuis, il croit qu'il ne lui eſt plus libre de partir, quoique perſonne ne l'en empêche. Quant à moi, je le trouvai plus curieux que ſes anatomies qui, à la vérité, m'ont parues ſupérieures à celles de l'inſtitut de Bologne, mais inférieures à celles de Mademoiſelle *Bieron*, la cire ayant toujours un luiſant qui s'éloigne de la nature.

A la fin de cette matinée, j'étois comme une abeille qui eſt ſi chargée de miel qu'elle peut à peine regagner ſa ruche. Je revins chez le Ch^{er.} de la Luzerne, la mémoire bien meublée, & après avoir pris une autre nourriture que celle de l'eſprit, je conſacrai ma ſoirée à la ſociété. J'étois prié à prendre du thé chez le Colonel Bland, c'eſt-à-dire, à me trouver à une eſpece d'aſſemblée qui reſſemble aſſez aux *converſations* d'Italie ; car ici le thé tient lieu de *rinfreſco*. M. Rowley, Gouverneur de la Georgie, M. Izard, M. Arthur Lee, les deux derniers récemment arrivés d'Europe, M. de la Fayette, MM. de Noailles, de Damas, &c. étoient du nombre des invités. La ſcene étoit ornée par pluſieurs dames ou demoiſelles, parmi leſquelles Miſs Schippen, fille du Docteur Schippen, & couſine de Madame Arnold, méritoit d'être diſtinguée. On voit qu'en Amérique les crimes des individus ne

réjailliſſent pas ſur leur famille : non-ſeulement le frere du Docteur Schippen avoit marié ſa fille au traître Arnold, peu de tems
avant ſa déſertion, mais encore on croit généralement qu'étant
Tory lui-même, il avoit inſpiré ſes ſentimens à ſa famille, &
que les charmes de celle-ci, qui eſt auſſi très-jolie, n'ont pas
peu contribué à entraîner vers le crime une ame corrompue
par l'avarice, avant d'être dominée par l'amour.

De retour chez le Ch^{er.} de la Luzerne, nous nous raſſemblâmes
tous les militaires François & gallo-Américains, & nous prîmes
nos arrangemens pour un voyage très-agréable que nous commençâmes le lendemain. En effet, le 6 au matin, M. de la Fayette,
le Vicomte de Noailles, le Comte de Damas, le Ch^{er.} Dupleſſis-
Mauduit, MM. de Gimat & de Neville, aides-de-camp de M.
de la Fayette, M. de Monteſquieu, M. Linch & moi, nous nous
mîmes en marche pour aller à trente milles de Philadelphie, voir
le champ de bataille de Brandy-Wine. M. de la Fayette ne l'avoit
pas revu depuis qu'à l'âge de vingt ans, après s'être ſéparé de
ſa femme, de ſes amis, des plaiſirs du monde & de ceux de la
jeuneſſe, il avoit, à mille lieues de ſa patrie, verſé la premiere
goutte de ſang qu'il offroit à la gloire, ou plutôt à cette cauſe
ſi noble qu'il a toujours ſoutenue depuis avec le même zele,
mais avec plus de bonheur. Nous paſſâmes la Skuylkill au ſud
de Philadelphie, au même Ferry où M. du Coudray ſe noya en
1777. Nous reconnûmes là les traces de quelques retranchemens
que les ennemis avoient élevés après s'être rendu maîtres de Philadelphie ; & prenant enſuite ſur la gauche, nous trouvâmes
à quatorze milles la petite ville de *Cheſter*. Elle eſt bâtie à
l'endroit où la creek de ce nom ſe jette dans la Delaware. C'eſt
une eſpece de port où les vaiſſeaux qui remontent cette riviere,
relâchent quelquefois. Les maiſons, qui peuvent être au nombre
de quarante ou cinquante, ſont jolies, & bâties de pierres ou de
briques. En ſortant de Cheſter & en ſuivant le chemin de Brandy-Wine, on paſſe le pont de pierre où M. de la Fayette, tout
bleſſé qu'il étoit, arrêta les fuyards, & fit les premieres diſpoſitions pour rallier l'armée derriere la creek. Le pays qui eſt au
delà n'offre aucune particularité ; il reſſemble au reſte de la

Penfylvanie, c'eft-à-dire qu'il eft entouré de bois & de terreins défrichés. Il étoit déja tard lorfque nous arrivâmes à portée du champ de bataille. Comme nous ne pouvions le voir que le lendemain matin, & que nous étions trop nombreux pour refter enfemble, il fallut nous féparer en deux divifions. MM. de Gimat & de Mauduit, & mes deux aides-de-camp, refterent avec moi dans une auberge à trois milles en deçà de Brandy-Wine ; & M. de la Fayette, accompagné des autres voyageurs, alla plus loin demander l'hofpitalité à un Quaker, nommé *Benjamin Ring*, chez qui il avoit logé avec le Général Washington la veille de la bataille. J'allai le joindre de bonne heure le lendemain matin, & je le trouvai en grande amitié avec fon hôte qui, tout Quaker qu'il étoit, paroiffoit enchanté de recevoir chez lui le *Marquis*. Nous montâmes à cheval à 9 heures, muni d'un plan fait fous les yeux du Général Howe & gravé en Angleterre. Mais nous tirâmes encore plus de lumieres d'un Major Américain, à qui M. de la Fayette avoit donné rendez-vous. Cet officier avoit été préfent au combat, & fon habitation fe trouvant fur le champ de bataille même, il le connoiffoit mieux que perfonne

On doit fe fouvenir qu'en 1777 les Anglois ayant effayé inutilement de traverfer les Jerfeys pour fe rendre par terre à Philadelphie, avoient été obligés de fe rembarquer & de doubler les caps, afin d'entrer dans la baye de Chefapeak, & de la remonter enfuite jufqu'à l'embouchure de la riviere d'Elk. Ils y arriverrent le 25 Août, après une navigation, pénible en mer, mais heureufe dans la baye, qu'ils remonterent beaucoup plus facilement qu'ils ne s'en étoient flattés eux-mêmes. Tandis que la mer, les vents, & trois cens vaiffeaux aidoient aux manœuvres de l'armée ennemie, M. Washington étoit refté quelques jours à Midlebrook, dans une des pofitions les plus embarraffantes où un Général d'armée puiffe fe trouver. Au nord, le Général Burgoyne, & après avoir pris Ticonderoga s'avançoit vers Albany : au fud, une armée angloife de quinze mille hommes étoit embarquée, & pouvoit fe porter, ou dans la baye de Chefapeak, comme elle le fit, ou pénétrer par la Delaware, ou rentrer dans la riviere d'Hudfon & la remonter jufqu'à Weftpoint, pour donner la main à Burgoyne, & couper l'armée Américaine, qui de ce moment-là, auroit été pour jamais féparée des Etats de l'eſt & du nord. De toutes les chances, celle-ci étoit fans doute la plus fâcheufe ; auſſi M. Washington ne quitta fa poſition qu'après avoir eu des nouvelles certaines que la flotte Angloife avoit doublé le Cap May. Qu'on fe repréfente la fituation dans laquelle fe trouve un Général, lorfqu'obligé de comprendre dans fon plan de défenfe, un pays immenfe & une longue étendue de côtes ; il ne fait pas même à cinquante lieues près où fe porte fon ennemi, & que n'apprenant plus de fes nouvelles, ni par des patrouilles, ni par des détachemens, ni même par des couriers, il fe voit réduit à obferver la bouffole & à confulter les vents, avant de former une réfolution. Dès que le mouvement des ennemis fut décidé, le Général Washington ne tarda pas à mettre en marche fon armée ; je devrois dire fes foldats, car un nombre de foldats, quelque confidérable qu'il foit, ne forme pas toujours une armée. La fienne étoit de douze mille hommes au plus. C'eſt à la tête de ces troupes, la plupart récemment levées, qu'il traverfa en filence la ville de Philadelphie, tandis que le Congrès ordonnoit de combattre, & cependant faifoit tranfporter plus loin dans les terres, les archives & les papiers publics, préfage finiftre du fuccès qui devoit fuivre fes confeils.

L'armée paffa la Skuylkill, & vint occuper un premier camp près de *Wilmington*, fur le bord de la Delaware. Cette poſition avoit un double objet ; en effet, les vaiffeaux de guerre, après avoir conduit le Général Howe jufqu'à la riviere d'Elk, avoient defcendu la Baye de Chefapeák, puis remonté enfuite la Delaware, & fecondés de quelques troupes de débarquement, ils paroiffoient vouloir en forcer les paffages. Cependant le Général Washington ne tarda pas à s'appercevoir que la poſition qu'il avoit prife devenoit tous les jours plus dangereufe. Les Anglois ayant achevé leur débarquement, étoient prêts à s'avancer dans le pays. Son flanc droit étoit expofé, & il découvroit à la fois Philadelphie, & tout le Comté de Lancafter. Il fut donc réfolu que l'armée repafferoit la creek de Brandy-Wine, & prendroit un camp fur la rive gauche de cette riviere. Celui qu'on choifit étoit certainement le meilleur qu'on pût prendre pour en difputer le paffage. La gauche étoit très-bonne & fe trouvoit appuyée à des bois fourrés qui fe prolongeoient juf-qu'à l'endroit où la creek fe jette dans la Délaware. En approchant de fon confluent, cette creek devient de plus en plus encaiffée & difficile à guéer. Sur les deux rives, les hauteurs font également élevées ; mais par cela même, l'avantage reftoit toujours à celui qui défendoit le paffage. Une batterie de canon, avec un bon parapet, étoit dirigée vers le Gué de *Chadd's-ford* *, & tout paroiffoit en fûreté de ce côté-là ; mais vers la droite le terrein étoit fi couvert, qu'il étoit impoffible de juger les mouvemens des ennemis, & de les côtoyer en cas qu'ils vouluffent, comme ils ne manquerent pas de le faire, détacher un corps de troupes par leur gauche, pour paffer la riviere plus haut. La feule précaution qui fût permife confiftoit donc à placer cinq ou fix brigades en échelon, pour veiller fur cette partie-là. Le Général Sullivan en eut le commandement ; il reçut ordre de côtoyer les ennemis s'ils venoient à marcher par leur gauche, & dans la fuppofition qu'ils réuniroient leurs forces du côté de Chadd'sford, de paffer lui-même la riviere, & de faire une puiffante diverfion fur leur flanc.

Lorfqu'un Général a fu tout prévoir, qu'il a fait les meilleures difpofitions poffibles, & que dans l'action, fon activité, fon jugement & fon courage répondent à la fageffe des mefures qu'il a prifes, n'a-t'il pas déja triomphé aux yeux de tout juge impartial ? & fi par des malheurs imprévus, le laurier qu'il a mérité vient à tomber de fes mains, n'eft-ce pas à l'hiftoire à le ramaffer foigneufement pour le replacer fur fa tête ? Efpérons qu'elle s'acquittera de ce devoir mieux que nous, & voyons comment de fi fages difpofitions furent déconcertées par les méprifes de quelques officiers & l'inexpérience des troupes.

---

* Dire ou écrire le Gué de Chadd'sford, c'eft faire un pléonafme dont les oreilles accoutumées à la langue angloife feront choquées ; car *ford* en cette langue, eft la même chofe que *gué* en françois : mais ceux qui ne favent pas l'anglois, chercheroient inutilement fur la carte, le gué de Chadd ; & dans le cas préfent, la clarté eft préférable à la régularité.

Le 11 Septembre, le Général Howe occupa les hauteurs sur la droite de la creek. Il y forma en bataille une partie de ses troupes, & fit dresser quelques batteries vis-à-vis le gué de Chadd'sford, tandis que ses troupes légeres attaquoient & poussoient devant elles un corps de chasseurs, (*Rifle men*) qui avoit passé sur la rive droite pour observer de plus près ses mouvemens. Le Général Washington voyant que la canonnade se prolongeoit, sans que les ennemis se disposassent à passer la riviere, jugea qu'ils avoient un autre objet. Il étoit instruit qu'une grande partie de leur armée s'étoit portée plus haut sur la creek & menaçoit sa droite ; il sentit combien il étoit important de conserver un œil attentif sur tous les mouvemens de ce corps ; mais le pays étoit si fourré, que les patrouilles ne pouvoient rien découvrir. Il faut observer que le Général Washington n'avoit qu'un très-petit nombre d'hommes à cheval, & qu'il les avoit envoyés sur la droite du côté de *Dilworth*, pour éclairer cette partie là. Il ordonna à un Officier, qu'il croyoit intelligent, de passer la riviere & de faire en sorte de savoir au juste, quel chemin prenoit le Lord Cornwalis, car c'étoit lui qui commandoit ce corps séparé : l'Officier revint, & assura que Cornwalis marchoit par sa droite pour rejoindre *Knypauzen* du côté de Chadd'sford ; suivant ce rapport, l'attaque paroissoit déterminée vers la gauche. Un autre Officier fut encore envoyé : celui-là rapporta que Cornwalis avoit changé de direction, & qu'il s'avançoit à grands pas par le chemin qui mene au gué de *Jeffries*, à deux milles plus haut que *Birmingham's church*. Aussitôt le Général Sullivan eut ordre d'y marcher avec toutes les troupes de la droite. Malheureusement les chemins étoient mal reconnus & n'étoient pas du tout ouverts ; le Général Sullivan eut beaucoup de peine à traverser les bois, & lorsqu'il en sortit pour gagner une petite hauteur, qui est près de Birmingham's church, il trouva que les colonnes angloises montoient la même hauteur du côté opposé. Ce n'étoit pas une petite affaire de mettre en bataille des troupes comme les siennes ; il n'eut le tems ni de choisir sa position, ni de former sa ligne. Les Anglois gagnerent la hauteur, pousserent les Américanins sur les bois, & les suivirent

N

jufqu'à la lifiere de ces bois, où ils acheverent de les difperfer.

Pendant le peu de tems que dura cette efpece de déroute, Lord Stirling & M. *Conway* avoient eu celui de former leur brigade dans un terrein affez avantageux : c'eft une efpece de mamelon, couvert en partie par les bois auxquels il eft adoffé. Ces mêmes bois protégeoient fa gauche, & fur la droite du mamelon, mais un peu en arriere, fe trouvoit la ligne de Virginie, qu'on avoit mife en bataille fur un lieu un peu élevé & au bord d'une efpece de futaye. La colonne de gauche des ennemis, qui n'avoit pas été engagée avec Sullivan, fe déploya rapidement & marcha à ces troupes, avec autant d'ordre que de vivacité & de courage. Les Américains firent un feu très-vif, qui n'arrêta pas les Anglois, & ce ne fut que lorfque ceux-ci furent à vingt pas d'eux, qu'ils lâcherent pied & fe jetterent dans les bois. Lord Stirling, M. de la Fayette & le Général Sullivan lui-même, après la défaite de fa divifion, étoient venus combattre avec ce corps de troupes, dont le pofte étoit le plus important & la réfiftance plus longue. C'eft là que M. de la Fayette fut bleffé à la jambe gauche : il étoit pour lors occupé à rallier les troupes qui commençoient à s'ébranler. Sur la droite, la ligne de Virginie fit quelque réfiftance ; mais les Anglois avoient gagné une hauteur, d'où leur artillerie les prenoit en écharpe : ce feu dût-être très-vif, car la plupart des arbres portent l'empreinte des boulets ou des balles de cartouches. Les Virginiens plierent à leur tour, & la droite fut alors entiérement découverte.

Quoiqu'il y eut près de trois milles de là à Chadd'sford, le Général Knypauzen entendit le bruit de l'artillerie & de la moufquetterie, & jugeant que l'affaire étoit férieufement engagée, la confiance qu'il avoit dans les troupes Angloifes & Heffoifes, lui fit conclure qu'elles étoient victorieufes. Vers cinq heures du foir, il defcendit des hauteurs fur deux colonnes, *

---

* Plufieurs perfonnes, entr'autres des Officiers Anglois prifonniers, que j'ai queftionés, affurent que le camp de Knypauzen ne paffa la riviere que fur une feule colonne au gué de Chadd ; mais qu'il fe fépara enfuite en deux parties, dont l'une tourna la batterie, & l'autre l'attaqua de front.

l'une au gué de *John*, qui tourna la batterie des Américains, & l'autre plus bas au gué de Chadd'sford. Celle-ci marcha droit à la batterie & s'en empara : alors le Général Waine, dont la brigade étoit en bataille, la gauche à une hauteur & la droite tirant vers la batterie, replia cette droite & garnit les hauteurs, faisant ainsi une espece de changement de front. Dans un pays où il n'y a ni colonnes ouvertes, ni positions successives à prendre en cas de malheur, il est difficile de faire aucune disposition de retraite. Les différens corps qui avoient été battus, se précipiterent tous dans le chemin de Chester où ils ne firent qu'une colonne, l'artillerie, les bagages & les troupes, étant confusément mêlés. A l'entrée de la nuit le Général Waine suivit aussi ce chemin, mais en meilleur ordre ; & les Anglois contents de leur victoire n'inquiéterent pas sa retraite.

Telle est l'idée que je me suis faite de la bataille de Brandy-Wine, d'après ce que j'ai entendu dire au Général Washington lui-même, à MM. de la Fayette, de Gimat & de Mauduit, & aux Généraux Waine & Sullivan. Je dois cependant observer qu'on ne s'accorde pas généralement sur quelques détails : plusieurs personnes prétendent, par exemple, que Knypauzen après avoir passé la riviere, continua de marcher sur une seule colonne qui se dirigea sur la batterie, & le plan anglois ne marque que celle là, mais il donne une fausse direction à cette colonne ; & d'ailleurs, le Général Washington & le Général Waine m'ont assuré qu'il y en avoit eu deux, & que celle de gauche avoit tourné la batterie, qui sans cela n'auroit pas été emportée. Il est également difficile de reconnoître sur le plan, tout le terrein sur lequel Cornwalis a combattu. Les relations des deux côtés ne donnent guere plus de lumieres ; ainsi j'ai été obligé de conclure d'après les différens récits & de n'en suivre aucun.

Tandis que nous examinions le champ de bataille dans le plus grand détail, nos domestiques étoient allés à Chester nous faire préparer un dîner & un logis ; nous les suivîmes d'assez près & nous y arrivâmes à quatre heures après-midi. Le chemin ne me parut pas long ; car le hasard ayant un peu séparé du reste de la troupe M. de la Fayette, le Vicomte de Noailles

& moi, nous commençâmes une conversation fort agréable, qui ne finit qu'à Chester. Je leur fis observer qu'après n'avoir parlé d'autre chose que de guerre pendant trois heures, nous avions tout de suite changé d'objet, pour ne nous entretenir que de Paris, & de toutes sortes de détails relatifs à nos sociétés particulieres. Cette transition étoit toute françoise, mais elle ne prouve pas que nous aimions moins la guerre que les autres peuples; elle prouve seulement que nous aimons mieux nos amis. A peine fûmes nous arrivés à Chester, que nous vîmes descendre des barges ou bateaux de l'Etat, que le Président nous envoyoit pour nous ramener à Philadelphie, notre projet étant de remonter le lendemain la Delaware, pour examiner les forts de *Redbanck* & de *Mifflin*, ainsi que tous les autres postes qui avoient servi à la défense de cette riviere. Un Officier de la Marine Américaine, qui étoit venu sur ces barges & qu'on avoit chargé de nous conduire, nous apprit que le matin même, il étoit arrivé à Philadelphie deux vaisseaux qui venoient de l'Orient, après une traversée de trente cinq jours. L'espérance d'avoir quelques lettres ou quelques nouvelles d'Europe, pensa nous faire rompre nos projets, & nous décider à partir sur le champ pour Philadelphie : cependant comme il faisoit très-beau tems, & que le lendemain matin nous devions avoir la marée pour nous, ce qui rendoit notre voyage beaucoup plus facile, nous résolumes de rester à Chester, & M. de la Fayette se contenta d'envoyer un homme à cheval à Philadelphie, pour demander des nouvelles & rapporter ses lettres en cas qu'il en eut. Ce courier fut de retour avant neuf heures ; il n'étoit porteur que d'un seul billet de M. de la Luzerne, par lequel nous apprîmes qu'il n'étoit arrivé aucune lettre par ces vaisseaux ; mais que les Capitaines assuroient que M. de Castries étoit Ministre de la Marine.

Pendant que le courier alloit & revenoit, nous nous étions rendus à l'auberge où l'on avoit préparé notre dîner & nos logis. L'extérieur de cette maison n'étoit pas imposant, & plusieurs personnes faisoient déja des dispositions pour s'établir ailleurs, lorsqu'après un plus mur examen, nous trouvâmes qu'il y avoit une place très-suffisante pour douze maîtres, à peu près autant de domeſtiques & dix-neuf chevaux. Notre compagnie s'étoit augmentée du Major que nous avions rencontré ſur le champ de bataille de Brandy-Wine, & de l'officier qui nous avoit amené les barges. On nous ſervit un excellent dîner, & on nous donna de très-bon vin. Le thé, qui ſuivit de près le dîner, réuſſit auſſi-bien; de ſorte que toute la jeuneſſe avec laquelle je voyageois, fut de très-bonne humeur, & tellement en gaieté qu'elle ne ceſſa de rire, de chanter & même de danſer pendant toute la ſoirée. Les gens de la maiſon, qui ne voyoient dans cette compagnie que deux officiers généraux, l'un françois & l'autre américain, accompagnés de leur *famille*, & non une ſociété d'amis, joyeux de ſe trouver réunis dans un autre hemiſphere, ne comprenoient pas qu'on pût être ſi gai ſans être yvre, & nous croyoient des gens deſcendus de la lune. Cette ſoirée, qui fut prolongée juſqu'à onze heures, ſe termina heureuſement; car nous eûmes de très-bons lits, & tels qu'on les pourroit trouver dans une maiſon de campagne bien meublée. Nous les quittâmes à ſix heures du matin, pour nous raſſembler dans la ſalle à manger, où l'on avoit préparé, aux lumieres, un très-bon déjeûner. A 7 heures nous nous embarquâmes, & traverſant la Delaware en la remontant un peu, nous abordâmes à *Billing's-port*. C'eſt un fort qui a été conſtruit en 1779, pour appuyer la gauche de la premiere barriere des chevaux de friſe, deſtinés à fermer le paſſage de la riviere. Ce poſte ne fut d'aucune utilité, car les fortifications ayant été commencées ſur un plan trop étendu pour le nombre de troupes dont on pouvoit diſpoſer, on jugea à propos de l'abandonner. Depuis on les a réduites, & on a d'autant mieux fait, qu'on s'eſt éloigné ainſi de quelques points par leſquels le fort étoit commandé. La ſituation préſente des affaires, n'attirant point l'attention de ce côté-là, les fortifications ſont un peu négligées. Il y avoit pour toute batterie un aſſez bon obuſier de fonte, & cinq pieces de canon de 18, que le Major *Amſtrong*, qui commande ſur la riviere, & qui étoit venu me recevoir, fit tirer à mon arrivée. Lorſqu'on aura plus d'argent & de loiſir, on fera bien de ne pas négliger ce poſte, ainſi que tous ceux qui peuvent ſervir à la défenſe de la riviere. En effet, cette guerre-ci une fois terminée, on ne verra plus d'armées européennes fur le continent, & tout ce qu'on aura à craindre de l'Angleterre, en cas qu'on vienne à fe brouiller avec elle, fe bornera à quelques expéditions maritimes, dont l'unique but fera de détruire des vaiffeaux, de ravager le pays, & même de brûler les villes qui fe trouveront à portée de la mer. Malheureufement Billing'sport appartient à l'Etat de Jerfey, qui n'en peut tirer aucun avantage ; & celui de Penfylvanie, dont il feroit la fûreté, n'a d'autres voies à employer que fes propres inftances & les recommandations du Congrés, qui ne font pas toujours écoutées. Quoiqu'il en foit, Philadelphie a pris d'autres précautions pour fa défenfe. Celles-ci ne dépendent que de l'Etat de Penfylvanie, & cet avantage fe trouve réuni à celui d'une excellente pofition, dont on ne tardera pas à faire un fort inexpugnable ; je veux parler du fort Mifflin, où nous allâmes en fortant de Billing'sport, & toujours en remontant la riviere. L'île fur laquelle ce fort a été conftruit, & celle appellée *Mud-Ifland*, appuient la droite d'une feconde barriere de chevaux de frife, dont la gauche eft défendue par celui de *Redbanck* ; mais il faut obferver que la barriere ne fermoit que le grand canal de la riviere, feul chemin par lequel on croyoit que les vaiffeaux puffent paffer. Près de la rive droite fe trouve une île, longue à peu-près de deux milles, & dont le fol, ainfi que celui de la plupart des îles de la Delaware, eft fi bas, qu'à marée haute, on ne voit que la tête des rofeaux dont elle eft couverte : fon nom eft *Hog-Ifland*. Entre cet île & le continent, un petit paffage refte ouvert ; mais on s'étoit toujours perfuadé qu'il n'y avoit pas affez d'eau pour qu'aucun bâtiment portant du canon pût y paffer. A l'extrêmité de ce canal, & en le remontant, on laiffe fur fa gauche un terrein marécageux, tellement entouré par des creeks & des navilles, qu'il forme une véritable île appellée *Province-Ifland*. Ce pofte étoit au pouvoir des ennemis. Ils y avoient établi des batteries qui incommodoient celles de l'île Mifflin, mais pas affez cependant pour forcer les Américains à l'abandonner.

L'armée Angloife fe trouvoit alors dans une finguliere pofition : elle avoit acheté & maintenu la poffeffion de Philadelphie au prix de deux batailles fanglantes ; mais elle reftoit enfermée entre la Skuylkill & la Delaware, ayant devant elle l'armée de Washington qui la tenoit en refpect, & derriere elle plufieurs forts occupés par les Américains, qui lui fermoient ainfi le paf-fage de la Delaware. Cependant il falloit nourrir une grande ville & une armée entiere ; il étoit donc néceffaire de s'ouvrir le chemin de la mer & de s'affurer la navigation de la ri-viere. Toutes les fois qu'on fe rappelle les obftacles innombra-bles que les Anglois ont eu à furmonter dans la guerre pré-fente, on a peine à s'expliquer les fuccès qu'ils ont obtenus ; mais fi l'on vient à réfléchir à tous les événemens imprévus qui ont trompé l'attente des Américains, & déconcerté les me-fures les mieux prifes, on demeure perfuadé qu'ils étoient voués à la deftruction, & que l'alliance de la France, a pu feule opé-rer leur falut. Dans ce voyage, en particulier, chaque inftant m'en offroit la preuve. Lorfqu'on me faifoit voir la place où *l'Au-gufta*, vaiffeau de 64 canons, avoit pris feu & fauté en l'air en voulant forcer les chevaux de frife ; & que plus loin j'apperce-vois les reftes du *Merlin*, vaiffeau de 22 canons, qui, dans la même action, s'échoua & fut brûlé par les Anglois eux-mê-mes, tandis que les Heffois perdoient inutilement cinq ou fix cens hommes devant le fort de Redbanck, il me fembloit voir l'armée Angloife, affamée dans Philadelphie, fe retirer hon-teufement & péniblement à travers les Jerfeys, & mon imagi-nation jouiffoit déja du triomphe des Américains : mais tout à coup la fcene changeoit à mes yeux, & je ne voyois plus que la fatalité qui raffembla, vers le canal de Hog-Ifland, les eaux contrariées depuis long-tems par les chevaux de frife ; & je me rappellois avec douleur que, le 15 Novembre, trois femaines après les attaques infructueufes dont je viens de parler, les An-glois réuffirent à faire paffer, fur la barre de ce canal, le *Vigilant* & un autre petit vaiffeau de guerre ; qu'ils remonterent ainfi la riviere, & tournerent le fort Mifflin dont ils prirent les batteries à revers, & qu'alors il n'y eut plus d'autre parti à prendre que d'abandonner de toutes parts la défenfe des chevaux de frife, pour fe retirer précipitament par la rive gauche de la Delaware.

Les Américains inftruits par une trifte expérience, ont prévenu pour l'avenir le malheur qui leur a coûté fi cher. Je vis avec plaifir qu'on travailloit à étendre les fortifications de l'île Mifflin, de façon que le fort fera fermé de toute part, & de toute part auffi environné de la Delaware qui lui fervira de foffé : des fouterreins à l'épreuve de la bombe, devant encore offrir un afyle affuré à la garnifon, on pourra déformais confidérer ce fort comme inexpugnable. C'eft M. du Portail qui en a donné le plan. Le Major Amftrong me le fit voir fur le lieu même, & je trouvai qu'il répondoit parfaitement à la jufte réputation de fon auteur.

Il nous reftoit à vifiter le fort de Redbanck : pour y aborder il fallut traverfer de nouveau le canal de la Delaware, qui a dans cet endroit près d'un mille de largeur. Celui qui devoit nous en faire les honneurs étoit impatient d'y arriver. Nous nous étions fait un amufement de l'affurer, que la matinée étant déja avancée & la marée prête à defcendre, nous ferions obligés d'omettre Redbanck, & de retourner tout droit à Philadelphie. Ce conducteur, que nous nous plaifions à tourmenter, étoit M. du Pleffis Mauduit, qui, à la fois Ingénieur & Officier d'artillerie, avoit été chargé alors d'arranger ce pofte & de le déffendre, fous les ordres du Colonel *Green*. En defcendant de notre bateau, il nous propofa de nous conduire chez un Quaker, dont la maifon eft à une demi portée de fufil du fort, ou plutôt des reftes du fort; car il eft actuellement détruit, & il en refte à peine les reliefs. Cet homme, nous dit M. de Mauduit, eft un peu tory : d'ailleurs j'ai été obligé de lui abattre fa grange & de couper fes arbres fruitiers; mais il fera bien aife de voir M. de la Fayette & il nous recevra bien. Nous le crûmes fur fa parole, mais jamais attente ne fut mieux trompée. Nous trouvâmes notre Quaker affis au coin de fon feu, occupé à nétoyer des herbes. : il reconnut M. de Mauduit, qui lui nomma M. de la Fayette & moi; mais il ne daigna pas lever fes yeux, ni répondre à aucun des propos de notre introducteur, qui furent d'abord des complimens & enfuite des plaifanteries. Après le filence de *Didon*, je n'en connois pas de plus févere. Nous prîmes aifément notre parti fur cette mauvaife réception, &

nous

nous acheminâmes vers le fort. Nous n'eumes pas fait cent pas que nous trouvâmes une petite élévation de terre, fur laquelle étoit placée verticalement une pierre, qui portoit cette courte épitaphe : *ici eft enterré le Colonel Donop.* M. de Mauduit ne put s'empêcher de donner quelques regrets à ce brave homme, qui mourut entre fes bras deux jours après l'action. Il nous affura que nous ne pouvions plus faire un pas fans fouler aux pieds les reftes de quelque Heffois : en effet on en avoit enterré près de trois cens en avant du foffé.

Le fort de Redbank étoit deftiné, comme je l'ai dit plus haut, à appuyer la gauche des chevaux de frife. Dans cet endroit, la Delaware eft efcarpée, mais cet efcarpement même permettoit d'approcher du fort, à couvert & fans être expofé au feu des batteries. Pour parer à cet inconvénient, plufieurs galeres armées de canons, & deftinées à défendre les chevaux de frife, avoient pris leur pofte le long de l'efcarpement, & le voyoient à revers. Les Américains peu inftruits dans l'art des fortifications, & toujours portés à entreprendre des ouvrages au deffus de leurs forces, avoient donné trop d'étendue à ceux de Redbank. Lorfque M. de Mauduit eut obtenu d'y être envoyé avec le Colonel Green, il fe hâta de réduire ces fortifications, en faifant une coupure de l'oueft à l'eft, qui les transforma en une efpece de groffe redoute à peu-près pentagone. Un bon rempart en terre, fraifé à hauteur du cordon, un foffé & un abattis en avant du foffé, faifoient toute la force de ce pofte où l'on avoit placé trois cens hommes & quatorze pieces de canon. Le 22 Octobre, on eut nouvelle dans la matinée, qu'un détachement de deux mille cinq cens Heffois s'avançoit ; bientôt après on le vit paroître fur la lifiere d'un bois qui fe trouve au nord de *Redbank*, à peu-près à une portée de canon. On fe préparoit à fe défendre, lorfqu'un Officier Heffois s'avança précédé d'un tambour. On le fit approcher, mais fa harangue fut fi infolente qu'elle ne fervit qu'à irriter la garnifon, & à lui infpirer plus de réfolution. « *Le Roi d'Angleterre*, dit-il, *ordonne à fes fujets rebeles de mettre bas les armes, & ils font prévenus que fi on attend le combat, on ne fera de quartier à perfonne* ». La réponfe fut qu'on accepteroit le marché, & qu'il n'y auroit de quartier d'aucun côté. A quatre heures après-midi, les Heſſois firent un feu très-vif, d'une batterie de canon qu'ils avoient établie, & bientôt après ils débouchèrent & marchèrent au premier retranchement; ils le trouvèrent abandonné, mais non pas détruit; de ſorte qu'ils crurent en avoir chaſſé les Américains. Alors ils crièrent *Victoria*, firent tourner leurs chapeaux en l'air & s'avancèrent vers la redoute. Le même tambour qui, peu d'heures auparavant, étoit venu ſommer la garniſon & avoit paru auſſi inſolent que ſon Officier, marchoit à la tête battant la charge; il fut renverſé par terre ainſi que cet Officier au premier coup que l'on tira. Cependant les Heſſois avançoient toujours en dedans de l'ancien retranchement, laiſſant la rivière ſur la droite : ils étoient déja parvenus à l'abattis & s'efforçoient d'en arracher ou d'en couper les branches, lorſqu'ils furent accablés d'une grêle de coups de fuſils, qui les prenoient de front & en flanc; car le haſard avoit fait, qu'une partie de la courtine de l'ancien retranchement, qui n'avoit pas été détruite, formoit un ſaillant à l'endroit même de la coupure. M. de Mauduit avoit imaginé d'en faire une eſpèce de caponière & il y avoit jeté du monde, qui prenoit en flanc la gauche des ennemis & qui leur tiroit à brûle pourpoint. On voyoit à chaque inſtant les Officiers rallier leurs ſoldats, remarcher à l'abattis, & tomber au milieu des branches qu'ils s'efforçoient de couper. On diſtingua le Colonel Donop à l'ordre dont il portoit les marques, à ſa belle figure & à ſon courage; on le vit tomber comme les autres. Les Heſſois repouſſés par le feu de la redoute, eſſayèrent de s'en garantir en attaquant du côté de l'eſcarpement; mais le feu des galères les renvoya encore, après leur avoir tué beaucoup de monde : enfin, ils quittèrent priſe & regagnèrent le bois en déſordre.

Voilà ce qui ſe paſſoit du côté du nord. Une autre colonne attaquoit du côté du ſud, & plus heureuſe que la première elle paſſa l'abattis, traverſa le foſſé & monta la berme; mais elle fut arrêtée par la fraiſe, & M. de Mauduit étant accouru à cet endroit dès qu'il eut vu que la première attaque commençoit à plier, la ſeconde fut obligée d'en faire autant. Cependant on n'ofoit encore fortir du fort & l'on craignoit toujours quelque furprife ; mais M. de Mauduit voulut faire replacer quelques paliffades qui avoient été arrachées ; il fortit avec un petit nombre de foldats, & il fut bien furpris de voir une vingtaine de Heffois debout fur la berme & collés contre le talus du parapet. Ces foldats, qui avoient eu le courage d'aller jufques là, fentirent qu'il y avoit encore plus de péril à s'en retourner & ne jugerent pas à propos de s'y expofer : on les prit & on les amena dans le fort. Après avoir rétabli les paliffades, M. de Mauduit s'occupa de faire raccommoder les abattis ; il fortit encore avec un détachement, & c'eft alors qu'il vît, autant que l'obfcurité de la nuit pût le permettre, le déplorable fpectacle des morts & des mourans qui étoient entaffés les uns fur les autres. Une voix s'éleva du milieu de ces cadavres, & dit en anglois : *qui que vous foyez, tirez-moi d'ici.* C'étoit celle du Colonel Donop : M. de Mauduit le fit prendre par fes foldats & le fit porter dans le fort, où il ne tarda pas à être reconnu. Il avoit la hanche fracaffée ; mais foit que les Américains ne regardaffent pas fa bleffure comme mortelle, foit qu'ils fuffent échauffés par le combat, & encore irrités des menaces qu'on leur avoit faites quelques heures auparavant, ils ne purent s'empêcher de dire tout haut : *Eh bien ! eft-il décidé qu'on ne fera point de quartier ? Je fuis entre vos mains,* répondit le Colonel, *vous pouvez vous venger.* M. de Mauduit n'eut pas de peine à impofer filence, & ne s'occupa plus que des foins qu'on pouvoit donner au bleffé. Celui-ci s'appercevant qu'il parloit mal anglois, lui dit : *Monfieur, vous me paroiffez étranger, qui êtesvous ?—Officier François,* répartit l'autre. *Je fuis content,* repliqua Donop, en fe fervant de notre langue, *je meurs entre les bras de l'honneur même.* Le lendemain il fut transporté dans la maifon du Quaker, où il vécut trois jours, pendant lefquels il s'entretint fouvent avec M. de Mauduit ; il lui dit qu'il étoit depuis long-tems ami de M. de Saint-Germain, qu'il vouloit en mourant lui recommander fon vainqueur & fon bienfaiteur. Il demanda du papier, & écrivit une lettre qu'il remit à M. de Mauduit, exigeant de lui pour dernier fervice, de l'avertir lorfqu'il feroit prêt à mourir. Bientôt celui-ci fut obligé de s'acquitter de ce trifte devoir : *c'eft finir de bonne heure une belle carriere*, dit le Colonel ; *mais je meurs victime de mon ambition & de l'avarice de mon fouverain.* Quinze Officiers bleſſés avoient été trouvés comme lui fur le champ de bataille ; M. de Mauduit eut la fatisfaction de les conduire lui-même à Philadelphie, où il fut très-bien reçu du Général Howe. Par un hafard affez fingulier, il fe trouva que ce jour là même, les anglois avoient appris indirectement la capitulation de Burgoyne, dont il étoit mieux inftruit qu'eux. Ils faifoient femblant de n'en rien croire. *Vous qui êtes François*, lui difoient-ils, *parlez-nous franchement, croyez-vous que cela foit poſſible ? Je fais*, dit-il, *que le fait eft vrai. Vous l'expliquerez comme vous voudrez.*

Peut-être me fuis-je trop étendu fur cet évenement ; mais du moins je n'aurai point à m'excufer auprès de ceux qui partageront la douce fatisfaction que j'éprouve à fixer mes yeux fur les lauriers de l'Amérique, & à reconnoître des François parmi ceux qui les ont cueillis. Maintenant je me hâte de retourner à Philadelphie, où je n'eus à mon arrivée que le tems de m'habiller, pour aller dîner avec le Ch^{er.} de la Luzerne, & mes compagnons de voyage, chez M. Huntington, Préfident du Congrès. Madame Huntington, groffe femme d'affez bonne mine, mais déja d'un certain âge, fit les honneurs du dîner, c'eft-à-dire qu'elle fervit tout le monde, & ne parla à perfonne. Je ne reftai pas long-tems après le dîner, parce que j'avois un petit rendez-vous en bonne fortune, auquel je ne voulois pas manquer. On trouvera fans doute qu'il vient fort à propos pour jetter quelque variété dans ce Journal ; mais je dois avouer que ce rendez-vous étoit avec M. Samuel Adams. Nous nous étions promis à notre derniere entrevue de prendre une foirée pour caufer tranquillement tête-à-tête, & celle-ci avoit été choifie. Notre entretien commença par un article dont il auroit pu s'épargner la difcuffion ; c'eft la juftice de la caufe qu'il foutient. Je crois fermement que le Parlement d'Angleterre n'avoit aucun droit de taxer l'Amérique fans fon confentement, mais je crois encore plus que lorfqu'un peuple entier dit, *je veux être libre*, il eft difficile de lui démontrer qu'il a tort. Quoiqu'il en foit, M. Adams me prouva d'une maniere très-fatisfaifante, que la Nouvelle Angleterre, qui comprend les Etats de Maffachuffet, New-Hampshire, Connecticut & Rhode-Ifland, n'avoit été peuplée dans aucune vue de commerce & d'agrandiffement, mais feulement par des particuliers qui fuyoient la perfécution, & cherchoient au bout du monde un afyle où il leur fut libre de vivre felon leurs opinions ; que c'étoit de leur propre mouvement que ces nouveaux colons s'étoient mis fous la protection de l'Angleterre ; que les rapports mutuels qui naiffoient de cette connexion, avoient été exprimés dans les Chartes, & que jamais le droit d'impofer ou d'exiger un revenu quelconque n'y avoit été compris.

De cet objet nous paffâmes à un autre plus intéreffant, c'eft la forme de Gouvernement qu'il convenoit de donner à chaque Etat ; car ce n'eft qu'en faveur de l'avenir qu'il faut s'occuper du paffé. La révolution eft faite, & la République commence ; celle-ci eft un enfant qui vient de naître, il s'agit de le nourrir & de l'élever. Je témoignai à M. Adams quelqu'inquiétude fur les bafes qu'on avoit prifes en formant les nouvelles conftitutions, & particuliérement celle de Maffachuffett. Chaque citoyen, lui dis-je, chaque homme qui paye les impofitions, a droit de voter dans l'élection des repréfentans, lefquels forment le corps légiflatif, & ce qu'on peut appeller le *Souverain*. C'eft très-bien pour le moment préfent, parce que tout citoyen eft à peu-près également aifé, où peut le devenir en peu de tems ; mais les fuccès du commerce, & même ceux de l'agriculture introduiront parmi vous les richeffes, & les richeffes ameneront l'inégalité des fortunes & des propriétés. Or par-tout où cette inégalité exiftera, la véritable force fera toujours du côté de la propriété ; de forte que fi l'influence dans le gouvernement n'eft pas mefurée fur cette propriété, il y aura toujours une contradiction, un combat entre la forme du gouvernement & fa tendance naturelle ; le droit fera d'un côté, & la force de l'autre : alors la balance ne pourra plus exifter qu'entre ces deux points également dangereux, l'ariftocracie & l'anarchie. D'ailleurs la valeur idéale des hommes n'eft jamais que comparative : un particulier fans biens eft un citoyen mal aifé, quand l'Etat eft pauvre ; placez un riche auprès de lui, il devient un *manant.* Que deviendra donc un jour le droit d'élection dans cette claffe de citoyens? La fource des troubles civils, ou celle de la corruption, peut-être même toutes les deux à la fois. Voici à peu-prés la réponfe de M. Adams. Je fens très-bien la force de vos objeétions; nous ne fommes pas ce que nous devons être; ainfi nous devons travailler plutôt pour l'avenir que pour le moment aétuel. Je fais bâtir une maifon de campagne, & j'ai des enfans en bas âge; fans doute je dois difpofer leur logemens pour le tems où ils feront grands & où ils fe marieront. Mais nous n'avons pas négligé cette précaution. Premierement, je dois vous dire que notre nouvelle conftitution a été propofée & acceptée de la maniere la plus légale dont il y ait eu d'exemple depuis Lycurque. Un comité choifi parmi les membres du corps légiflatif, alors exiftant, & qu'on pouvoit regarder comme un gouvernement provifionel, fut nommé pour travailler à la confeétion des nouvelles loix. Dès qu'il eut rédigé fon plan, on demanda à chaque comté ou diftriét, de nommer un comité pour examiner ce plan. Il leur étoit reconimandé de le renvoyer au bout d'un certain tems avec leurs obfervations. Ces obfervations ayant été difcutées par le premier comité, & les changemens jugés néceffaires ayant été faits, on renvoya le projet à chaque comité particulier. Lorfqu'ils l'eurent tous approuvé, ils reçurent ordre de le communiquer au peuple, *at large*, c'eft-à-dire en général, & de lui demander fon fuffrage. Si les deux tiers des votans l'approuvoient, il devoit avoir forces de loi, & être regardé comme l'ouvrage du peuple même. On compta jufqu'à vingt-deux mille fuffrages, parmi lefquels une beaucoup plus grande proportion que les deux tiers, fut en faveur de la nouvelle conftitution. Or voici fur quels principes elle a été établie. Un Etat n'eft libre que lorfque chaque citoyen n'eft obligé par aucune loi quelconque, à moins qu'il ne l'ait approuvée, ou par lui-même, ou par fes repréfentans; mais pour repréfenter un autre homme, il faut avoir été élu par lui; donc tout citoyen doit avoir part aux éleétions. D'un autre côté ce feroit inutilement que le peuple auroit le droit d'élire fes repréfentans, s'il étoit aftreint à ne les choifir que dans une claffe particuliere. Il a donc fallu ne pas exiger un trop grande propriété, pour acquérir le droit d'être *repréſentant du peuple*. Ainſi la chambre des répréſentans, qui forme le corps légiſlatif & le véritable *Souverain*, eſt le peuple même repréſenté par ſes délégués. Juſqu'ici le gouvernement eſt purement démocratique ; mais c'eſt la volonté du peuple permanente & éclairée qui doit faire loi, & non les paſſions, les ſaillies, auxquelles il n'eſt que trop ſujet. Il eſt néceſſaire de modérer ſes premiers mouvemens, de le forcer à l'examen ou à la réflexion. C'eſt l'emploi important qui a été confié au Gouverneur & à ſon Conſeil, leſquels repréſentent parmi nous le pouvoir négatif qui exiſte en Angleterre dans la chambre haute & dans la Couronne même ; à cette différence ſeulement que dans notre nouvelle conſtitution, le Gouverneur & le Conſeil peuvent bien ſuſpendre la publication d'une loi & en demander un nouvel examen ; mais ſi ces formes ſont remplies, ſi après ce nouvel examen le peuple perſiſte dans ſa réſolution, & qu'alors il n'y ait plus une ſimple majorité de ſuffrages, mais les deux tiers en faveur de la loi, le Gouverneur & le Conſeil ſont obligés de lui donner leur ſanction. Ainſi ce pouvoir modere l'autorité du peuple ſans la détruire, & l'organiſation de notre république eſt telle, qu'elle empêche les reſſorts de ſe briſer par un mouvement trop vif, ſans jamais arrêter tout-à-fait ce mouvement. Or, c'eſt ici que nous avons rendu à la propriété tous ſes privileges. Il faut avoir un fonds de terre aſſez conſidérable, pour élire un membre du conſeil ; il faut en avoir un encore plus conſidérable pour être élu. Ainſi, la démocratie eſt pure & entiere dans l'aſſemblée qui repréſente le *ſouverain* ; & l'ariſtocratie, ou ſi l'on veut l'optimatie, ne ſe trouvent que dans le pouvoir modérateur, où elle eſt d'autant plus néceſſaire, qu'on ne veille jamais mieux ſur l'Etat, que lorſqu'on a de grands intérêts liés à ſa deſtinée. Quant au pouvoir de commander les armes, il ne doit réſider, ni dans un grand nombre, ni même dans un petit nombre d'hommes : le Gouverneur ſeul peut donc employer les forces de terre & de mer ſuivant le beſoin ; mais les forces de terre conſiſteront uniquement dans la milice, & comme elle eft le peuple même, elle ne peut agir contre le peuple?

Telle fut l'idée que M. Adams me donna de fon propre ouvrage, car c'eft lui qui a eu la plus grande part à la confection des nouvelles loix. On affure pourtant qu'avant d'employer fon crédit à les faire accepter, il a fallu combattre fa propre opinion, & le ramener des fyftêmes dans lefquels il aimoit à s'égarer, à des projets moins fublimes & plus pratiquables. On a reproché fouvent à ce citoyen, d'ailleurs très-refpectable, de confulter fa bibliotheque plutôt que les circonftances actuelles, & de paffer toujours par les *Grecs* & les *Romains* pour arriver aux *Whigs* & aux *Torys*. Si cela eft vrai, je dirai que l'étude a auffi fes inconvéniens, mais qu'il faut que ce foit les moindres de tous, puifque M. Samuel Adams, autrefois ennemi des troupes réglées & partifan outré de la démocratie, emploie maintenant toute fon influence à foutenir une armée & à établir un gouvernement mixte. Quoiqu'il en foit, je fortis très-content de cette converfation, qui ne fut interrompue que par un verre de vin de Madere, une taffe de thé & un ancien Général Américain, qui eft maintenant membre du Congrés & qui loge avec M. Adams.

Je favois qu'il y avoit un bal chez le Ch^{er.} de la Luzerne, & je n'en étois pas plus preffé d'y retourner : c'étoit pourtant une affemblée affez agréable ; car ce bal étoit donné à une fociété particuliere, à l'occafion d'un mariage. Il y avoit à peu près vingt femmes, dont douze ou quinze danfantes ; chacune de celles-ci ayant fon *partner*, comme c'eft l'ufage en Amérique. On dit que la danfe eft à-la-fois l'expreffion de la gaieté & de l'amour : ici elle paroît être celle de la légiflation & du mariage ; de la légiflation, en ce que les places font marquées, les contredanfes défignées, toutes les démarches prévues, calculées & foumifes à la regle ; du mariage, en ce qu'on donne à chaque dame ou demoifelle un *partner*, avec lequel elle doit danfer toute la foirée fans pouvoir en prendre un autre. Il eft vrai que toute loi trop févere demande a être mitigée, & qu'il arrive affez fouvent qu'une demoifelle, après avoir danfé les deux ou trois premieres danfes avec fon partner, peut faire un nou-

veau

veau choix ou fe prêter aux invitations qu'elle reçoit ; mais la comparaifon fubfifte encore , & la danfeufe fe trouve feulement n'avoir fait qu'un mariage à l'européene. Les étrangers ont ordinairement le privilege d'être *complimentés des plus jolies femmes, complimented with the handsomeft Ladies* : c'eft-à-dire, qu'on leur fait la politeffe de leurs donner de jolies partners. Celle de M. de Damas étoit Miftrifs Bingham & celle du Vicomte de Noailles Mifs Shippen. Tous deux, en vrais philofophes, témoignerent un grand refpect pour les mœurs du pays, & ne quitterent pas leurs jolies partners de toute la foirée : du refte, ils firent l'admiration de toute l'affemblée par la grace & la nobleffe avec laquelle ils danferent. Je dirai même, à l'honneur de mon pays, qu'ils effacerent ce jour-là un grand Juge de la Caroline * & deux membres du Congrès, dont l'un (M. Duane) paffoit poûrtant, pour être de 10 pour 100 plus gai que tous les autres danfeurs. Le bal fut interrompu vers minuit par un fouper, fervi en forme de *caffé* fur plufieurs tables différentes. Lorfqu'il fallut paffer dans la falle à manger, le Ch^{er} de la Luzerne donna la main à Madame Morris & la fit paffer la premiere, honneur qu'on lui rend affez communément, parce qu'elle eft la plus riche de la ville, & qu'ici tous les rangs étant égaux, les hommes fuivent leur pente naturelle, qui eft d'accorder la premiere confidération à la richeffe. Le bal fe prolongea jufqu'à deux heures du matin ; mais c'eft ce que je n'appris qu'en me levant, car la veille j'avois trop vu d'attaques & de combats pour ne pas apprendre à faire une retraite à propos.

Il falloit bien que notre jeuneffe fe reposât de fes voyages & de fes veilles, auffi ne parut elle pas au déjeûner. Elle fut remplacée par un vieux quaker appellé *Benezet*, dont la petite taille, la figure humble & mefquine, faifoient un parfait contrafte avec M. Pendelton. Ce M. Benezet, peut être regardé plutôt comme le modele que comme l'échantillon de la fecte des quakers : occupé uniquement du bien des hommes, fa charité & fa générofité lui attirerent une grande confidération dans des tems plus heu-

---

* M. Pendelton , dont j'ai parlé plus haut.

reux, où les vertus feules fuffifoient pour illuftrer un citoyen. Maintenant le bruit des armes empêche d'entendre les foupirs de la charité, & l'amour de la patrie a prévalu fur celui de l'humanité. Cependant Benezet exerce toujours fa bienfaifance ; il venoit me demander des eclairciffemens fur les nouvelle méthodes inventées en France, pour rappeller les noyés à la vie : je lui promis non-feulement de les lui envoyer de Newport, mais de lui faire parvenir une boëte pareille à celle que notre gouvernement a fait diftribuer dans les ports de mer. La confiance s'étant établie entre nous, nous vînmes à parler des malheurs de la guerre, & il me dit : " mon ami, je fais que tu es homme de lettres & membre de l'accadémie françoife : les gens de lettres ont écrit beaucoup de bonnes chofes depuis quelques tems ; ils ont attaqué les erreurs & les préjugés, l'intolérance fur-tout : eft-ce qu'ils ne travailleront pas à dégoûter les hommes de la guerre, & à les faire vivre entr'eux comme des freres ou des amis ?,, Tu ne te trompes pas mon ami, lui répondis-je, lorfque tu fondes quelqu'efpérance fur les progrès des lumieres & de la philofophie. Plufieurs mains actives travaillent au grand édifice du bonheur public ; mais inutilement s'occupera-t'on d'en achever quelques parties tant qu'il manquera par la bafe ; & cette bafe, tu l'as-dit, eft la paix générale. Quant à l'intolérance & à la perfécution, il eft vrai que ces deux ennemies du genre humain, ne font pas encore liées par des chaînes affez fortes ; mais je te dirai un mot à l'oreille, dont tu ne faifiras peut-être pas toute la force, quoique tu faches très-bien le françois : *elles ne font plus à la mode* ; je les croirois même prêtes à être anéanties fans quelques petites circonftances dont tu n'es pas inftruit : c'eft qu'on emprifonne quelquefois ceux qui les attaquent, & qu'on donne des abbayes de cent mille livres de rente à ceux qui les favorifent. Cent mille livres de rente ! reprit Benezet, il y a là dequoi bâtir des hôpitaux & établir des manufactures : c'eft fans doute l'ufage qu'ils font de leur richeffes. Non mon ami, lui répondis-je, la perfécution a befoin d'être foudoyée ; cependant il faut avouer qu'ils la payent affez mal, & que les plus magnifiques des perfécuteurs fe contentent de donner mille ou douze cens livres de penſion à quelques poëtes ſatyriques, ou à quelques journaliſtes ennemis des lettres, dont les ouvrages ſe liſent beaucoup & ſe vendent très-peu. Mon ami, me dit le Quaker, c'eſt une étrange choſe que la perſécution. J'ai peine encore à croire ce qui m'eſt arrivé à moi-même. Mon pere étoit François, & je ſuis né dans ton pays. Il y a maintenant ſoixante ans qu'il fut obligé de chercher un aſyle en Angleterre, emmenant avec lui ſes enfans, le ſeul tréſor qu'il ait pu ſauver dans ſon malheur. La juſtice, ou ce que l'on appelle ainſi dans ta patrie, le fit pendre en effigie, parce qu'il expliquoit l'Evangile différemment que tes prêtres. Mon pere ne fut guere plus content de ceux de l'Angleterre : il voulut s'éloigner de toute hierarchie, & vint s'établir dans ce pays-ci, où j'ai mené une vie heureuſe juſqu'à ce que la guerre ſe ſoit allumée. Il y a long-tems que j'ai oublié toutes les perſécutions que ma famille a éprouvées. J'aime ta nation, parce qu'elle eſt douce & ſenſible, & pour toi mon ami, je ſais que tu ſers l'humanité autant qu'il eſt en ton pouvoir. Quand tu ſeras en Europe, engage tes confreres à te ſeconder, & en attendant, permets que je mette ſous ta protection nos freres de Rhode-Iſland. Alors il me recommanda en détail les Quakers qui habitent cet Etat, & qui ne laiſſent pas d'être en aſſez grand nombre ; puis il prit congé de moi, en me demandant la permſſion de m'envoyer quelques pamphlets de ſa façon, la plupart faiſant l'apologie de ſa ſecte. Je l'aſſurai que je les lirois avec grand plaiſir, & il ne manqua pas de me les envoyer le lendemain matin.

De quelque ſecte que ſoit un homme brûlant de zele & d'amour pour l'humanité, c'eſt, il n'en faut pas douter, un être reſpectable ; mais j'avouerai qu'il eſt difficile de faire réfléchir ſur la ſecte en général, l'eſtime qu'on ne peut refuſer à quelques individus. La loi que pluſieurs d'entr'eux obſervent, de ne dire ni *vous*, ni *Monſieur*, eſt loin de leur donner un ton de ſimplicité & de candeur. Je ne ſais ſi c'eſt pour compenſer cette eſpece de ruſticité qu'ils ont ſouvent un ton mieleux & patelin, qui eſt toutà-fait jéſuitique. Leur conduite ne dément pas non plus cette reſſemblance. Couvrant du manteau de la religion leur indifférence pour le bien public, ils épargnent le sang, il est vrai, sur-tout le leur ; mais ils excroquent l'argent des deux partis, & cela sans aucune pudeur & sans aucun ménagement. C'est une opinion reçue dans le commerce, qu'il faut se défier d'eux, & cette opinion est fondée. Elle le sera encore davantage par la suite. En effet rien ne peut être pis que l'enthousiasme dans sa décadence ; car que peut-on lui substituer, si ce n'est l'hipocrisie ? Ce monstre si connu en Europe, ne trouve que trop d'accès dans toutes les religions ; mais il n'en avoit pas dans une assemblée de jeunes femmes, qui étoient invitées comme moi à prendre du thé chez Madame Cunningham. Elles étoient bien mises, paroissoient avoir envie de plaire, & il faut croire que leur sentiment secret ne démentoit pas leur extérieur. La maîtresse de la maison est aimable, & parle avec grace & intérêt. En tout cette assemblée me retraçoit assez bien celles de Geneve & de Hollande, où l'on trouve de la gaieté sans indécence, & de l'envie de plaire sans coquetterie.

Le Dimanche 10, j'avois résolu de faire un cours de cultes & d'églises. Malheureusement les différentes sectes qui ne s'accordent sur aucun autre point, ont pris la même heure pour assembler les fideles ; ainsi je ne pus voir dans la matinée que l'assemblée des Quakers, & dans l'après-midi que celle des Anglicans. La salle où les Quakers se réunissent est quarrée ; il y a de tous les côtés & paralellement aux quatre murs, des bancs & des *Prie-Dieu*, desorte qu'on est placé les uns vis-à-vis des autres, sans autel ni chaire, qui fixent l'attention. Lorsqu'on s'assemble, quelque ancien fait une priere in-promptu, & telle qu'elle lui vient dans l'esprit ; puis on garde le silence jusqu'à ce qu'un homme ou une femme soit inspirée & se leve pour parler. Il faut croire les voyageurs sur leur parole, quelqu'extraordinaires que soient leurs récits. Comme l'Arioste, je raconterai des prodiges : *Dirò Meraviglia* ; mais il est sûr que j'arrivai dans le moment où une femme venoit de se taire. Un homme la remplaça, & parla fort bêtement sur la grace intérieure, l'illumination qui vient de l'esprit & tous les autres dogmes de sa secte, qu'il rabacha beaucoup & se garda bien d'expliquer : enfin fon difcours finit au grand contentement des freres & des fœurs qui avoient tous l'air diftrait & ennuyé. Après un demi-quart d'heure de filence, un vieillard fe mit à genoux, & nous débita une fort plate priere, après laquelle il congédia l'auditoire.

En fortant de cette trifte & agrefte affemblée, le *fervice* des Anglicans me parut une efpece *d'opéra*, tant pour la mufique que pour les décorations. Une belle chaire placée devant un bel orgue ; un beau miniftre dans cette chaire, lifant, parlant, chantant avec une grace toute théatrale ; des jeunes femmes répondant mélodieufement du parterre & des loges, car les deux tribunes latérales font des efpeces de loges ; un chant doux & agréable, alterné par de très-bonnes fonates jouées fur l'orgue, tout cela comparé aux Quakers, aux Anabaptiftes, aux Prefbytériens &c., me paroiffoit plutôt un petit paradis que le chémin du paradis. Cependant fi l'on confidere tant de feſtes différentes, ou févéres, ou frivoles, mais toutes impérieufes, toutes exclufives, on croit voir les hommes lire dans le grand livre de la nature, comme *Montauciel* dans fa leçon. on a écrit, *vous êtes un blanc-bec*, & il lit toujours *trompette bleffé*. Sur un million de chances, il n'en exifte pas une pour qu'il devine une ligne d'écriture fans favoir appeller fes lettres : toutes-fois s'il vient à implorer votre fecours, gardez-vous de l'accorder ; il vaut mieux le laiffer dans l'erreur que de fe couper la gorge avec lui.

Je ne parlerai du dîner que je fis ce jour-là chez Madame Powel, que pour dire qu'il fut bon & agréable de toute façon. La converfation fe prolongea affez avant dans la foirée, de forte qu'il étoit près d'onze heures quand je rentrai chez moi.

M. de la Fayette avoit fait partie avec le Vicomte de Noailles & le Comte de Damas, d'aller le 11 au matin, dabord à *Germantown*, que ces derniers n'avoient pas encore vu, & enfuite à l'ancien camp de *White-march*. J'avois vu Germantown fort en détail, mais je ne fus pas fâché d'y retourner, & d'ailleurs j'étois curieux de voir le camp de White-march. C'eft celui que le Général Washington occupa après la tentative infruſtueufe du 7 Octobre. Comme cette pofition étoit hardie, & que les Anglois

n'oferent jamais l'attaquer, elle a beaucoup de célébrité dans
l'armée Américaine, où l'on fe plait à dire qu'il n'y avoit que
deux redoutes pour tout retranchement. Le fait eft que la pofition eft excellente, qu'elle fait beaucoup d'honneur au Général
Wafhington, qui fut la reconnoître, comme par inftinct, à travers
les bois dont le pays étoit alors couvert ; mais il eft vrai en
même-tems que le Général Howe eut toute raifon de ne pas l'attaquer. Voici en quoi elle confifte. En defcendant des hauteurs
de Germantown, on trouve des bois très-épais ; au fortir de ces
bois du côté de l'oueft, on voit une colline affez élevée, dont
le pied eft arrofé par un ruiffeau encaiffé qui tourne vers le nord
& protege la droite du camp. On avoit placé fur cette hauteur
fix pieces de canon & quatre cens hommes qui faifoient un *pion
avancé*. Une petite églife qui fe trouve au fommet de la colline,
lui a donné le nom de *Chefnut-church*, Eglife des Chataigniers.
Derriere cette hauteur, & derriere les bois qui traverfent de l'eft
à l'oueft, le terrein s'éleve confidérablement & forme deux
montagnes à pente douce qui dominent *Chefnut-church* : c'étoit
le camp de l'armée. Ces montagnes ne font féparées que par
un petit fonds ; chaque fommet étoit fortifié par une redoute,
& un abattis en défendoit le talus. La montagne de la gauche
fe trouvoit encore protégée par un ruiffeau qu'on pouvoit groffir
à fon gré, parce qu'il fuyoit derriere le camp, & que rien n'empêchoit d'y faire toutes les retenues néceffaires pour en élever
les eaux. A la vérité le front de cette pofition eft couvert de bois ;
mais ces bois fe terminent à trois cens pas du front de Bandiere ;
il auroit donc fallu en déboucher à découvert, & comment déboucher d'un bois où il n'y a pas de chemin, & qu'on avoit
farci de milices & de *rifle-men* ? J'obfervois avec d'autant plus
de foin tous les avantages de cette pofition, que je me divertiffois à les exagérer à M. de la Fayette, pour le convaincre
d'avoir été gafcon comme les autres. Il m'avoua que le camp
étoit bon, & que fi les Anglois avoient prêté à la plaifanterie,
c'eft feulement pour avoir mis dans leur relation que les rebelles
s'étoient fi bien retranchés qu'il étoit impoffible de les attaquer.
Nous fûmes encore plus aifément d'accord lorfque je conclus

que plus cette pofition eft refpectable, plus elle fait d'honneur au Général Washington, qui la devina plutôt qu'il ne la reconnut. Ce fut vraiment le coup d'œil de l'aigle, car il femble qu'il falloit planer au deffus des arbres, pour voir le terrein qu'ils ombrageoient.

Notre reconnoiffance faite, nous revînmes leftement chez le Ch^{er.} de la Luzerne, où l'heure du dîner nous rappelloit fort à propos après huit heures de cheval & une promenade de douze lieues. L'après midi nous allâmes prendre du thé chez Madame Shippen. C'eft la premiere fois depuis mon arrivée en Amérique, que j'aie vu la mufique fe gliffer dans la fociété & fe mêler dans les amufemens. *Mifs Rutteledge* joua du claveffin & en joua très-bien. Mifs Shippen chanta avec timidité, mais avec une jolie voix. Un fecrétaire du Ch^{er.} de la Luzerne, fit apporter fa harpe; il accompagna Mifs Shippen, & joua auffi quelques pieces. La mufique conduit naturellement à la danfe : le Vicomte de Noailles alla décrocher un violon, qu'on monta avec des cordes de harpe, & il fit danfer les jeunes demoifelles, tandis que les meres & les autres perfonnages graves caufoient dans une autre piece. Si la mufique & les beaux arts profperent à Philadelphie ; fi la fociété y devient facile & gaie, & fi on apprend à recevoir le plaifir quand il vient fans être invité en régle, alors on pourra jouir de tous les avantages particuliers aux mœurs & gouvernement, fans avoir rien à envier à l'Europe.

Le 12 au matin, nouvelle cavalcade, nouvelle reconnoiffance. C'étoit à M. de la Fayette à faire les honneurs de celle-ci. Le jufte intérêt qu'il infpire a donné encore plus de célébrité à un évenement affez fingulier par lui-même. Au mois de Juin 1778, l'alliance avec la France étant déja publique, il paroiffoit vraifemblable que les Anglois ne tarderoient pas à évacuer Philadelphie. Dans cet état de chofes, le Général Washington ne devoit rien compromettre. Cependant il étoit important de veiller fur les démarches des ennemis : M. de la Fayette reçut ordre de partir de *Walley-forge*, avec deux mille hommes d'infanterie, cinquante dragons & un pareille nombre de Sauvages, pour paffer la Skuylkill, & prendre pofte fur une hauteur appellée *Bar-*

renhill, diſtante de douze milles à-peu-près de Philadelphie. La poſition étoit critique. Trois chemins pouvoient ſervir à l'attaquer ou à la tourner ; mais M. de la Fayette gardoit le plus direct des trois ; un Brigadier général de milice, nommé *Porter*, avoit reçu ordre de veiller ſur le ſecond ; & le troiſieme, qui étoit le plus détourné, étoit éclairé par des patrouilles. Quoique ces précautions paruſſent ſuffiſantes au premier coup d'œil, il faut qu'elles n'aient pas été jugées telles par le Général Howe ; car pour cette fois il crut tenir le *Marquis*. Il fit même la gaſconade d'inviter des femmes à ſouper avec lui pour le lendemain, & tandis que la plupart des Officiers étoient encore au ſpectacle, il mit en mouvement la plus grande partie de ſes troupes, qu'il fit marcher ſur trois colonnes. La premiere ſuivit le chemin direct de Barrenhill, paſſant par *Skuylkill-fall*, & cotoyant la riviere. Elle étoit commandée par le Général Howe en perſonne. La ſeconde conduite par le Général *Grey*, prenoit le grand chemin de Germantown, & devoit ſe porter ſur le flanc gauche de M. de la Fayette. La troiſieme aux ordres du Général *Grant*, faiſoit un long détour, marchant dabord par le chemin de Francfort, puis tournant ſur Oxford, pour aboutir au ſeul gué qui ſervît de retraite aux Américains.

Cette marche combinée s'exécuta avec d'autant plus de facilité, que les Anglois ſavoient poſitivement que les milices n'avoient pas occupé le poſte qui leur avoit été indiqué. Heureuſement pour M. de la Fayette, deux Officiers étoient partis de bonne heure du camp pour ſe rendre dans les Jerſeys, où ils avoient quelques affaires ; ces Officiers ayant rencontré ſucceſſivement deux colonnes des ennemis, prirent le parti de retourner au camp à travers les bois & le plus vîte qu'il leur fut poſſible. Pour la colonne du Général Howe elle ne tarda pas à donner dans les poſtes avancés de M. de la Fayette ; il en réſulta même une aventure aſſez comique. Les cinquante ſauvages qu'on lui avoit donnés, étoient placés dans un bois & embuſqués à leur maniere, c'eſt-à-dire, raſés comme les lapins. Cinquante dragons Anglois qui n'avoient jamais vu de ſauvages, en marchant à la tête de la colonne, entrerent dans le bois où

ils

où étoient cachés ceux-ci qui , de leur côté, n'avoient jamais vu de dragons.... Les voilà qui fe levent tout-à-coup faifant un cri horrible , jettent leurs armes & fe fauvent vers la Skuylkill qu'ils paffent à la nage , & voilà que d'un autre côté les dragons, tout auffi effrayés , tournent de la tête à la queue & s'enfuient avec une telle épouvante, qu'on ne peut les arrêter qu'à Philadelphie. M. de la Fayette favoit alors qu'il étoit tourné : en homme de guerre , il jugea fort-bien que la colonne qui marchoit à lui ne l'attaqueroit pas la premiere , & qu'elle attendroit que l'autre fût en mefure. Il fit donc fur-le-champ un changement de front, & prit une bonne pofition vis-à-vis la feconde colonne, ayant devant lui l'Eglife de Barrenhill , & derriere lui le débouché qui lui fervoit de retraite. Mais il avoit à peine occupé cette nouvelle pofition, lorfqu'il apprit que le Général Grant marchoit fur le gué de la Skuylkill , & qu'il en étoit déja plus près que lui. Il fallut prendre le parti de fe retirer ; cependant le feul chemin qu'on pouvoit fuivre, rapprochoit de la colonne du Général Grant & expofoit à être attaqué en tête par cette colonne , tandis que celle de Grey & de Howe attaqueroient en queue. A la vérité, le chemin tournant enfuite à gauche , fe trouvoit féparé par une petite vallée, de celui que le Général Grant devoit fuivre : mais cette vallée elle-même étoit croifée de plufieurs chemins , & il falloit enfin la traverfer pour arriver au gué. Dans cette fituation, la feule grandeur d'ame confeilla le jeune militaire, auffi bien que l'auroit pu faire l'expérience la plus confommée. Il favoit qu'on perd plus d'honneur qu'on ne gagne de tems, en faifant de la *retraite* une *fuite;* il marcha donc dans un ordre fi tranquille & fi régulier, qu'il en impofa au Général Grant , & lui perfuada qu'il étoit foutenu par toute l'armée de Washington qui l'attendoit au fortir du défilé. D'un autre côté, Howe lui-même , en arrivant fur les hauteurs de Barrenhill , fut trompé par la premiere manœuvre de M. de la Fayette ; car voyant les Américains en bataille par l'endroit même par lequel la feconde colonne devoit déboucher , il crut que c'étoit le Général Grey qui s'étoit emparé de cette pofition, & il perdit ainfi quelques momens à regarder avec fa lunette

& à envoyer reconnoître. Le Général Grey en avoit perdu aussi à attendre les colonnes de droite & de gauche : enfin, il résulta de toutes ses méprises, que M. de la Fayette se retira comme par enchantement, & passa la riviere avec toute son artillerie sans perdre un seul homme. Six coups de canon d'allarme, qui avoient été tirés à l'armée sur la premiere nouvelle de cette attaque, servirent, je crois, à en imposer aux ennemis, qui s'imaginerent que toute l'armée Américaine avoit marché. Celle des Anglois, après avoir fait *buisson-creux*, revint à Philadelphie, accablé de fatigue & honteuse de n'avoir rien pris ; les Dames ne virent pas M. de la Fayette, & M. Howe arriva lui-même trop tard pour souper.

En faisant le récit de cette action je rends compte de ma promenade : le chemin de la colonne de gauche fut celui que je suivis ; il conduit à Skuylkill-Fall qui est une espece de bourg où il y a plusieurs maisons de campagne très-jolies, entr'autres celle du Cher. de la Luzerne. Une petite creek qui se jette dans la Skuylkill après avoir fait un saut de dix à douze pieds, les moulins que cette creek fait mouvoir, les arbres qui couvrent ses rives & celles de la Skuylkill, forment un paysage agréable, que *Robert* & *le Prince* ne négligeroient pas.

Cette course moins longue que celle de la veille, me laissoit encore deux heures à ma disposition ; j'employai ce tems à visiter la gauche des lignes angloises que je n'avois pas encore vue M. de Gimat voulut bien se séparer du reste de la compagnie, & au lieu de retourner à Philadelphie, nous prîmes sur la droite pour suivre les lignes jusqu'à la Skuylkill. Je trouvai que du centre à la gauche de ces lignes, leur position n'étoit rien moins qu'avantageuse, particuliérement près d'une maison brûlée vers laquelle j'aurois dirigé mon attaque, si j'avois été dans le cas d'en faire une. Depuis une arête de terrein, où à la vérité les Anglois avoient fait une batterie hémicirculaire jusques vers la Skuylkill, le glacis est contre les lignes ; de sorte que l'attaquant peut marcher d'abord à couvert, & ensuite dominer les batteries qui les défendent. Tout-à-fait à la gauche & tout près de la Skuylkill, le terrein s'éleve confidérablement : les Anglois n'avoient pas manqué d'en profiter pour y conſtruire une grande redoute & une batterie ; mais cette ſommité eſt commandée elle-même, & priſe à revers par celles qui ſe trouvent de l'autre côté de la riviere. Quoiqu'il en ſoit, tout cela étoit bien ſuffiſant pour mettre en sûreté une armée de quinze mille hommes, contre une de ſept ou huit mille au plus. A chaque pas qu'on fait en Amérique, on eſt ſurpris du contraſte frappant, qui regne entre le mépris affecté que les Anglois montrent pour leurs ennemis, & les précautions exrêmes qu'ils ont priſes en toutes occaſions.

. Rien n'égale la beauté du coup d'œil qu'offrent les rives de la Skuylkill, lorſqu'on deſcend vers le ſud pour rentrer à Philadelphie.

. Je trouvai une compagnie aſſez nombreuſe aſſemblée pour dîner chez le Ch^{er.} de la Luzerne ; elle fut encore augmentée par l'arrivée de M. de Cuſtine & du Marquis de Laval. Le ſoir nous les menâmes, d'abord chez le Préſident du Congrès, que nous ne trouvâmes pas, enſuite chez M. *Peter*, ſecrétaire d'E-tat de la guerre, chez qui je faiſois auſſi ma premiere viſite. Sa maiſon n'eſt pas grande, ni ſa place très-importante ; car tout ce qui n'eſt pas au pouvoir du Général de l'armée, dépend de chaque Etat en particulier, bien plus que du Congrés. Mais ce qu'il poſſéde de préférable à tous les départemens du monde, c'eſt une femme aimable, une excellente ſanté, une belle voix & une humeur gaie & agréable. Nous cauſâmes quelque tems enſemble, & il me parla de l'armée Américaine avec autant de franchiſe que de raiſon. Il avoua qu'autrefois cette armée ne con-noiſſoit aucune diſcipline, & il inſiſta beaucoup ſur les obligations qu'elle avoit au Baron de Stuben, qui fait les fonctions d'inſpecteur général. Paſſant enſuite à l'éloge de MM. de Fleury, du Portail & de tous les François qui avoient ſervi l'Amérique dans les der-nieres campagnes, il convint que la plupart de ceux qui s'étoient offerts dans les commencemens, n'avoient pas donné une idée ſi avantageuſe de leur nation. Cependant, ils avoient preſque tous des lettres de recommadation écrites par les Gouverneurs ou les Commandans de nos colonies ; en quoi ceux-ci me pa-roiſſent très-repréhenſibles. La foibleſſe qui empêche de refuſer une lettre de recommandation, ou le defir d'éloigner un mauvais fujet, prévalent fans ceffe fur la juftice & la bonne foi; nous trompons, nous comprometons nos alliés, mais nous rrahiffons encore plus les intérêts de notre nation, dont nous proftituons ainfi l'honneur & le caractere.

Je ne parlerai de M. *Price*, chez qui nous prîmes du thé & terminâmes notre foirée, que pour rendre témoignage à la générofité de ce galant homme qui, né dans le Canada, & toujours attaché aux François, a prêté deux cens mille livres *d'argent dur* à M. de Corny, lorfque la Cour envoya celui-ci avec cinquante mille livres feulement, pour faire les approvifionnemens de notre armée.

Le 13, j'allai dîner chez les Délégués du fud avec le Cher. de la Luzerne & les Voyageurs François. MM. *Sharp*, *Flowy* & *Mutterfon* fe trouverent les plus à portée de moi; je m'entretins beaucoup avec eux & je fus très-content de leurs converfations. Je le fus encore d'avantage de celle que je trouvai établie le foir chez Madame *Meredith*, fille du Général *Cadwallader* : c'étoit la premiere fois que je voyois cette famille aimable, quoique le Cher. de la Luzerne fut très-lié avec elle ; mais elle arrivoit de la campagne, où le Général Cadwallader étoit encore retenu par quelques affaires. C'eft lui qui s'eft battu avec M. Conway, & l'a grièvement bleffé d'un coup de piftolet dans la mâchoire. Madame Meredith a trois ou quatre fœurs ou belle-fœurs. Je fus étonné de l'aifance & de la gaieté qui regnoient dans cette famille, & je regrettois de ne l'avoir pas connue plutôt. Je caufai plus particuliérement avec Madame Meredith, qui me parut très-aimable & très-inftruite. En une heure de tems, nous parlâmes littérature, poefie, romans, hiftoire fur-tout : je trouvai qu'elle favoit très-bien celle de France; les rapprochemens de François 1er. & de Henri iv, de Turenne & de Condé, de Richelieu & de Mazarin paroiffoient lui être familieres, & elle les faifoit avec beaucoup de grace, d'efprit & de naturel. Pendant que je caufois ainfi avec Madame Meredith, M. Linch s'étoit emparé de Mifs Polly Cadwallader & elle avoit fait également fa conquête ; de forte que quand nous les eumes

quittées, le Ch^{er.} de la Luzerne fe divertit beaucoup de l'enthou-
fiafme que cette fociété nous avoit infpiré, & de nos regrets de
l'avoir connue fi tard. Il faut dire à l'honneur des femmes qui
la compofent, qu'aucune d'elles ne font ce qu'on appelle jolies....
peut-être que cette maniere de s'exprimer eft un peu trop dé-
tournée pour des Américaines ; mais elles auroient affez d'efprit
pour l'entendre : fi elles en avoient affez pour en être flattées, rien
ne manqueroit à leur éloge.

Je ne fais comment il s'étoit fait que depuis mon arrivée à
Philadelphie, je n'avois pas encore vu M. *Payne*, auteur célébre en Amérique & dans toute l'Europe, par l'excellent ouvrage intitulé *Le Sens commun*, & par plufieurs autres pamphlets politiques. Nous lui avions demandé rendez-vous M. de la Fayette
& moi pour le 14 au matin, & nous y allâmes en effet avec
le Colonel Lawrens. Je reconnus chez lui tous les attributs d'un
homme de lettres ; une chambre affez en défordre, des meubles poudreux, & une grande table couverte de livres ouverts
& de manufcrits commencés. Sa perfonne étoit dans un coftume correfpondant, & fa phyfionomie ne démentoit pas l'efprit
qui regne dans fes ouvrages. Notre converfation fut agréable
& animée, & elle ffuffît pour former une liaifon entre nous ;
car il m'a écrit depuis mon départ, & il m'a paru defirer d'entretenir avec moi une correfpondance fuivie. Son exiftence à
Philadelphie, eft femblable à celle qu'ont en Angleterre
ces écrivains politiques qui n'ont obtenu, ni affez de crédit dans l'Etat, ni affez de confidération perfonnelle pour avoir
part aux affaires. On lit leurs ouvrages avec plus de curiofité
que de confiance ; parce qu'on regarde leurs projets, plutôt
comme un jeu de leur imagination, que comme des plans affez
bien concertés & fuffifamment accrédités pour avoir jamais aucun
effet. C'eft toujours l'ouvrage d'un individu & non celui d'un parti ;
on peut donc en tirer des lumieres & non des conféquences :
auffi obferve-t'on, que l'influence de ces auteurs fe fait plus
fentir dans le genre fatyrique que dans le genre dogmatique ;
parce qu'il leur eft plus aifé de décrier les opinions d'autrui
que d'établir les leurs. M. Payne eft plus dans ce cas là que

perſonne ; car ayant eu part au gouvernement, il s'en trouve éloigné maintenant, & il doit cette diſgrace à ſa mauvaiſe conduite.
Un homme de lettres plus conſidéré, quoique moins diſtingué,
nous attendoit à dîner ; c'eſt M. Wilſon, dont j'ai parlé plus
haut : celui-là poſſede une maiſon & une bibliotheque en meilleur ordre. Il nous donna un très-bon dîner, & nous reçut
avec une politeſſe ſimple & aiſée. Madame Wilſon fit
les honneurs du dîner avec toute l'attention poſſible ; mais
nous fûmes particuliérement ſenſible à celle qu'elle eut de
s'en aller au deſſert, car alors le dîner commença à s'égayer.
Le Miniſtre de la guerre, M. Peter, donna le ſignal de la joie
& de la liberté en chantant une chanſon de ſa compoſition, ſi
joyeuſe & ſi libre que je me diſpenſerai d'en donner la traduction ou l'extrait. Cette chanſon étoit réellement très jolie. Il en
chanta enſuite un autre plus chaſte & plus muſicale ; c'étoit un
très-beau *cantabile* italien. M. Peter eſt certainement le miniſtre des deux mondes, qui a la plus belle voix & qui chante le
mieux le pathétique & le bouffon ; c'eſt ſans doute ce qu'on
ignore en Europe & ce qu'on n'y auroit pas deviné. On m'a dit
que l'année paſſée il yavoit encore à Philadelphie quelques concerts
d'aſſociation, où il chantoit, entr'autres morceaux d'opéra comique, une partie burleſque dans un trio rès-plaiſant par lui-même, qu'il aſſaiſonnoit de toutes les facéties qu'on a coutume d'y
ajouter. L'aſſemblée rioit de tout ſon cœur, & alors ce n'étoit pas
le cas de dire : *on ne peut pas perdre un royaume plus gaie-*
ment; mais ſeulement : *on ne peut pas mettre plus de gaieté à*
former une république...... Après cela, concluez du particulier
au général, jugez des peuples par quelqu'échantillon & établiſ-
ſez des principes ſans exception.

L'aſſemblée ou le bal de ſouſcription, dont je dois rendre
compte, vient ici tout à propos. A Philadelphie comme à Londres, à Bath, à Spa, &c. il y a des eſpeces de redoutes où la
jeuneſſe danſe, & où ceux à qui cet amuſement ne convient
pas, jouent à différens jeux de cartes. Mais à Philadelphie les
jeux de commerce ſont les ſeuls permis. Un *Manager*, ou maître
de cérémonies préſide à ces amuſemens méthodiques : il pré-

fente aux danfeurs & aux danfeufes des billets pliés qui portent chacun un numéro; ainfi c'eft le fort qui décide du partner ou de la partner qu'on aura & qu'il faudra garder le refte de la foirée. Toutes les danfes font prévues & arrangées d'avance, & on appelle les danfeurs chacun à fon tour. Ces danfes ont, comme les *toafts* que l'on boit à table, des rapports marqués avec la politique. L'une s'appelle *le fuccès de la Campagne*, l'autre *la défaite de Burgoyne*, une troifieme *la retraite de Clinton*. Les *managers* font ordinairement choifis parmi les Officiers les plus diftingués de l'armée : maintenant cette place importante eft confiée au Colonel *Wilkinfon*, qui eft auffi *clothier*, c'eft-à-dire chargé de l'habillement des troupes. Le Colonel *Mitchell*, petit homme, gros & court, âgé de cinquante ans, grand connoiffeur en chevaux, & qui avoit dernierement l'entreprife des voitures, tant ponr l'armée Américaine que pour l'armée Françoife, étoit ci-devant *manager*; mais quand je l'ai vu, il venoit de fortir de magiftrature, & danfoit comme un fimple citoyen. On prétend qu'il exerçoit fon emploi avec beaucoup de févérité, & on raconte qu'une demoifelle qui figuroit dans une contre-danfe, ayant oubliée fon tour, parce qu'elle caufoit avec une de fes amies, il s'approcha d'elle & lui dit tout haut: *allons donc Mademoifelle, prenez-garde à ce que vous faites ; eft-ce que vous croyez être là pour votre plaifir ?*

L'affemblée où je fus conduit en fortant de chez M. Wilkinfon étoit la feconde de l'hiver. On me prévint qu'elle ne feroit ni brillante ni nombreufe, parce que c'eft à Philadelphie comme à Paris, où la bonne compagnie ne va guere aux bals de la Saint-Martin. Cependant en entrant dans la falle, qui étoit affez bien éclairée, je trouvai vingt à vingt-cinq femmes en train de danfer. On me dit à l'oreille qu'ayant entendu beaucoup parler de M. le Vicomte de Noailles, & de M. de Damas, elles étoient venues dans l'efpérance de les voir & de danfer avec eux; mais elles furent completement *défapointées*, car ces Meffieurs étoient partis dès le matin même. J'aurois été *défapointé* de mon côté fi je m'étois attendu à voir de jolies femmes. Il n'y en avoit que deux de paffable, dont une appellée Mademoifelle *Footman*, étoit un peu de contrebande, c'eſt-à-dire ſoupçonnée de n'être pas bonne *Whig* ; car les Torys ont été publiquement exclus de cette aſſemblée. Je fus préſenté à un perſonage aſſez ridicule, mais qui ne laiſſe pas de jouer un rôle dans la ville ; c'eſt une Miſs *Vining*, célebre par ſa coquetterie, ſon eſprit & ſa méchanceté. Elle a trente ans, & ne paroît pas prête à ſe marier. En attendant elle met du rouge, du blanc, du bleu, & de toutes les couleurs poſſible ; ſe coëffe & s'habille extraordinairement , & bonne Whig en tout point, elle ne met point de bornes à ſa liberté.

J'avois compté partir de Philadelphie le 15, mais le Préſident de l'Etat, qui eſt auſſi celui de l'Académie, avoit eu la bonté de m'inviter à une aſſemblée que cette compagnie devoit tenir ce jour-là. Il m'étoit d'autant plus difficile de me refuſer à ſon invitation, qu'on avoit déja propoſé de m'élire comme membre étranger. Les aſſemblées ne ſe tiennent que tous les quinze jours, & les élections ne ſe font que tous les ans : chaque candidat doit être préſenté & recommandé par un membre de l'académie ; après cette recommandation, ſon nom eſt affiché pendant trois ſéances conſécutives, dans la ſalle où l'académie s'aſſemble ; enfin on procéde à l'élection par voie de *ballotes*. Ce n'eſt que depuis trois jours qne j'ai appris la mienne. Elle a été unanime, ce qui arrive très-rarement. M. de la Fayette lui-même, qui a été élu en même-tems que moi, a eu une *boule* contre lui, mais on croit que c'eſt par mépriſe. On m'a mandé que nous étions vingt-un candidats, dont ſept ſeulement ont été élus, quoique les autres euſſent été vivement recommandés, & qu'il y eut beaucoup de places vacantes.

Comme la ſéance de l'académie ne commence qu'à ſept heures du ſoir, j'employai la matinée à faire quelques viſites, après leſquelles je dînai chez M. Holker avec le Ch[er.] de la Luzerne, M. de la Fayette & tous les Officiers François ; enſuite je me rendis à l'académie, conduit par M. de Marbois, qui appartient à ce corps ainſi que le Ch[er.] de la Luzerne. Celui-ci ayant des affaires d'un autre genre, ſe diſpenſa de m'accompagner ; mais il m'avoit remis en bonnes mains. M. de Marbois, joint à toutes les qualités politiques & ſociables beaucoup de littérature & une

parfaite

pafaite connoiffance de la langue angloife. L'affemblée étoit com-
pofée de 14 ou 15 perfonnes feulement ; le Préfident du college faifoit les fonctions de fecrétaire. On y lut un mémoire fur
une plante finguliere & indigene ; enfuite le fecrétaire rendit
compte de la correfpondance & lut une lettre, dont l'objet étoit
d'affocier, ou pour mieux dire d'affilier à l'académie de Philadelphie, plufieurs fociétés favantes qui fe forment dans
chaque Etat. Ce projet tendoit à faire de cette académie une
efpece de congrès littéraire, auquel correfpondroient les *légif-
latures* particulieres. On ne jugea pas à propos de fuivre cette
idée ; il parut qu'on craignoit l'embarras inféparable de toutes
ces adoptions, & que l'académie ne vouloit pas qu'on pût lui
appliquer ces vers d'Attalie :

> D'où lui viennent de tous côtés
> Ces enfans qu'en fon fein elle n'a pas portés ?

Je retournai, le plutôt qu'il me fut poffible, chez le Ch^{er.} de
la Luzerne, pour jouir encore d'une fociété qui avoit fait mon bonheur
depuis quinze jours : c'en eft un très-grand fans doute, de vivre
avec un homme dont le caractere aimable & doux ne fe dément
en aucune occafion ; dont la converfation eft agréable & inf-
tructive, & dont la politeffe fimple & facile, n'eft jamais que
l'expreffion du meilleur naturel. Mais quoiqu'il foit bien légitime
d'énoncer fon propre fentiment, quand il eft dicté par la juftice
& par la reconnoiffance, il y a toujours une efpece de perfo-
nalité à n'envifager les hommes publics, que par les rapports
qu'ils ont avec nous ; c'eft au Miniftre du Roi, en Amérique ;
c'eft à un homme qui remplit pafaitement une place très-importante, que je dois mon témoignage & mes éloges. Je dirai,
fans crainte d'être démenti par perfonne, que M. le Ch^{er.} de
la Luzerne eft tellement fait pour la place qu'il occupe, qu'on
n'imagine pas qu'un autre que lui puiffe la remplir. Noble dans fa
dépenfe comme un Miniftre d'une grande Monarchie, mais fimple dans fes manieres comme un républicain, il eft également
propre à repréfenter le Roi auprès du Congrès, & le Congrès
auprès du Roi. Il aime les Américains, & fa propre inclination
l'attache aux devoirs de fon miniftere ; auffi a-t'il obtenu leur

R

confiance comme particulier & comme homme public ; mais sous ces deux aspects, il est également inaccessible à l'esprit de parti qui ne regne que trop autour de lui. Il en résulte que ces différens partis le recherchent avec le même empressement, & que n'en épousant aucun, il les modere tous.

Ce fut le 16 Décembre, que je quittai les excellens quartiers d'hiver que j'avois pris chez lui, pour m'acheminer vers le nord & chercher à travers des monceaux de neige, les traces du Général Gates & du Général Burgoyne. J'avois envoyé mes chevaux m'attendre à Bristol, où je fus conduit dans une voiture que le Cher. de la Luzerne me prêta ; de cette façon je gagnai du tems & je pus aller coucher à Prince-Town : je n'y arrivai cependant qu'à nuit fermée, laissant derriere moi quelques domestiques & quelques chevaux.

Le détail de mes occupations journalieres m'ayant empêché de donner une idée générale de Philadelphie, je dois en quittant cette ville, regarder en arriere & considérer à-la-fois son état présent, & la destinée à laquelle elle est appellée. En observant sa situation géographique, on jugera aisément que *Penn* ne s'étoit pas trompé lorsqu'il en conçut le plan, de maniere à en faire un jour la capitale de l'Amérique. Deux grandes rivieres, * dont les sources sont voisines du lac *Ontario*, lui apportent les richesses de tout l'intérieur des terres, & se réunissent ensuite pour lui former un port magnifique. Ce port est assez éloigné de la mer pour être à l'abri de toute insulte ; il en est assez près pour offrir un accès aussi facile que s'il étoit placé sur le rivage même de l'océan. La Skuylkill qui coule à l'ouest de Philadelphie & presque paralellement à la Delaware, sert plutôt à l'ornement de cette ville qu'à son commerce & à son utilité. Cette riviere, quoique large & belle près de son confluent, ne porte pas de bateaux, parce que son lit est peu profond & entrecoupé de rochers. Philadelphie placée entre les deux rivieres à l'endroit où un intervale de trois milles seulement

---

* Les deux branches de la Delaware forment deux rivieres assez considérables, dont les sources sont assez éloignées l'une de l'autre, mais on ne les distingue que par les noms de *branche de l'est* & de *branche de l'ouest*

les sépare, devoit le remplir tout entier; mais le commerce en
a décidé autrement. On a bâti suivant le plan régulier, donné par
Guillaume Penn; mais on a bâti le long de la Delaware, pour
être plus à portée des vaisseaux & des magasins. La rue appellée *front-street*, qui est paralelle à la riviere, a près de trois
milles de long : plus de deux cens quais y aboutissent, & forment
autant de perspectives terminés par des vaisseaux de toute grandeur. Il me fut facile de me former une idée du commerce de
Philadelphie, lorsque prévenu qu'en 1778, les Anglois n'y
avoient pas laissé une seule barque, je vis plus de trois cens
navires dans le port. Deux ans de tranquillité, & sur-tout la di-
version que notre escadre a faite à Rhode-Island, avoient suffi
pour donner naissance à ce grand nombre de vaisseaux dont les
succès, tant dans la course que dans la traite, ont rempli les
magasins de marchandises, au point, que c'est l'acheteur qui
manque à la denrée, & non la denrée à l'acheteur. Cependant,
la sagesse des conseils n'a pas toujours répondu aux avantages
que la nature prodiguoit. l'Etat de Pensylvanie n'est pas à beaucoup près le mieux gouverné de ceux qui forment la confédé-
ration. Exposé plus qu'aucun autre aux convulsions du crédit &
aux manœuvres de l'agiotage, l'instabilité des richesses publiques s'est faite sentir dans la législation même. On a voulu fixer
la valeur du papier ; mais les denrées ont augmenté de prix à
mesure que l'argent perdoit du sien : alors on a résolu de fixer
aussi le prix de ces denrées, & on a été prêt d'amener la fa-
mine. Une plus récente méprise de la part du gouvernement,
c'est la loi qui défendoit l'exportation des grains. L'objet qu'on avoit
en vue étoit, d'un côté d'approvisionner l'armée Américaine à
meilleur marché, & de l'autre d'empêcher la contrebande entre la Pensylvanie & la ville de New-York : il en a résulté la rui-
ne des fermiers, & celle de l'Etat, qui ne pouvoit plus recouvrer les impositions. On vient de révoquer cette loi ; ainsi j'es-
pere que dans peu l'agriculture reprendra vigueur, & le commerce recevra un nouvel accroissement. Le bled qu'on enverra
à l'armée sera un peu plus cher, mais il y aura infiniment plus
de moyens pour le payer ; & s'il se fait quelque contrebande

avec New-York, l'argent des Anglois circulera du moins parmi leurs ennemis.

Il seroit bien à desirer que le papier obtint enfin une faveur
constante, n'importe laquelle ; car il est bien égal que le prix
d'un mouton soit représenté par cent-cinquante dollars en papier,
ou par deux dollars en argent. Cette dépréciation du papier ne se
fait pas même sentir dans les endroits où elle est toujours la
même. Mais Philadelphie est pour ainsi dire le grand cloaque où
tout l'agiotage de l'Amérique vient aboutir & se confondre. Depuis la prise de Charles-Town, les habitans du sud se sont em-
pressés de vendre leurs biens & leurs denrées, & n'ayant été
payés qu'en papier, ils ont apporté à Philadelphie ces capitaux
dont la place s'est trouvée engorgée. D'un autre côté les Quakers
& les Torys dont cette province abonde, deux classes d'hommes
également dangereuse, les uns par leur timidité, & les autres
par leur mauvaise intention, cherchent sans cesse à mettre leur
fortune à couvert : ils prodiguent le papier pour avoir un peu d'or
& d'argent, & par ce moyen pouvoir se transporter par-tout où
ils se croiront en sûreté ; d'où il résulte que le papier est de plus
en plus décrié, non-seulement parce qu'il est trop commun,
mais parce que l'or & l'argent sont trop rares & trop recherchés.

Au milieu de ces convulsions le Gouvernement est sans force,
& cela ne peut être autrement. Un Gouvernement populaire ne
peut en avoir, toutes les fois que le peuple est incertain & vacil-
lant dans ses opinions ; car alors ses chefs cherchent à lui plaire
plutôt qu'à le servir : obligés de gagner sa confiance avant de la
mériter, ils le flattent plus qu'il ne l'éclairent, & craignant de
perdre sa faveur dès qu'ils l'ont obtenue, ils finissent par être les
esclaves de la multitude qu'ils prétendoient gouverner. On a
blâmé M. Franklin d'avoir donné à sa patrie un gouvernement
trop démocratique, mais on n'a pas fait réflexion qu'il falloit
avant tout la faire renoncer au gouvernement monarchique, &
qu'il étoit nécessaire d'employer une sorte de séduction pour conduire à l'indépendance un peuple timide & avare, qui étoit d'ailleurs tellement partagé dans ses opinions, qu'à peine le parti de
la liberté s'est-il trouvé plus fort que l'autre. Dans ces circonf-

tances, il a fait comme *Solon ;* il n'a pas donné à la Penſylvanie les meilleures loix poſſibles, mais les meilleures dont elle étoit ſuſceptible. Le tems amenera la perfection : quand on plaide pour recouvrer ſon bien, on cherche d'abord à ſe remettre en poſſeſſion , & enſuite on ſonge à s'arranger.

Philadelphie contient à peu-près quarante mille habitans. Les rues y ſont larges & régulieres , & ſe coupent à angles droit. Il y a comme à Londres des trottoirs pour les gens de pied. Cette ville ne manque d'aucun des établiſſemens les plus utiles, tels que les hôpitaux, les maiſons de travail, de correction, &c. mais elle manque tellement de ce qui peut ſervir à l'agrément de la vie , qu'il n'y a pas même une ſeule promenade publique. La raiſon en eſt que tout ce qui concerne la police & le gouvernement particulier de la ville, avoit été juſqu'ici entre les mains des Quakers , & que ces ſectaires conſiderent tout amuſement privé ou public, comme une tranſgreſſion de leur loi, & une *pompe de Satan.* Heureuſement que le peu de zele qu'ils ont montré dans la criſe préſente leur a fait perdre leur crédit. Cette révolution vient à propos dans un tems où l'on a tiré d'eux tout ce qu'on peut en attendre : les murailles de la maiſon ſont achevées ; il eſt tems de faire venir les menuiſiers & les tapiſſiers.

Il eſt tems auſſi que je retourne à Prince-Town, pour continuer enſuite mon voyage & me rendre à Albany, en paſſant par New-Windſor, où le Général Waſhington avoit établi ſon quartier. J'eſpérois partir de bonne heure le 17 ; en effet j'avois beſoin de faire diligence pour aller coucher à Morris-Town , mais mon cheval de bât n'ayant pu paſſer la Delaware en même-tems que moi, j'avois laiſſé un de mes gens pour l'attendre, & le conduire où j'étois. Il arriva que je n'eus ni le domeſtique que j'attendois, ni celui que j'avois chargé de l'amener. L'un de ces domeſtiques étoit Irlandois & l'autre Allemand, tous deux nouvellement à mon ſervice. Lorſque je vis la matinée du 17 s'avancer ſans qu'ils paruſſent , le voiſinage de New-York commença à me donner quelque inquiétude. Je craignis qu'ils n'euſſent fait prendre ce chemin à mon petit bagage & je faiſois déja des diſpoſitions pour courir après eux, lorſqu'à ma grande ſatisfaction, je vis paroître la tête de la colonne de mes équipages ,

c'eft-à-dire , un des trois chevaux qui étoient reftés en arriere ;
la queue ne tarda pas à joindre. Cependant, pour charmer mon
impatience je faifois la converfation avec le Colonel *Hoird* ,
mon hôte , qui eft un trés-bon homme, & avec fon fils le Capitaine , qui eft un très-grand bavard & un vrai *Capitan.* Celui-
ci me racontoit avec beaucoup de geftes , de juremens & d'im-
précations , toutes les prouefles qu'il avoit faites à la guerre ;
fur-tout à l'affaire de Prince-Town , où il fervoit comme lieutenant de milice dans le régiment de fon pere ; & véritablement
l'action dont il fe vantoit , auroit mérité beaucoup d'éloges fi
elle avoit été racontée avec fimplicité. On fe fouvient qu'après
avoir battu les Anglois , le Général Washington continua fa route
vers Midllebrook. Un Officier Américain, qui avoit eu la jambe caf-
fée d'un coup de fufil , s'étoit traîné dans une maifon , où les
Anglois n'auroient pas manqué de le prendre tôt ou tard : le
jeune Hoird & quelques foldats de bonne volonté comme lui,
partirent la nuit de Midllebrook , prirent un chemin détourné ,
arriverent à la maifon , y trouverent l'Officier , le chargerent
fur leurs épaules & le rapporterent à leur quartier. Pendant le
refte de l'hiver , la milice des Jerfeys fut toujours fous les armes pour contenir les Anglois , qui occupoient Elifabeth-town
& Brunfwick. C'étoit une efpece de chafle continuelle , à laquelle le lieutenant Hoird voulût un jour mener fon petit frere
qui n'avoit que quinze ans , & qui fut affez heureux à fon début pour tuer un grenadier Heffois. Comme tous ces récits étoient
fort ennuyeux, je me difpenferai de les rapporter ici , de crainte
de les rendre comme je les ai reçus ; mais je dirai la maniere
dont mon capitan eft entré au fervice , parce qu'elle fait connoître l'efprit qui regnoit en Amérique au commencement de
la révolution actuelle. Il étoit apprentif chapelier dans le tems
de l'affaire de Lexington & du blocus de Bofton : trois de fes
camarades & lui, partirent un matin de Philadelphie avec quatre piaftres pour toute finance ; ils firent quatre cens milles à
pied pour joindre l'armée , où ils fervirent comme volontaires
le refte de la campagne ; de là ils fe mirent en marche avec
Arnold pour l'expédition du Canada , & ils ne revinrent chez

eux que lorſque le théâtre de la guerre fut tranſporté dans leur propre pays.

Onze heures étoient déja ſonnées avant que je fuſſe parvenu à rallier mes chevaux de ſuite, & à me mettre en marche ; ainſi j'abandonnai le projet d'aller coucher à Morris - Town, & je formai celui de m'arrêter à *Baskenridge*, huit mille plus près de Prince-Town. D'abord je laiſſai le Millſtone ſur la droite, puis je le paſſai deux fois avant d'arriver au Rariton, que je traverſai au même endroit ou je l'avois paſſé en allant à Philadelphie. A trois milles de là on me fit prendre un chemin à droite, qui conduit dans les bois & ſur la crête des montagnes : cette route a été ouverte pour l'uſage de l'armée, pendant le quartier d'hiver de 1778 à 1779 ; elle paroît avoir été faite avec ſoin & elle eſt encore pratiquable ; mais au bout de quelque tems le jour m'ayant manqué, je m'égarai & je fis un mille ou deux hors du chemin. Heureuſement pour moi je trouvai une hutte habitée par de nouveaux Colons : j'y pris un guide qui me conduiſit à Baskenridge, où j'arrivai à 7 heures du ſoir. Je deſcendis de cheval à *Bullion's-tavern*, où je trouvai un logement paſſable & les meilleures gens du monde. Notre ſouper fut très-bon : une ſeule choſe manquoit, c'étoit le pain ; mais on nous demanda de quelle ſorte nous le voulions, & au bout d'une heure on nous le ſervit tel que nous l'avions deſiré. cette diligence paroîtra moins extraordinaire, lorſqu'on ſaura qu'en Amérique on ſubſtitue ſouvent au pain, de petites galettes qu'on peut aiſément pétrir & cuire dans une demi-heure. Peut-être qu'à la longue on pourroit s'en laſſer, mais je m'en ſuis toujours trés-bien accommodé toutes les fois que j'en ai trouvé. M. Bullion avoit deux domeſtiques blancs ; l'un étoit un homme de cinquante ans à-peu-près ; l'autre une femme plus jeune & d'aſſez bonne mine : j'eus la curioſité de demander quels gages on leur donnoit, & j'appris que l'homme gagnoit un petit écu par jour, & la femme ſix ſchellings par ſemaine, ou vingt ſous par jour. Si l'on fait attention que ces domeſtiques ſont logés & nourris, & n'ont rien à dépenſer, on verra qu'il leur eſt aiſé d'acquérir bientôt un terrein, & de former un établiſſement pareil à ceux dont j'ai déja parlé.

Le 18 je partis à huit heures du matin, & j'allai d'une traite
jufqu'à Pompton, c'eft-à-dire que je fis trente-fix milles fans faire
manger mes chevaux, & fans m'arrêter fi ce n'eft un quart d'heure
feulement pour faire une vifite au Général Waine, dont le quartier
fe trouvoit fur le grand chemin. Il étoit chargé de couvrir les
Jerfeys, & il avoit fous fes ordres cette même ligne de Penfylvanie qui s'eft révoltée quinze jours après. Je revis avec plaifir
les environs de Morris-Town, parce qu'ils font agréables & bien
cultivés ; mais après avoir paffé le *Rockway*, & m'être approché
de Pompton, je fus étonné du degré de perfection auquel l'a-
griculture étoit portée : j'admirai fur-tout les fermes de MM.
Mandeville. Ce font les fils d'un Hollandois, qui le premier dé-
fricha le terrein où ils recueillent à préfent de riches moiffons.
Leurs domaines fe joignent. Dans chacun de ces domaines, le
manoir eft très-fimple & très-petit ; les granges feules font hautes
& fpacieufes. Toujours fideles à l'économie nationale, ils cul-
tivent, recueillent & vendent, fans augmenter leur maifon &
leurs jouiffances ; contens de vivre dans un coin de leur ferme,
& de n'être que les témoins de leur propre richeffe. A côté
de ces anciennes fermes on voit de nouveaux établiffemens fe
former, & l'on fe perfuade de plus en plus que fi la guerre a
retardé les progrès de l'agriculture & de la population, elle ne
les a pas fufpendus tout-à-fait. La nuit qui me furprit en chemin, me priva du fpectacle que ce beau pays auroit continué de
m'offrir. Comme elle étoit fort obfcure, ce ne fut pas fans peine
que je paffai deux ou trois ruiffeaux fur de très-petits ponts, &
que j'arrivai à *Courtheath-Tavern*. Cette auberge eft établie depuis peu, & tenue par des jeunes gens qui n'ont pas de fortune ;
moyennant quoi tout ce qu'il y a de mieux en mobilier, eft le
propriétaire & fa famille. M. *Courtheath* eft un jeune homme
de vingt-quatre ans, qui faifoit autrefois un commerce ambulant
d'étoffes, de bijoux, &c. La dépréciation du papier, ou peut-
être fon imprudence, l'ont ruiné au point de l'oblige à quitter fa maifon de Morris-Town, & à venir établir une taverne dans cet endroit écarté, où le voifinage feul de l'armée peut lui procurer
quelques chalands. Il a deux fœurs qui font jolies & bien mifes,

&

& qui fervent les voyageurs avec grace & avec coqueterie. Leur frere prétend qu'il les mariera à quelques gros *patauds* d'Hollandois, & que pour lui, dès qu'il aura un peu gagné d'argent, il ira courir le monde, & reprendre fon commerce. En entrant dans le parloir où ces demoifelles fe tiennent quand il n'y a point d'étrangers, je trouvai fur une grande table, *Milton, Addiffon, Richardfon*, & plufieurs autres livres de ce genre. La cave n'étoit pas à beaucoup près auffi bien meublée que la bibliotheque ; car il n'y avoit ni vin, ni cidre, ni rum, mais feulement de mauvaife eau-de-vie de cidre, dont il me fallut faire du grog. Le bill qu'on me préfenta le lendemain n'en montoit pas moins à feize piaftres. J'obfervai à M. Courtheath que s'il me faifoit payer le plaifir d'être fervi par fes jolies fœurs, c'étoit bien peu ; mais que s'il ne s'agiffoit que du logement & du fouper, c'étoit beaucoup. Il me parut un peu honteux d'avoir trop demandé, & m'offrit une diminution affez confidérable que je ne voulus pas accepter, content de lui avoir montré que quoiqu'étranger, je favois le prix des denrées, & fatisfait de l'excufe qu'il me donna, qu'étant étranger lui-même & fans propriété dans le pays qu'il habitoit, il étoit obligé de tout acheter. J'appris à cette occafion qu'il louoit la maifon où il tenoit auberge, ainfi qu'une vafte grange qui fervoit d'écurie, & un jardin de deux ou trois acres; le tout pour quatre-vingt boiffeaux de bled par an : en effet la dépréciation du papier a obligé d'employer cette maniere de faire fes marchés, qui eft peut-être la meilleure de toutes, mais qui remédie certainement au défordre actuel.

Je quittai à huit heures du matin mon hôte & mes jeunes hôteffes, pour m'enfoncer dans les bois en fuivant un chemin que perfonne ne connoiffoit trop bien. Le pays par lequel je devois paffer, s'appelle le *Clove* ; il eft très fauvage, & n'eft guere connu que depuis la guere : c'eft une efpece de vallée ou de gorge, fituée à l'oueft des grandes montagnes qui regnent entre New-Windfor & King's-Ferry, & au pied defquelles fe trouvent Weftpoint, Stoney-point, ainfi que la plupart des forts qui défendent la riviere. Dans les tems où elle n'eft pas navigable, foit à caufe des glaces, foit à caufe des vents contraires, on a befoin d'une communication par terre, entre l'Etat de New-York & les Jerfeys, entre New-Windfor & Morris-Town. Or cette communication paſſe par le *Clove*, & le Général Green étant Quartier-maître général, y fit ouvrir un chemin par lequel paſſent les convois des vivres & de l'artillerie. C'eſt ce chemin que je pris, laiſſant ſur ma droite le chemin de *Romopog* & remontant celui qui vient de *Ringwood*. Ringwood n'eſt proprement qu'un hameau de ſept ou huit maiſons, formé par le manoir de Madame *Erskine* & les forges qu'elle fait valoir. On m'avoit prévenu que je trouverois là toutes ſortes de reſſources, ſoit pour loger ſi je voulois m'y arrêter, ſoit pour me procurer toutes les indications dont j'aurois beſoin. Comme il étoit de bonne heure & que je n'avois fait encore que douze milles, je ne deſcendis chez Madame Erskine que pour la prier de m'indiquer une auberge où je pourrois coucher, ou de me donner des recommandatiens pour trouver l'hoſpitalité quelque part. J'entrai dans une très-jolie maiſon, où je trouvai tout le monde en deuil, M. Erskine étant mort deux mois auparavant. Madame Erskine ſa veuve, âgée de quarante ans à-peu-près, n'en avoit pas l'air moins frais & moins tranquille : elle avoit chez elle un de ſes neveux & M. *John Fell*, membre du Congrès. On me donna tous les renſeignémens dont j'avois beſoin, & après avoir bu un verre de vin de Madere, ſuivant l'uſage du pays qui ne permet pas qu'on ſorte d'une maiſon ſans y avoir bu un coup, je remontai à cheval & je m'enfonçai de nouveau dans les bois, montant & deſcendant des montagnes très-élevées, juſqu'à ce que je me trouvaſſe près d'un lac, tellement ſolitaire & caché, qu'on ne l'apperçoit qu'à travers les arbres qui l'environnent. Les côtes qui en forment les rives ſont ſi eſcarpées, que ſi un chevreuil faiſoit un faux pas au haut de la montagne, il rouleroit juſque dans le lac ſans pouvoir ſe relever. Ce lac, qui n'eſt pas marqué dans les cartes, ſe nomme *Duck-Sider* : il a près de trois milles de long ſur un ou deux milles de large. Je me trouvois dans le pays le plus ſauvage & le plus déſert que j'euſſe encore parcouru ; mon imagination jouiſſoit déja de cette ſolitude, & mes yeux cherchoient à travers les bois quelques animaux extraordinaires, tels que des élans, ou des caribous, lorfque j'apperçus dans un éclairci un quadrupede, qui me parut très-grand. Je treffaillois de joie & j'approchois doucement; mais en fixant mieux le monftre du défert, je vis à mon grand regret, que c'étoit un trifte cheval qui broutoit l'herbe paifiblement, & que l'éclairci qui me l'avoit laiffé diftinguer, nétoit autre chofe qu'un enclos appartenant à un nouveau défrichement. Je fis encore quelques pas, & je rencontrai deux enfans de huit ou dix ans qui revenoient tranquillement de l'école, portant fous leurs bras un petit panier & un gros livre. Ainfi, il me fallut déchoir de toutes mes idées de poëte ou de chaffeur, pour admirer ces nouvelles contrées, où l'on ne fauroit faire quatre milles fans trouver une habitation, ni trouver une habitation qui ne foit pas à portée de tous les fecours poffibles, tant dans l'ordre phyfique que dans l'ordre moral. Ces réflexions & le beau tems qu'il fit toute l'après-dîner me rendirent la fin de ma journée très-agréable. A l'entrée de la nuit, j'arrivai à la maifon d'un M. *Smith*, qui tenoit auberge autrefois, mais qui ne loge plus que fes amis : comme je n'avois pas l'honneur d'être de ce nombre, je fus obligé d'aller un peu plus loin, à *Hern-tavern* ; c'eft une affez mauvaife auberge, mais j'eus à fouper & à coucher. J'en partis le 19, le plutôt qu'il me fut poffible, parce que j'avois encore douze milles à faire pour arriver à New-Windfor, & que ne devant y coucher qu'une nuit, je voulois du moins paffer la plus grande partie de la journée avec le Général Washington : je le rencontrai à deux milles de New-Windfor ; il étoit dans fa voiture avec Madame Washinhton & ils alloient faire une vifite à Madame Knox, dont le quartier étoit à un mille plus loin, près des baraques de l'artillerie. Ils vouloient retourner fur leurs pas, mais je les conjurai de continuer leur chemin. Le Général me donna un de fes aides-de-camp (le Colonel *Humphreys*) pour me conduire à fa maifon, & m'affura qu'il ne tarderoit pas à m'y rejoindre ; effectivement il revint une demi heure après. Je le revis avec le même plaifir, mais avec un fentiment différent de celui qu'il m'avoit infpiré à notre premiere entrevue. Je goûtois cette fatisfaction intérieure , à laquelle l'amour propre peut bien avoir quelque part , mais qu'on éprouve toujours lorfqu'on fe trouve en liaifon déja formée , en véritable fociété avec un homme qu'on a long-tems admiré fans pouvoir en approcher. Il femble alors que ce grand homme nous appartienne plus particuliérement qu'au refte de l'humanité : auparavant nous demandions à le voir , déformais nous le montrons pour ainfi dire ; nous le favons , nous le connoiffons mieux que les autres , & nous avons fur eux cet avantage que prend dans la converfation , celui qui a lu un livre tout entier , fur celui qui ne fait que de le commencer.

Le Général voulut encore que je logeaffe chez lui , quoique fa maifon fut beaucoup plus petite qu'à Praknefs. Plufieurs Officiers que je n'avois pas vu à l'armée vinrent dîner avec nous. Les principaux étoient, le Colonel *Marcam*, qui eft né en Ecoffe , mais qui s'eft établi en Amérique où il a fervi avec diftinction dans l'armée continentale ; depuis, il s'eft retiré dans fes terres & il n'eft plus que Colonel de milice ; le Colonel *Smith* , Officier dont on dit beaucoup de bien & qui commandoit un bataillon d'infanterie légere fous M. de la Fayette ; le Colonel *Humphreys* , aide-de-camp du Général , & plufieurs autres dont les noms m'ont échappé , mais qui avoient tous le meilleur ton & le meilleur maintien. Le dîner fut excellent ; le thé fuccéda au dîner & la converfation fuccéda au thé. Elle dura jufqu'au fouper. La guerre en fit fouvent le fujet : je demandai au Général quels étoient les livres de notre métier qu'il lifoit avec plus de plaifir ; il me répondit que c'étoit l'inftruction du Roi de Pruffe à fes Généraux , & la tactique de M. de Guibert ; d'où je conclus qu'il favoit auffi bien choifir fes livres qu'en profiter.

J'aurois bien voulu pouvoir céder aux inftances qu'il me fit pour m'engager à paffer quelques jours avec lui , mais j'avois pris à Philadelphie un engagement folemnel avec le Vicomte de Noailles & fes compagnons de voyage , d'arriver vingt-quatre heure après eux au quartier général , s'ils s'y arrêtoient , où à Albany s'ils paffoient tout droit. Nous voulions voir *Still-Water* & *Saratoga.* Il nous auroit été difficile de prendre une jufte connoiffance de ce pays fi nous n'avions pas été réunis, parce que nous comptions fur le Général Schuyler, qui n'auroit pas fait deux voyages pour contenter notre curiofité. J'avois été fidele à ma promeffe, car j'étois arrivé à New-Windfor le même jour qu'ils étoient partis de Weftpoint : j'efpérai que je les atteindrois à Albany, & le Général Washington voyant qu'il ne pouvoit m'arrêter, voulut me conduire lui-même dans fa barge de l'autre côté de la riviere. Nous abordâmes à *Fish-Kill-Lauding-Place*, pour gagner le chemin de l'eft que les voyageurs préferent à celui de l'oueft. Arrivé au rivage, je me féparai du Général, mais il infifta pour que le Colonel Smith m'accompagnât jufqu'à *Pokepfie*. La route qui mene à cette ville paffe affez près de Fishkill, qu'on laiffe fur la droite ; delà on chemine fur des hauteurs d'où la vue eft belle & étendue, & traverfant un *Town ship*, qu'on appelle *Midlebroock*, on arrive à la *Creek* & à la *Fall* de *Wapping*. Là je m'arrêtai quelques momens pour confidérer fous différens points de vue, le charmant payfage que forme cette riviere, tant par fa cafcade qui eft bruyante & pittorefque, que par des groupes d'arbres & de rochers qui réunis avec des moulins à fcie & diverfes ufines, compofent les maffes les plus capricieufes & les plus agréables.

Il n'étoit encore que trois heures & demie lorfque j'arrivai à Pokepfie : cependant j'avois deffein d'y coucher, mais ayant trouvé que la cour des *Seffions* y étoit affemblée & que toutes les tavernes étoient occupées, je profitai du peu de jour qui me reftoit pour gagner une auberge qu'on m'avoit indiquée à trois milles plus loin. Le Colonel Smith qui avoit affaire à Pokepfie y refta, & moi je m'eftimai très-heureux de me retrouver le foir avec mes deux aides-de-camp. En effet, Monfieur Smith ne m'avoit pas infpiré la même confiance que le Colonel Moyland ; je regrettai feulement de n'avoir pas vu le Gouverneur Clinton, pour lequel j'avois des lettres de recommandation. C'eft un homme qui gouverne avec toute la vigueur & la fermeté poffible ; inexorable pour les Torys, qu'il fait trembler quoiqu'ils foient en grand nombre, il a fû maintenir dans le devoir cette vafte province, dont une extrémité avoifine le Canada & l'autre la ville de New-York : il étoit alors à Pokepfie, mais

occupé par la cour des *Seſſions*. D'ailleurs, Saratoga & les différens champs de bataille de Burgoyne, étant déſormais le ſeul
objet de mon voyage, je cherchois toujours à avancer, dans la
crainte que les neiges ne me prévinſſent & ne rendiſſent les chemins impraticables. Arrivé à *Pride's-tavern*, je fis beaucoup
de queſtions à mon hôte ſur le plus ou moins d'apparence qu'il
trouvoit à la continuation du beau tems, & m'appercevant qu'il
étoit bon fermier, je l'interrogeai ſur l'agriculture & j'en tirai
les détails ſuivans. La terre eſt très-fertile dans le Comté de
la Ducheſſe (*Dutcheſs County*) dont Pokepſie eſt la capitale,
ainſi que dans l'Etat de New-York; mais on la laiſſe repoſer
deux ou trois années l'une, moins par néceſſité, que parce qu'on
a toujours plus de terrein qu'on n'en peut cultiver. On ne ſeme
dans un acre de terre qu'un boiſſeau de froment tout au plus,
& la ſemence rend vingt & vingt-cinq pour un. Quelques fermiers ſement de l'avoine dans les terres qui ont porté du bled
l'année précédente; mais le plus ſouvent ce genre de grain eſt
réſervé pour les terres nouvellement défrichées. Le lin fait auſſi un
objet de culture aſſez conſidérable. On laboure avec des chevaux &
on en attelle trois ou quatre à une charrue, quelque fois même un
plus grand nombre, lorſqu'il faut ouvrir une terre nouvelle, ou celle
qui a long-tems repoſé. M. Pride, tout en m'inſtruiſant de ces
détails, me faiſoit eſpérer du beau tems pour le lendemain. Je
me couchai, fort content de lui & de ſes pronoſtics; cependant le matin lorſque je m'éveillai, je vis la terre déja toute blan-
che, & la neige qui continuoit de tomber en abondance, mêlée
de frimats & de verglas. Quel parti prendre en pareille circonſtance ? Celui auquel je me décidai ſans conſulter, ce fut de continuer mon voyage comme s'il faiſoit beau, & ſeulement de déjeûner un peu plus fort que je n'aurois fait ſans cela. Ce qui
me fit le plus de peine, c'eſt que la neige, ou plutôt la menue
grêle, qui me donnoit dans les yeux, m'empêchoit de voir le
pays. Autant que j'en pus juger, je le trouvai beau & bien
cultivé. Après avoir fait à-peu-près dix milles, je traverſai le town-
ship de *Strasbourg*, que les habitans du pays appellent *Stratt'sbo-
rough*. Ce town-ship a cinq ou ſix milles de long, & cependant les

maifons n'y font pas éloignées les unes des autres. Comme j'en remarquois une affez jolie, le propriétaire en fortit, fans doute par curiofité, & me demanda en françois fi je voulois defcendre de cheval, entrer dans fa maifon & dîner avec lui. Rien n'eft plus féduifant, par le mauvais tems, qu'une pareille propofition ; mais auffi rien n'eft plus cruel quand on s'eft mis à l'abri, que de quitter une feconde fois le coin du feu pour s'expofer de nouveau au froid & à la neige. Je refufai donc le dîner que ce galant homme m'offroit, mais je ne refufai pas de répondre à plufieurs queftions qu'il me fit. A mon tour, je lui demandai s'il n'avoit pas vu paffer quelques Officiers François ; je voulois parler du Vicomte de Noailles, du Comte de Damas & du Cher. de Mauduit qui, menant avec eux trois ou quatre domeftiques & fix ou fept chevaux, pouvoient avoir été remarqués fur le chemin. Mon Hollandois, car j'ai fu depuis qu'il s'appelloit M. le Roy, qu'il étoit négociant hollandois, né en Europe & connoiffant la France où il a habité quelques tems ; mon Hollandois répondit donc en homme qui connoît la France & qui parle françois : *Monfieur, il eft très-véritable que M. le Prince de Conty, il a paffé hier foir, avec deux autres Officiers allant à Albany.* Je n'ai pas bien fu fi c'etoit au Vicomte de Noailles, ou au Comte de Damas que je devois faire hommage de la Principauté ; mais comme ils font tous deux mes coufins, je répondis, en toute vérité, que mon coufin ayant voulu prendre l'avance, j'étois bien aife de favoir à quelle heure il avoit paffé & quand je pourrois le joindre ; de forte que fi M. le Roy a été, comme je n'en doute pas, confulter fon almanach, il aura conclu que j'étois le Duc d'Orléans ou le Duc de Chartres : ce qui étoit d'autant plus vraifemblable que j'avois neuf chevaux avec moi, tandis que le Prince de Conty, beaucoup plus éloigné de la Couronne, n'en avoit que fept.

A peine eft-on forti de Strasbourg, qu'on entre dans le town-ship de *Rhynbeek.* Il eft inutile de faire remarquer que tous ces noms décelent une origine allemande. A *Rhynbeek,* perfonne ne fortit de fa maifon pour m'inviter à dîner ; mais cette neige mêlée de grêle étoit fi froide, & j'étois tellement fatigué de foutenir mon cheval fur le verglas, que je me ferois toujours arrêté dans cet endroit, quand même je n'y aurois pas été invité par la belle apparence de l'auberge appellée *Thoma's iun.* Il n'étoit cependant que deux heures & demie ; mais voyant que j'avois déja fait vingt-trois milles, que la maifon étoit bonne, le feu bien allumé, l'hôte un grand homme de bonne mine, chaffeur, maquignon, & difpofé à caufer, je me décidai, felon l'expreffion angloife, à *dépenfer* là tout le refte de ma jonrnée. Voici tout ce que j'ai tiré de plus intéreffant de ma converfation avec M. Thomas. En tems de paix, il faifoit un grand commerce de chevaux qu'il achetoit en Canada, & qu'il envoyoit à New-York pour les faire paffer aux Indes Occidentales. Il eft prefque incroyable avec quelle facilité on fait ce commerce en hiver. Il m'a affuré qu'une fois, il n'avoit mis que quinze jours pour aller à Montréal, & en ramener foixante-quinze chevaux qu'il y avoit achetés. C'eft qu'on va toujours tout droit, traverfant fur la glace le lac George, & fur la neige, le défert qui eft entre ce lac & Montréal. Les chevaux du Canada marchent aifément dix-huit ou vingt heures par jour, & deux ou trois hommes montés fuffifent pour en chaffer une centaine devant eux. " C'eft moi, ajouta M. Thomas, qui ai fait ou plutôt qui ai rétabli la fortune de ce coquin d'Arnold. Il avoit mal conduit fes affaires dans le petit commerce qu'il faifoit à New-Haven ; je lui perfuadai d'acheter des chevaux en Canada, & de les aller vendre lui-même à la Jamaïque. Cette feule fpéculation a fuffi pour payer fes dettes & le remettre à flot ". Après avoir parlé commerce, nous parlâmes agriculture : il me dit qu'aux environs de Rhynbeck la terre étoit d'une extrême fécondité, & que pour un boiffeau de bled qu'il femoit, il en recueilloit trente & quarante. Le bled eft fi abondant qu'on ne fe donne pas la peine de le féyer, & qu'on le fauche comme le foin. Quelques chiens de belle race qui alloient & venoient, réveillerent ma paffion pour la chaffe. Je demandai à M. Thomas quel ufage il en faifoit ; il me dit qu'il s'en fervoit feulement pour chaffer le renard ; que les chevreuils, les cerfs & les ours étoient affez communs dans le pays, mais qu'on ne les tuoit guere qu'en hiver, foit en fuivant leurs traces

fur

fur la neige, foit en traquant les bois. Toute converfation américaine doit finir par la politique. Celle de M. Thomas étoit un peu équivoque : il étoit trop riche, & il fe plaignoit trop des fournitures de farine qu'il faifoit à l'armée pour me paroître bon Whigh. Cependant il fe donnoit pour tel : mais j'obfervai qu'il étoit très-attaché à une opinion que j'ai trouvé répandue dans tout l'Etat de New-York ; c'eft qu'il n'eft point d'expédition plus utile & plus facile que la conquête du Canada. On ne peut pas fe figurer l'ardeur qu'ont encore tous les habitans du nord pour recommencer cette entreprife. La raifon en eft que leur pays eft fi fécond & fi heureufement placé pour le commerce, qu'ils font fûrs de devenir très-riches dès qu'ils n'auront plus rien à craindre des Sauvages : or les Sauvages ne font redoutables que parce qu'ils font foutenus & animés par les Anglois.

Le 23 je partis de Thoma's inn à huit heures du matin, & je voyageai pendant trois heures, toujours dans le diftrict de *Livingfton.* * Le chemin étoit beau, & le pays riche & bien cultivé. On traverfe plufieurs hameaux affez confidérables ; les maifons en font belles & propres, & tout y annonce la profpérité. En fortant de ce diftrict on entre dans celui de *Claverack* ; alors on defcend les montagnes, & on fe rapproche de la riviere d'Hudfon. Une creek qu'on paffe bientôt après, porte auffi le nom de Claverack, & va fe perdre dans l'Hudfon où elle ne tarde pas à fe jetter. Dès que vous avez paffé cette creek, un immenfe rocher qui traverfe la direction du chemin, vous oblige de tourner tout court à droite pour gagner le meeting du Claverack, & pourfuivre enfuite votre route vers Albany. Ce rocher ou cette chaîne de rochers mérite toute l'attention des naturaliftes. Sa longueur eft d'environ trois milles. Comme je ne l'ai pas traverfée, je n'en connois point la largeur, mais du côté du fud l'efcarpement eft tel qu'il ne peut être attribué qu'à un éboulement produit par une forte fecouffe. Cependant on ne trouve ni dans l'efpace qui eft entre ce rocher & la petite riviere, ni fur l'autre rive de cette riviere, aucune correfpondance qui annonce une féparation ac-

---

* Livingfton's mannor.

T

cidentelle. Son flanc prefque découvert offre des couches para-
lelles, quoique rarement horifontales, qui me firent conjecturer
qu'il étoit de nature calcaire ; je l'effayé à l'eau forte, & ma
conjecture fe trouva jufte. Mais ce qui me frappa le plus, c'eft
la force & la beauté des arbres qui font nés dans fon fein, &
dont les tiges fortent des fentes que les écartemens ont pro-
duites. Il faut examiner ces arbres de près pour fe perfuader qu'ils
aient pu croître & s'élever ainfi, fans avoir un pouce de terre
pour nourir leurs racines. On en voit plufieurs fortir horifontale-
ment, puis s'élever tout à coup dans une direction verticale.
Quelques-uns ont leur racine abfolument à découvert, ce qui
prouve que leur naiffance eft antérieure à la cataftrophe, quelle
qu'elle foit, qu'on ne peut s'empêcher d'admettre. Ces racines
ont les directions les plus bizarres qu'on puiffe s'imaginer ; elles
reffemblent à des ferpens qui rampent parmi les ruines d'un immenfe édifice. La plupart des arbres dont j'ai parlé, font des
fapins de l'efpece de ceux que les Anglais appellent *hemlork* ;
mais ils font mêlés d'autres arbres que j'ai jugé être des noyers
& des bois blancs. Je dois avertir que cette conjecture ne mérite
pas beaucoup de confiance, parce que je n'ai pas vu les feuilles,
& que je ne me connois pas affez en arbres pour les diftinguer
à leurs branches & à leur ftructure.

Claverack eft un town-ship affez confidérable & qui s'étend
très-loin. Il faut après en être forti traverfer quelques bois pour
arriver aux premieres maifons de *Kinderhook*. Je trouvai dans
ces bois de nouveaux *improvemens* & plufieurs *lug-hutts* ; * mais
m'étant approché d'une de ces huttes, j'appris avec regret que la
famille qui l'habitoit y étoit établie depuis long-tems, & n'avoit pas
encore fongé à fe bâtir une meilleure maifon ; chofe rare en Amérique, & qui n'a guere d'exemple que dans les établiffemens des
Hollandois ; car ce peuple eft plus économe qu'induftrieux, &
cherche plutôt à amaffer de l'argent qu'à augmenter fon bien
être. Lorfqu'on eft arrivé au premier hameau de Kinderhook,
il faut faire un long détour fur la droite pour gagner le *Meeting-*

---

* Huttes faites avec des troncs d'arbres. *Lug* fignifie tronc d'arbre, piece de bois,
bûche.

houfe, qui eft au centre de ce qu'on peut appeller proprement la ville de *Kinderhook*. Là on paſſe un ruiſſeau aſſez conſidérable, & enſuite on peut choiſir entre trois ou quatre auberges ; mais la meilleure eſt celle qui eſt tenue par M. *Vanburragh*. La préférence qu'on donne à celle-ci ne fait pas honneur aux autres : c'eſt une maiſon trés-petite, tenue par deux jeunes gens de famille Hollandoiſe ; ils ſont honnêtes & ſerviables, & on n'eſt pas mal chez eux, pour peu qu'on ne ſoit point difficile. J'aurois eu mauvaiſe grâce de l'être ce jour-là ; car pendant toute la journée j'avois eſſuyé la neige, la grêle & le verglas, & tout foyer étoit un aſyle agréable pour moi.

C'étoit une grande queſtion de ſavoir où je paſſerois le lendemain la riviere du nord : elle n'étoit, diſoit-on, ni aſſez priſe pour qu'on put la traverſer ſur la glace, ni aſſez dégagée des glaçons pour qu'on put la paſſer en bateau. Prévenu de ces obſtacles, je partis de bonne heure le 24, afin d'avoir le tems de chercher l'endroit où le paſſage ſeroit plus aiſé. Je n'avois que vingt milles à faire pour arriver à Albany ; de ſorte qu'après avoir toujours voyagé dans une forêt de ſapins, je me trouvai vers une heure après-midi, ſur les bords de *l'Hudſon*. La vallée où coule cette riviere, & la ville d'Albany qui eſt bâtie en amphithéatre ſur la rive de l'oueſt, auroient offerts un coup d'œil trèsagréable, ſi la neige ne l'avoit pas un peu défiguré. Une belle maiſon, bâtie à mi-côte vis-à-vis le ferry, ſemble appeller les regards & inviter les étrangers à deſcendre chez le Général *Schuyler*, qui en eſt le propriétaire & qui en a été l'architecte. Je lui étois addreſſé & recommandé de tous côtés, mais particuliérement par le Général Waſhington & par Madame Carter. D'ailleurs j'avois pris rendez-vous avec le Colonel Hamilton qui venoit d'épouſer une de ſes filles : enfin, j'étois précédé par le Vicomte de Noailles & le Comte de Damas que je ſavois être arrivés de la veille. La ſeule difficulté conſiſtoit donc à paſſer la riviere. Tandis que la barque approchoit péniblement à travers les glaçons, qu'il falloit rompre à meſure qu'elle avançoit, M. Linch, à qui un bon dîner n'eſt pas indifférent, contemploit la maiſon du Général Schuyler & me diſoit : *je ſuis ſûr que le Vicomte*

& Damas font à préfent à table, où ils font bonne chere & en bonne compagnie, pendant que nous fommes là à nous morfondre, efpérant à peine de gagner ce foir quelque trifte auberge. Je partageois un peu fon anxiété ; cependant je me divertiffois à l'affurer qu'on nous avoit apperçu des fenêtres, que j'avois même diftingué le Vicomte de Noailles qui nous regardoit avec une lunette d'approche, & qu'il alloit envoyer nous prendre au fortir du bateau pour nous conduire dans cette bonne maifon, où nous trouverions un dîner tout prêt : je prétendois même qu'un traîneau que j'avois vu defcendre vers la riviere, nous étoit deftiné. Jamais conjecture n'avoit été plus jufte. La premiere perfonne que nous vîmes fur le rivage, étoit le Ch^{er.} de Mauduit qui nous attendoit avec le traîneau du Général ; nous y entrâmes auffitôt & dans un inftant nous nous trouvâmes dans un beau falon, au près d'un bon feu, avec M. Schuyler, fa femme & fes filles. Pendant que nous nous chauffions on fervoit le dîner, auquel chacun fit honneur, ainfi qu'au vin de madere qui étoit excellent & qui acheva de nous faire oublier la rigueur de la faifon & la fatigue du voyage.

La famille du Général Schuyler étoit compofée de Madame Hamilton fa feconde fille, à qui il ne manque rien pour être une jolie femme ; de Mifs Peggy Schuyler, fa troifieme fille, à qui il ne manque que des dents pour être auffi jolie que fa fœur ; d'une autre fille charmante, âgée feulement de huit ans, & de trois garçons, dont l'ainé a quinze ans, & qui font les plus beaux enfans qu'on puiffe voir. Pour lui, c'eft un homme de cinquante ans à peu-près, d'une taille élevée & d'une figure noble & douce. Sa fortune eft très-confidérable, & elle le deviendra encore davantage, car il poffede une immenfe étendue de terre. Mais fes talens & fes connoiffances lui donnent un crédit encore plus affuré que fes richeffes. Il a fervi dans la guerre du Canada, avec le Général *Amherft*, en qualité de *Deputy Quarter Mafter general,* c'eft-à-dire comme Aide Maréchal général des logis. Dès lors il fe fit connoître & diftinguer. Il fut très-utile aux Anglois, & on le fit venir à Londres après la paix, pour arrêter les comptes de toutes les fournitures faites par les Américains. Son mariage avec

Mademoiſelle de *Ranſelear*, riche heritiere de la famille qui a donné ſon nom à un diſtrict, ou plutôt à une province entiere, augmenta encore ſon crédit & ſon influence ; de ſorte qu'il n'eſt pas étonnant que dès le commencement de la guerre il ait été élevé au rang de Major Général, & chargé du commandement des troupes, ſur la frontiere du Canada. C'eſt en cette qualité qu'en 1777 il eut commiſſion de s'oppoſer aux progrès du Général Burgoyne ; mais ayant reçu du Congrès des ordres directement contraires à ſon opinion, ſans avoir été pourvu d'aucun des moyens néceſſaires pour les exécuter, il ſe vit obligé d'évacuer Ticonderoga, & de ſe replier ſur la riviere d'Hudſon. Ces meſures ſages en elles-mêmes, ayant été mal interprêtées dans un moment d'humeur & d'inquiétude, il fut mis au Conſeil de Guerre, ainſi que le Général Sinclair, qui commandoit ſous lui. Quelque tems après ils furent *acquittés honorablement*. Sinclair reprit ſa place dans l'armée ; mais le Général Schuyler, juſtement offenſé, voulut des réparations plus authentiques, & reclama ſon rang, qui depuis cet événement lui étoit diſputé par deux ou trois Généraux du même grade. Cette affaire n'ayant pu s'arranger, il s'eſt abſtenu de joindre l'armée, mais il n'a pas diſcontinué de ſervir ſa patrie. Elu membre du Congrès l'année ſuivante, il partagea un moment avec M. Lawrens les ſuffrages pour la préſidence. Depuis il a toujours eu la confiance du gouvernement & du Général Washington, qui maintenant le font rechercher, & le preſſent d'accepter la place de Secrétaire d'Etat de la Guerre.

Tandis que nous étions dans cet excellent aſyle, le tems reſtoit toujours douteux, entre la gelée & le dégel : il y avoit peu de neige ſur la terre, & il étoit vraiſemblable qu'il ne tarderoit pas à en tomber davantage. Le conſeil des voyageurs aſſemblé, il leur parut à propos de ne pas différer leur départ pour Saratoga. Le Général Schuyler nous offrit la maiſon qu'il poſſede dans ce lieu même, dont il eſt propriétaire ; mais il ne pouvoit nous ſervir de guide, parce que ſa ſanté eſt délicate, & qu'il reſſentoit des douleurs de goutte. Il nous propoſoit de nous donner un Officier intelligent pour nous conduire ſur les différens champs

de bataille, tandis que son fils iroit devant faire préparer les logis. On pouvoit encore voyager à cheval, & on nous fournissoit
des chevaux du pays pour remplacer les nôtres qui étoient fati-
gués, & dont une partie étoit même restée de l'autre côté de la
riviere. Tous ces arrangemens ayant été acceptés, on nous donna
un traîneau pour nous conduire à la ville. En arrivant, nous allâmes voir le Brigadier général Clinton, à qui je remis mes lettres de recommandation. C'est un honnête homme, mais dont
les talens sont très-médiocres, & qui n'est employé que par
considération pour le Gouverneur son frere. Il fit commander
tout de suite des chevaux pour notre voyage, & le Major *Poppam*, son aide-de-camp, officier aimable & intelligent, fut chargé
de nous accompagner. Celui-ci devoit prendre avec lui le Major
Greme, qui connoît parfaitement le terrein, & qui a servi dans
l'armée du Général Gates.

Toutes nos mesures étant bien prises, nous nous retirâmes
chacun chez nous, c'est-à-dire le Vicomte de Noailles & ses
deux compagnons dans une auberge, tenue par un François,
nommé *Louis*, & moi dans celle d'un Américain, appellé *Bennis-
sens*. A la pointe du jour, le thé se trouva prêt, & toute la caravane
rassemblée chez moi. Mais il tomboit une neige fondue qui ne nous
préparoit pas une promenade agréable. Nous espérâmes que ce
seroit un vrai dégel, & nous nous mîmes en chemin. Cependant
la neige s'épaississoit de plus en plus, & la terre en étoit déja
couverte à 6 pouces de hauteur, lorsque nous arrivâmes au confluent de la riviere des *Mohawks* & de celle d'Hudson. Là on a
le choix de deux chemins différens qui conduisent à Saratoga.
L'un vous oblige à traverser la riviere d'Hudson, pour en suivre
quelque tems la rive gauche, & la repasser encore une fois près
de *Half-moon* ; l'autre vous fait remonter la riviere des Mohawks
jusqu'au dessus de la *Cataracte* ; alors on passe cette riviere, &
on traverse les bois pour se rendre à *Stillwater*. Quand je n'aurois
pas trouvé de la difficulté à passer la riviere du nord qui cha-
rioit des glaçons, j'aurois préféré de prendre l'autre chemin, pour
voir la cascade de *Cohos*, qui est une des merveilles de l'Amérique. Avant de m'éloigner de la riviere d'Hudson, je remarquai

une île, qui partageant son lit, offre une position très-avantageuse pour établir des batteries, & en défendre la navigation. Les deux Majors à qui je fis part de cette observation, me dirent qu'on avoit négligé ce point de défense, parce qu'il y en avoit un meilleur un peu au dessus, à l'extrêmité d'une des trois branches dans lesquelles la riviere des Mohawks se divise en se jettant dans l'Hudson. Ils ajouterent qu'on s'étoit même contenté de reconnoître cette derniere position ; celle qu'on avoit commencé à fortifier encore plus haut, étant suffisante pour arrêter l'ennemi. Ainsi plus on examine le pays, plus on se persuade que l'entreprise de Burgoyne étoit extravagante, & devoit échouer tôt ou tard, indépendamment des combats qui en ont décidé.

Le confluent des deux rivieres est à six milles au nord d'Albany ; lorsque nous en eûmes fait deux vers l'ouest en cheminant dans les bois, nous commençâmes à entendre un bruit sourd, qui augmenta toujours jusqu'au moment où nous apperçûmes *Cohos-fall*. Cette cataracte a pour étendue la largeur de la riviere, c'est-à-dire près de deux cens toises. C'est une vaste nappe d'eau, dont la hauteur est de 76 pieds anglois. Dans cet endroit, la riviere est resserrée entre deux escarpemens formés par la pente des montagnes. Ces escarpemens sont couverts d'une terre aussi noire que la mine de fer, & sur laquelle il ne croît que des sapins & des cyprès. Le cours de la riviere est droit, avant & après la chûte, & les rochers qui forment cette cascade sont à-peu-près de niveau ; mais leur figure irréguliere tourmente l'eau tandis qu'elle se précipite, & forme plusieurs accidens bizarres & pittoresques. Ce tableau étoit rendu plus terrible encore par la neige qui couvroit les sapins, & dont l'éclat donnoit une couleur noire à l'eau qui couloit tranquillement, & une couleur jaune à celle qui se précipitoit avec fracas.

Après avoir rassasié nos yeux de ce spectacle imposant, nous marchâmes encore un mille pour gagner le ferry où nous espérions passer la riviere ; mais en y arrivant nous trouvâmes que le bateau étoit tellement engagé dans la glace & dans la neige, qu'il n'y avoit pas moyen de s'en servir. On nous assura qu'on avoit passé le matin même à un ferry qui est à deux milles plus haut ; nous y allâmes tout de fuite , réfolus de pourfuivre notre chemin , quoique la neige eut encore redoublé & que le froid & l'humidité nous euffent déja à moitié tranfis. Les batteliers de ce nouveau ferry, nous firent bien quelques objections fur le mauvais tems, & fur le peu de capacité de leurs bateaux qui ne leur permettoit pas de paffer plus de trois chevaux à la fois ; mais cette difficulté ne nous arrêta pas , & il fut convenu feulement qu'on feroit plufieurs voyages. On effaya d'abord de paffer mon valet de chambre avec trois chevaux ; j'attendois au coin du feu que mon tour arrivât, lorfqu'on vint me dire que le bateau regagnoit le rivage, non fans peine, & que le courant avoit penfé l'entraîner vers la cataracte. Il fallut fe foumettre à notre deftinée, qui ne vouloit pas encore nous permettre de remplir l'objet de notre voyage. Là je montrai une magnanimité qui m'attira l'eftime de toute la compagnie : en effet , tandis qu'on juroit, qu'on s'impatientoit & qu'on étoit incertain du parti qu'on prendroit, je donnai avec férénité le fignal de la retraite, & je ne m'occupai plus que du fouper, pour lequel je fis fur le champ les difpofitions les plus fages. L'aubergifte du Vicomte de Noailles étant François & par conféquent meilleur cuifinier, ou tout au moins plus actif que le mien ; il fut décidé que ce feroit lui qui nous feroit à fouper : on choifit le cavalier le mieux monté de la troupe, & il fut expédié fur le champ pour donner les ordres néceffaires ; nous le fuivîmes au bout d'une demi-heure & nous arrivâmes à nuit fermante, pour nous mettre à table un quart d'heure après. Ainfi fe paffa la journée du 25 , qui ne fut pas agréable jufqu'à l'heure du fouper, mais qui le devint enfuite ; car de quelles contradictions ne fe confole-t'on pas avec un bon feu, un bon fouper & une bonne compagnie ?

Le 26, les rivieres n'étant pas encore prifes, ni les chemins affez durcis, pour faire un long voyage en traîneau, je réfolus de refter à Albany. Mon projet, ainfi que celui de mes compagnons de voyage, étoit d'envoyer demander à dîner au Général Schuyler : cependant j'avois obfervé que Madame Schuyler étoit une groffe hollandoife, d'humeur affez férieufe, & qu'elle paroiffoit être la maîtreffe dans la maifon : je penfai qu'il ne falloit

pas

pas en ufer trop cavaliérement avec elle , & comme je favois qu'on étoit inftruit de mon retour, je trouvai plus à propos de temporifer , & je fis très-bien, En effet, le Colonel Hamilton vint me voir dans la matinée , parut un peu embarraffé & ne me fit aucune propofition. Je promis d'aller dans la foirée rendre vifite au Général , & je raffemblai chez moi tous les étrangers pour leur donner un dîner , qui ne réuffit pas fi bien que le fouper de la veille. A fix heures du foir on nous envoya des traîneaux , & nous nous rendîmes chez le Général Schuyler. Nous le trouvâmes dans fon falon avec M. & Madame Hamilton feulement ; on nous dit que Madame Schuyler étoit incommodée & nous le prîmes pour argent comptant. Cependant la converfation s'engagea entre le Général , le Vicomte de Noailles. & moi. Nous avions déja parlé l'avant-veille de quelques faits affez importans relatifs aux campagnes du nord , fur lefquelles nous avions demandé quelques écclairciffemens. M. Schuyler n'avoit pas parumoins empreffé de nous les donner : il eft affez communicatif, & il a raifon de l'être ; fa converfation eft aimable & facile ; il fait bien ce dont il parle, & parle bien de ce qu'il fait. Pour mieux répondre à nos queftions, il nous propofa de nous faire lire fa correfpondance politique & militaire avec le Général Washington ; nous l'acceptâmes avec grand plaifir ; & laiffant le refte de la compagnie avec M. & Madame Hamilton , nous pafsâmes dans une autre piece où nous trouvâmes Madame & Mademoifelle Schuyler auprès du feu , ayant l'air de fe porter affez bien. Le Général ouvrit fon portefeuil , & nous nous partageâmes , le Vicomte & moi, différens manufcrits, qui renfermoient plus de 60 pages de petite écriture , fur papier à la Telliere. La premiere dépêche que je lus, étoit une lettre qu'il écrivit au Général Washington au mois de Novembre 1777 : elle renfermoit un plan d'attaque fur le Canada , & voici ce qui en avoit donné l'idée. Deux Officiers Anglois, après avoir été faits prifonniers avec l'armée de Burgoyne, avoient obtenu la permiffion de retourner en Canada fur leur parole , & en chemin ils s'étoient arrêtés à Saratoga chez le Général Schuyler. La converfation, comme on peut le croire aifé-

V.

ment, tomba bientôt sur le grand événement dont l'impreſſion étoit encore récente. L'un de ſes Officiers étant attaché au Général Burgoyne, inculpa le Gouverneur *Guy Carleton*, & l'accuſa d'avoir gardé trop de troupes en Canada ; l'autre ſoutint qu'il n'en avoit pas même conſervé aſſez pour la défenſe du pays. De l'aſſertion on en vint aux preuves ; & ces preuves ne pouvoient être autre choſe qu'un détail exact des troupes qui reſtoient alors en Canada, & de la maniere dont elles étoient placées. Le Général Schuyler étoit attentif & faiſoit ſon profit de la diſpute. Il apprit ainſi que le Canada étoit véritablement compromis : en conſéquence, il propoſa au Général Washington de reprendre Ticonderoga, en cas que ce poſte ne fut pas abandonné, comme il l'a été effectivement, & de ſe porter enſuite juſqu'à Montreal. Ce plan eſt très-bien fait, & montre une grande connoiſſance du local. Ce qui m'a paru le plus digne d'attention, c'eſt l'immenſité des reſſources qu'on peut trouver dans le pays pour une expédition d'hiver, & l'extrême facilité avec laquelle une armée peut avancer rapidement, au moyen des traîneaux qui portent les vivres & les munitions, & même les Soldats malades & écloppés. En un mois de tems, il eſt poſſible de raſſembler, entre la riviere d'Hudſon & celle de Connecticut, quinze cens traîneaux, deux mille chevaux & autant de bœufs : ces derniers peuvent être ferrés à glace comme les chevaux ; ils ſervent à tirer les traîneaux chargés de proviſions, & à meſure que celles-ci s'épuiſent, ou qu'ils commencent à ſe fatiguer, on les tue pour la nourriture de l'armée. D'ailleurs, il ne faut pas croire que ces expéditions ſoient auſſi pénibles pour les ſoldats qu'on a coutume de ſe le figurer. Avec une chauſſure & un habillement convenable, qu'il étoit aiſé de ſe procurer lorſque les finances & les moyens du pays n'étoient pas épuiſés, ils ſupportent très-bien la fatigue des longues marches ; & comme ils paſſent toujours la nuit dans les bois, ils font aiſément des abris & allument de grands feux, près deſquels ils dorment mieux que ſous des tentes. On doit obſerver que ſi le froid eſt rigoureux dans ces contrées, ce froid eſt toujours ſec, & qu'il eſt plus aiſé de s'en garantir que de la pluie & de l'humidité.

Le Général Schuyler ne reçut pas de réponse à cette lettre ; & il n'a jamais su à qui en étoit la faute. Cependant M. de la Fayette vint à Albany au mois de ~~Juin~~ *Janvier*, pour préparer & commander une expédition semblable à celle qui avoit été proposée : il montra ses instructions au Général Schuyler, qui reconnut tout son plan, dont il suppose que quelqu'autre avoit voulu se faire honneur ; mais comme aucun ordre n'étoit arrivé, il n'avoit fait aucun préparatif. On n'en avoit pas fait davantage du côté du Connecticut ; de sorte que M. de la Fayette, quelqu'agréable que fut pour lui cette expédition, eut assez de raison & d'attachement aux intérêts de l'Amérique, pour en faire voir les difficultés & en détourner le Congrès.

L'hiver suivant, après l'évacuation de Philadelphie & l'affaire de Montmouth, le Général Washington toujours plus occupé de mettre un terme au malheur de sa patrie, que de prolonger le rôle brillant qu'il joue en Amérique, écrivit à M. Schuyler pour le consulter sur une expédition en Canada, & sur les moyens de la faire avec succès. En réponse à cette lettre, celui-ci envoya un mémoire parfaitement conçu & très-bien écrit, par lequel il propose trois plans différens. Le premier est de rassembler ses forces près des sources du Connecticut, dans un endroit qu'on appelle *Coos*. Delà il n'y a qu'un portage assez court pour gagner les rivieres qui tombent dans le fleuve S. Laurent, au dessous du lac S. Pierre, & près de Quebec. Mais ce plan seroit difficile à exécuter, parce que les moyens ne sont pas très-abondans sur la riviere de Connecticut, & qu'on trouveroit de grandes difficultés à en approcher ceux qui se trouvent sur la riviere d'Hudson, & sur celles des Mohawks ; sans compter qu'on porteroit ainsi l'attaque dans le sein des forces angloises, & trop près de la mer, dont elles tirent leurs secours. Le second projet est de remonter la riviere des Mohawks, de s'embarquer ensuite sur le lac *Oneida*, & de traverser le lac *Ontario*, pour aller vers l'ouest assiéger *Niagara* ; puis retourner sur ses pas, descendre le fleuve, & attaquer Montréal par le nord. Le Général Schuyler y trouve deux grands inconvéniens ; l'un est le long circuit qu'on seroit obligé de faire, & qui donneroit le tems aux Anglois de rassem-

bler leurs troupes au point de l'attaque ; l'autre eſt l'impoſſibilité
de leur donner le change en les menaçant du côté du lac Champlain & de *Sorel*, puiſque les préparatifs ſur la riviere des Mohawks & à l'oueſt de l'Hudſon, ne pourroient manquer de dé-
céler tout le ſyſtême de la campagne. C'eſt donc par le lac Champlain, & pendant l'hiver, que le Général Schuyler voudroit marcher ſur Montréal ; mais y marcher directement, laiſſant le fort
S. *Jean* ſur la droite, & remettant au printems l'attaque de ce
poſte, dont on ne s'aſſureroit qu'après s'être emparé de l'île de
Montréal, & de tout le *pays d'en haut* : alors il ſeroit aiſé de
maſquer ſon véritable objet, parce qu'on peut aſſembler ſes moyens
ſur les deux rivieres d'Hudſon & de Conecticut ; le reverſement
de l'une à l'autre étant aſſez facile. Ainſi l'ennemi auroit à craindre à la fois pour Quebec, pour S. Jean & pour Montréal. Dans
cette ſuppoſition, il y a apparence qu'ils ſacrifieroient plutôt Montreal. Là on pourroit former un établiſſement avantageux, & ſe
préparer à l'attaque de Quebec ; mais en cas qu'on fut obligé
d'y renoncer, la retraite ſeroit toujours facile par le *Beaver-
hunting-place*, & par le lac Champlain. Tel eſt l'objet de cette
longue dépêche, que je lus avec beaucoup d'attention, & avec
beaucoup de plaiſir, & dont j'eſſaie de donner quelque idée ;
perſuadé que cet article de mon Journal ne ſera pas dénué d'intérêt pour les militaires : les autres pourront faire diverſion à
l'ennui qu'il leur cauſera en regardant la carte, & parcourant
des yeux l'immenſe pays que ces projets embraſſent.

A la lecture de ce mémoire ſuccéda celle de la réponſe que
fit le Général Washington. Il y témoigne la plus grande confiance au Général Schuyler ; enſuite il entre en diſcution avec lui,
& propoſe ſes réflexions avec une modeſtie auſſi aimable qu'eſ-
timable. Il penſe que l'expédition du lac Ontario eſt peut-être
rejettée trop légerement ; qu'il lui ſeroit facile de favoriſer l'attaque de Niagara, par une diverſion qu'il opéreroit ſur le lac
Erie, en faiſant marcher les troupes de Virginie du côté de
l'Ohio, & du fort *Pitt'sbourg* : il demande s'il ne ſeroit pas poſſible de conſtruire les bateaux ſur la riviere d'Hudſon, & de
les tranſporter enſuite ſur des chariots juſqu'à celle des Mo-

hawks. On voit que fon objet eft de lever une des principales objections que j'ai rapportées ; celle que les préparatifs de cette expédition en décéleroit trop le véritable but. Tous les autres points font difcutés avec fageffe & précifion ; ce qui infpire encore plus de curiofité & d'intérêt pour la replique du Général Schuyler. Celle-ci eft digne, & de l'importance de l'objet, & du grand homme auquel elle eft adreffée. M. Schuyler perfifte dans fon opinion ; & toujours attaché à fon projet d'attaque par le lac Champlain, il prouve que ce projet peut s'exécuter en été comme en hiver. Tout dépend, felon lui, d'avoir la fupériorité navale. Il penfe qu'on peut aifément l'obtenir en conftruifant des vaiffeaux plus grands que ceux des Anglois, & il eft perfuadé que deux vaiffeaux de cinquante canons fuffiroient pour l'affurer. C'eft à tort, ajoute-t'il, qu'on craint la navigation des lacs, & qu'on n'ofe pas leur confier de gros navires. Sur tous ces objets, il parle en homme entreprenant, mais inftruit, & capable d'exécuter ce qu'il propofe. Je terminai cette féance par la lecture d'un projet de campagne contre les Sauvages, différent de celui qui fut adopté par le Congrès en 1779, & dont l'exécution fut confiée au Général Sullivan. Suivant le premier, cinq cens hommes feulement auroient marchés par *Vioming* & *Tioga*, tandis que le refte de l'armée auroit débouché par le haut de la riviere des Mohawks, & fe feroit porté fur le lac *Oneida*, pour prendre les Sauvages par les derrieres, & leur couper la retraite fur le lac Ontario ; ce qui m'a paru beaucoup plus raifonnable, parce que de cette façon on rempliffoit le double objet de détruire les Sauvages, & d'éviter au principal corps de l'armée une longue & pénible marche à travers le *Great-fwamp*, ou le grand marais de Vioming.

Pour entendre tout ceci, il faut fe rappeller qu'en 1779, le Congrès voyant les ennemis confinés à New-York & à Rhode-Ifland, penfa qu'il pourroit épargner un corps de troupes de trois à quatre milles hommes, pour l'envoyer contre les cinq nations dont on avoit éprouvé mille cruautés. On efpéroit les enlever ou les détruires, & foulager ainfi tout le pays qui eft entre la *Sufquehannah* & la *Delaware*. Le Général Sullivan, après

avoir pris toutes fortes de précautions pour affurer la fubfiftance &
conferver la fanté de fes foldats, fit une marche très-longue &
très-favante, pouffa les Sauvages devant lui, & brûla leurs villages
& leurs récoltes. Mais ce fut là tout le fruit de fon expédition ;
en effet il ne put parvenir à les couper ; le corps du Général
Clinton qui avoit débouché par la riviere des Mohawks, s'étant
trouvé trop foible pour agir de lui-même, & ayant été obligé
de fe joindre au gros de l'armée.

Il étoit dix heures du foir lorfque j'eus fini mes lectures ; je
continuai à caufer avec le Général Schuyler, tandis qu'on fou-
poit. Il s'en falloit de beaucoup que je fuffe en état de raifon-
ner fur tous les objets qu'il avoit fait paffer devant mes yeux. Je
me contentai donc d'obferver que toute expédition contre le
Canada, qui ne feroit que partielle, & qui ne tendroit pas à
la conquête, ou plutôt à la délivrance entiere de ce pays, feroit
dangereufe.& de peu d'effet ; parce qu'elle ne feroit fortifiée par
aucun concours de la part des habitans, ceux-ci ayant été trompés dans leur attente, lors de l'entreprife de Montgomery, &
devant craindre le reffentiment des Anglois, s'ils fe montroient
encore une fois trop favorables aux Américains. Je vis avec plaifir
qu'il étoit parfaitement de mon avis. Nous nous féparâmes donc
très-contens l'un de l'autre, & je retournai chez moi attendre ce
que le tems qu'il feroit pendant la nuit, décideroit pour la journée fuivante.

Le 27 au matin, apprenant que les rivieres n'étoient pas encore durcies, mais voyant que le tems étoit affez beau, quoique
très-froid, je voulus en profiter pour aller à *Skenectady*. C'eft
une ville fituée à quatorze milles d'Albany, fur la riviere des
Mohawks. Elle infpire affez de curiofité, parce qu'elle a été
bâtie dans le pays même des Sauvages ; qu'elle eft piquetée,
c'eft-à-dire entourée de hautes paliffades comme leurs villages,
& qu'ils y confervent même encore des habitations, lefquelles
forment une efpece de fauxbourg à l'eft de cette ville. Je
m'avifai un peu tard de cette promenade, & il étoit déja midi
lorfqu'on m'amena un traîneau ; mais le Général Schuyler m'a-
voit affuré que je n'aurois que pour deux heures de chemin : il

ſuppoſoit ſans doute que mon traîneau ſeroit mieux attelé. Je trouvai les chemins très-difficiles, & les chevaux plus difficiles encore que les chemins ; car ils ne vouloient pas tirer, & ſi M. de Monteſquieu ne s'étoit pas décidé à prendre les rênes, & à les preſſer plus vivement que leur débonnaire conducteur, je crois que je ſerois encore dans les neiges dont ce pays eſt couvert pendant ſix mois de l'année. Tout celui qui eſt entre Albany & Skenectady, n'eſt qu'une immenſe forêt de ſapins que la hache n'a jamais attaqués. Ils ſont élevés & robuſtes, mais clair ſemés ; & comme rien ne croît ſous leur ombrage, une ligne de cavalerie pourroit traverſer ce bois, ſans ſe rompre ni défiler. Il étoit déja trois heures, & j'étois à demi-mort de froid lorſque j'arrivai à Skenectady. On trouve cette ville au ſortir des bois, après avoir deſcendu une petite pente : elle eſt réguliérement bâtie & elle contient cinq cens maiſons en dedans de la paliſſade qui l'entoure, ſans compter quelques habitations qui forment un fauxbourg, & le village indien qui tient à ce fauxbourg. On compte deux familles & huit habitans par maiſon. Au delà de la ville du côté de l'oueſt, le pays eſt plus ouvert & la terre trés fertile ; elle produit beaucoup de grain, dont on fait un grand commerce. Je deſcendis chez le Colonel *Glen*, Quartier-maître général de ce diſtrict. C'eſt un homme vif & actif. Il me reçut de la maniere la plus honnête : un très-bon feu, deux ou trois verres de *Towdy*, me réchaufferent aſſez pour me mettre en état de lui faire quelques queſtions, & de repartir enſuite ; car la nuit approchoit & le Vicomte de Noailles, chez qui je devois dîner, m'attendoit à cinq heures. Le Colonel Glen me prêta des chevaux pour retourner à Albany, & il voulut me conduire lui-même dans le village des indiens. Comme nous nous diſpoſions à partir, un de ces ſauvages entra chez lui : c'étoit un courier dépêché par leurs chaſſeurs ; il venoit annoncer qu'un parti de 150 *Senecas* & de pluſieurs Torys, s'étoit fait voir à quelques milles de Saratoga, & qu'ils avoient même enlevé un de leurs jeunes gens. Ce meſſager parloit très-bien François & très-mal Anglois. Né d'un pere canadien ou même européen, il s'étoit mêlé parmi les ſauvages, & vivoit avec eux depuis vingt

ans ; plutôt par libertinage que par aucun autre motif. la nouvelle qu'il apportoit n'étoit pas encourageante pour le voyage
que je devois faire le lendemain ou le surlendemain ; je n'y
ajoutai pas grande foi & j'eus raison.

Le village Indien, où M. Glen me conduisit, n'est autre chose
que l'assemblage de quelques misérables huttes construites dans
le bois, le long du chemin d'Albany. M. Glen me fit entrer
dans celle d'un Sauvage *du saut Saint Louis*, qui avoit habité
long-tems à Montreal & parloit bien François. Ces huttes font
semblables aux baraques que nous faisons à la guerre, ou à celles qu'on construit dans les vignes & dans les vergers, lorfque les fruits font mûrs & qu'on est obligé de les garder pendant la nuit. Deux perches & une traverse font toute la char-
pente ; un fascinage en forme la couverture, mais cette couverture est bien doublée en dedans avec quantité d'écorces d'arbre. L'aire intérieur est un peu au dessous du niveau du terrein :
on entre par une petite porte latérale ; au milieu de la hutte
est le foyer, dont la fumée s'échappe par une ouverture qu'on
laisse dans le toit. Des deux côtés du feu on a élevé deux efpeces d'estrades, qui occupent la longueur de la baraque & qui
servent de lit ; elles font recouvertes de peaux de bêtes & de quelques écorces. Il y avoit dans cette hutte, outre le Sauvage qui
parloit François, une *Quash* (c'est le nom qu'on donne aux
Sauvagesses) qu'il avoit épousée en seconde nôce, & qui élevoit un enfant de son premier mari ; deux viellards composoient
le reste de cette famille, qui avoit l'air triste & pauvre. La Quash
étoit hideuse, comme elles le font toutes ; & son mari presque stupide : ainsi les charmes de cette société ne me firent
pas oublier que la journée s'avançoit & qu'il falloit partir. Tout
ce que j'appris, tant du Colonel que des Indiens, c'est que
l'Etat leur donne des rations de viande & qulquefois de farine ;
qu'ils possédent aussi quelques terres où ils sement du mays, &
qu'ils vont à la chasse pour avoir des peaux, qu'ils troquent contre du rum. On les envoie quelquefois à la guerre, & on se loue
assez de leur bravoure & de leur fidélité. Quoiqu'ils soient sou-
mis aux Américains, ils ont leurs chefs auxquels on s'adresse

pour

pour faire juftice, lorfqu'un Indien a commis quelques crimes. M. Glen m'a dit qu'ils fe foumettoient aux punitions qu'on leur infligeoit ; mais qu'ils ne pouvoient comprendre qu'on dût les punir de mort, même pour homicide. Leur nombre eft à préfent de 350 ; il va toujours en diminuant, ainfi que celui des peuples appellés les *cinq nations*. Je ne crois pas que ces cinq nations foient en état de mettre quatre mille hommes fous les armes. Les Sauvages ne feroient donc pas fort à craindre par eux mêmes, s'ils n'étoient pas foutenus par les Anglois & les Torys américains. Comme avant-garde, ils font redoutables ; comme armée ils ne font rien. Mais leur cruauté paroît augmenter à mefure que leurs forces diminuent : elle eft telle qu'il eft impoffible que les Américains confentent plus long-tems à les avoir pour voifins ; & qu'une conféquence néceffaire de la paix, fi elle eft favorable au Congrès, fera leur totale deftruction, ou du moins leur exclufion de tout le pays qui eft en deçà des lacs. Ceux qui font attachés aux Américains & qui vivent en quelque forte fous leurs loix, tels que les Mohawks des environs de Skenectady, & une partie de la nation des Oneidas, finiront par fe civilifer & fe confondre avec eux. C'eft ce que doit fouhaiter tout homme fenfible & raifonnable, qui préférant les intérêts de l'humanité à ceux de fa propre célébrité, dédaignera cet artifice fi fouvent employé, & toujours avec tant de fuccès, de préconifer l'ignorance & la pauvreté, afin de fe faire louer dans les palais & dans les académies.

J'eus le tems de faire ces réflexions & bien d'autres encore, tandis que je parcourois, à la feule clarté de la neige, ces bois majeftueux, où le filence regne pendant la nuit, & n'eft guere troublé pendant le jour. Je n'arrivai qu'à près de huit heures chez le Vicomte Noailles, où le fouper, le thé & la converfation, me retinrent jufqu'à minuit. Cependant rien n'étoit décidé pour notre voyage, & les nouvelles que nous avions des rivieres n'étoient pas encore fatisfaifantes. Le lendemain matin je reçus une lettre du Général Schuyler : il me mandoit qu'il avoit envoyé chez moi la veille au foir, qu'on lui avoit dit que j'étois allé à Skenectady & delà à Saratoga ; mais qu'il étoit bien aife

X

que je fuſſe revenu à Albany, parce que ſe trouvant mieux de ſa goute il comptoit m'accompagner le lendemain. Il me prioit de venir paſſer la ſoirée chez lui, pour décider de notre marche & de notre départ. Je répondis à cette lettre en acceptant toutes ſes propoſitions, & j'employai une partie de la matinée à me promener dans Albany, non ſans prendre beaucoup de précautions, car les rues étoient toutes couvertes de glace. J'allai d'abord voir le parc d'artillerie, ou plutôt les trophées des Américains ; en effet il n'y a d'autre artillerie dans cet endroit que huit beaux mortiers & vingt chariots de munition, qui faiſoient partie de l'artillerie de Burgoyne. J'entrai dans une grande baraque où l'on travailloit à faire des fuſils pour l'armée. Les canons de ces fuſils ainſi que les bayonnetes ſont forgés à quelques milles d'Albany ; on les polit & on les acheve dans cet attelier. Je demandai à quel prix ils revenoient : je fus étonné d'apprendre qu'ils coûtoient de quatre à cinq piaſtres ; c'eſt preſque le double de ce que coûtent les nôtres. Les armuriers ſont engagés ; on leur donne, outre leur ration, des ſalaires qui ſeroient conſidérables, s'ils étoient bien payés. Delà je montai à une autre grande baraque ſituée à mi-côte vers l'oueſt de la ville, qui ſert d'hôpital militaire. Les malades ſont ſervis par des femmes. Chacun d'eux a un lit pour lui ſeul : en général ils m'ont paru bien ſoignés & proprement tenus. L'heure du dîner vint & raſſembla chez moi tous ceux qui devoient m'accompagner à Saratoga. Après dîner nous allâmes chez le Général Schuyler, prendre des arrangemens, en conſéquence deſquels nous partîmes le lendemain au lever du ſoleil, diſtribués dans cinq traîneaux différens. Le Général Schuyler me menoit dans le ſien. Nous paſsâmes la riviere des Mohawks ſur la glace, à un mille au deſſus de la cataracte. C'étoit preſque un coup d'eſſai ; il réuſſit à tous les traîneaux, excepté à celui du Major Poppam, dont les deux chevaux briſerent la glace & s'enfoncerent tout-à-coup. Cet événement paroîtra bien funeſte aux Européens ; mais qu'ils ne s'effrayent pas des ſuites qu'il dût avoir. C'eſt un accident très commun, & auquel on peut remédier de deux façons : l'une en tirant les chevaux ſur la glace à force de bras, & s'il eſt poſſible, à l'aide d'un levier ou d'une planche dont on se sert pour les soulever; l'autre en les étranglant avec leur licol ou avec les guides : dès qu'ils perdent la respiration & le mouvement ils viennent à fleur d'eau ; alors on leur leve les pieds de devant & on les hâle sur la glace ; ensuite on leur lache le lien peu à peu ; on les saigne & un demi-quart d'heure après on les attele. Comme nous étions beaucoup de monde, on put employer le premier moyen, qui est le plus sûr pour les chevaux ; en cinq minutes on les eut retiré de la riviere. Tout cela peut se comprendre aisément; mais on demandera ce que devient le traîneau, & comment on ose approcher du gouffre que les chevaux ont ouvert. Je répondrai que, ces animaux ayant un poids plus considérable que celui du traîneau, & qui ne porte que sur quatre petites bases, brisent la glace sous leurs pieds sans que jamais le traîneau s'enfonce ; parce que ce traîneau est léger par lui-même, & que son poids est supporté par de longues pieces de bois qui lui servent de brancard. Les hommes ne sont pas moins en sûreté, la glace étant toujours plus épaisse qu'il ne faut pour les porter. Quant aux chevaux, ils se soutiennent aisément à la surface de l'eau, en s'aidant de leurs quatre jambes, & en appuyant leur tête sur la glace.

L'accident arrivé au traîneau du Major *Poppam* ne nous retarda pas d'un demi-quart d'heure ; mais nous nous égarâmes un peu dans les bois qu'il faut traverser pour gagner le grand chemin. Nous le rejoignîmes entre *Half-moon* & *Stillwater*. A un mille de là, je vis sur la gauche un éclairci dans le bois, & un plateau assez étendu, au bas duquel couloit une creek. Je dis au Général Schuyler qu'il devoit y avoir là une bonne position : il me répondit que je ne me trompois pas, & qu'elle avoit été reconnue pour être occupée en cas de besoin. La creek s'appelle *Anthony's-Kill ;* car le mot *kill* a la même signification parmi les Hollandois, que celui de *creek* parmi les Américains. Après avoir fait trois milles de plus, nous traversâmes un hameau appellé *Stillwater-landing-place, débarquement de Stillwater ;* en effet c'est là que les bateaux qui descendent de Saratoga sont obligés de s'arrêter pour éviter les rapides. Il y a un portage de huit ou dix milles jusqu'à l'endroit où la riviere est navigable.

Je crois que le nom de *Stillwater (eau tranquille)* vient de ce que l'eau est tranquille encore à cet endroit, après lequel commencent les *rapides*. Le Général Schuyler me montra quelques redoutes qu'il avoit fait élever pour défendre le parc où ses bateaux & ses provisions furent rassemblés, après l'évacuation du fort *Anne* & du fort *Edouard*. Nous nous arrêtâmes là pour faire rafraîchir nos chevaux. Le Général y avoit donné rendez-vous à un officier de milice, appellé M. *Swang*, qui habite dans les environs, & qui a servi dans l'armée du Général Gates. Il me remit entre ses mains & continua sa route pour Saratoga, afin de se préparer à nous y recevoir. Bientôt après je montai dans un traîneau avec mon guide : lorsque nous eûmes fait trois milles, nous trouvâmes deux maisons au bord de la riviere ; c'est-là qu'étoit la droite du Général Gates, & son pont de bateaux qu'une redoute défendoit sur chaque rive. Nous mîmes pied à terre pour examiner cette position intéressante, devant laquelle Burgoyne a vu toutes ses espérances se dissiper, & sa perte se préparer. J'essaierai d'en donner une idée, incomplette à la vérité, mais qui repandra quelque lumiere sur les relations du Général Burgoyne, & qui pourra même servir à les rectifier.

Les hauteurs appellées *Beams's height*, qui ont donné leur nom à ce camp fameux, ne font qu'une partie de celles qui regnent le long de la rive droite de l'Hudson, depuis la riviere des Mohawks jusqu'à celle de Saratoga. A l'endroit où le Général Gates choisit sa position, elles forment du côté de la riviere deux talus différens, ou si l'on veut, deux terrasses. En montant le premier talus, on voit trois redoutes placées paralelement. En avant de la derniere, du côté du nord, se trouve un petit fond ; au delà le terrein s'éleve de nouveau, & il y a encore trois redoutes placées à peu-près dans le même sens que les précédentes. En avant de celles-ci, est un ravin profond qui vient de l'ouest, & dans lequel coule une petite creek. Ce ravin prend son origine dans les bois, & tout le terrein qu'il laisse sur sa droite est extrêmement fourré. Maintenant si vous retournez sur vos pas, que vous vous placiez près des premieres redoutes dont j'ai parlé, & que vous remontiez le second talus, en vous dirigeant vers l'ouest, vous trouverez sur le plateau le plus élevé, un grand retranchement qui se prolonge paralellement à la riviere, & tourne ensuite vers le nord-ouest, où il vient aboutir à quelques sommités assez escarpées, lesquelles étoient encore fortifiées par quelques petites redoutes. A la gauche de ces hauteurs & à l'endroit où la pente devient plus douce, commence un autre retranchement qui tourne vers l'ouest & fait deux ou trois angles, toujours couronnant les hauteurs jusqu'au sud-ouest. Vers le nord-ouest, on sort des lignes pour descendre une pente assez rapide, & en remonter une autre pareille ; alors on trouve un nouveau plateau qui offre une position d'autant meilleure, qu'elle domine sur les bois dont elle est environnée, & qu'elle s'oppose à tout ce qui voudroit tourner le flanc gauche de l'armée. C'est là qu'étoit campé le Général Arnold avec l'avant-garde.

Si l'on descend encore de cette hauteur en se dirigeant vers le nord, on se trouve bientôt au milieu des bois, près de *Free-man's-farm*, & sur le terrein où se passerent les actions du 19 Septembre & du 7 Octobre. J'évite de me servir du mot *champ de bataille* ; car ces deux combats furent livrés dans les bois & sur un terrein si coupé, & tellement couvert, qu'on ne peut y rien concevoir, ni trouver la moindre ressemblance entre le local & le plan qu'en a donné le Général Burgoyne. Tout ce qui m'a paru le plus clair, c'est que ce Général qui étoit campé à quatre milles à peu-près du camp de *Beams's height*, voulut s'en approcher & en reconnoître les avenues ; qu'il marcha à travers les bois sur quatre colonnes, & qu'ayant plusieurs ravins à passer, il les fit tourner à leur origine par l'avant-garde, aux ordres du Général *Frazer* ; que deux autres colones traverserent comme elles purent les ravins & les bois, sans se communiquer ni s'attendre mutuellement ; que celle de la gauche, dont l'artillerie faisoit la plus grande partie, suivît le bord de la riviere où le terrein est plus égal, & qu'elle construisit des ponts sur les ravins & les ruisseaux qui sont plus profonds de ce côté-là, parce qu'ils aboutissent tous à cette riviere ; que le combat s'engagea d'abord avec les *Riflemen* & les milices américaines, lesquelles furent soutenues suivant le besoin, & sans aucune disposition antérieure ; que l'avant-garde & la colonne de droite furent engagées les premieres , & que le combat dura jusqu'à ce que les colonnes de gauche fuſſent arrivées , c'eſt-à-dire juſqu'au coucher du ſoleil ; qu'alors les Américains ſe retirerent dans leur camp, où ils avoient eu ſoin de faire porter leurs bleſſés ; enfin que l'avant-garde & la colonne de droite des Anglois ſouffrirent beaucoup , étant reſtées l'une & l'autre engagées très-long-tems dans les bois, ſans être ſoutenues.

Le Général Burgoyne acheta cher le frivole honneur de coucher ſur le champ de bataille : il campa à Freeman's-farm, ſi prés du camp des Américains, qu'il lui devint impoſſible de manœuvrer ; de ſorte qu'il ſe trouva dans le cas d'un joueur d'échecs qui s'eſt laiſſé faire *pat*. Il reſta dans cette poſition juſqu'au 7 Octobre ; alors voyant ſes vivres conſommés , n'ayant aucune nouvelle de Clinton , & ſe trouvant trop près de l'ennemi pour ſe retirer ſans danger, il tenta une ſeconde attaque & voulut encore que ſon avant-garde tournât la gauche des ennemis. Ceux-ci qui rempliſſoient les bois , pénétrerent ſon deſſein , tournerent eux-mêmes le flanc gauche du corps qui menaçoit le leur, le mirent en déroute, & le ſuivirent aſſez loin pour ſe trouver ſans le ſavoir vis-à-vis le camp des Allemands. Ce camp étoit placé en potence & un peu en arriere de la ligne. Arnold & Lincoln, animés par le ſuccès, attaquerent & enleverent les retranchemens : tous deux acheterent la victoire au prix de leur ſang ; tous deux eurent la jambe fracaſſée * d'un coup de fuſil. J'ai vu l'endroit où Arnold, réuniſſant la hardieſſe d'un *Jokey* ** à celle d'un ſoldat, ſauta à cheval le retranchemen des ennemis. C'étoit, comme tous ceux de ce pays-ci, une eſpece de parapet, fait avec des troncs d'arbres placés les uns ſur les autres. Ce combat fut très-vif, & les ſapins qui ſont déchirés par les coups de fuſil & les boulets de canon, en offrent un témoignage qui ſe perpétuera long-tems ; car le terme de leur exiſtence paroît auſſi éloigné que l'époque de leur naiſſance.

Je continuai ainſi ma reconnnoiſſance juſqu'à la nuit ; tantôt

---

* Lincoln ne fut bleſſé que le lendemain.
** Nom qu'on donne en Amérique aux Maquignons, comme à tous ceux qui dreſſent les chevaux.

marchant dans la neige où j'enfonçois jufqu'au genoux, tantôt cheminant en traîneau avec encore moins de fuccès, mon conducteur ayant pris la peine de me verfer, fort doucement à la vérité, fur un beau tas de neige. Enfin après avoir parcouru les lignes de Burgoyne, je defcendis au grand chemin, paffant dans une prairie où il avoit établi fon hôpital. Je voyageai enfuite plus facilement, & j'arrivai à Saratoga à fept heures du foir, ayant fait trente-fept milles dans cette journée. Nous trouvâmes de bonnes chambres bien échauffées, un excellent fouper, & une converfation très-agréable & très-gaie ; car le Général Schuyler eft encore plus aimable quand il n'eft pas avec fa femme, en quoi il reffemble à beaucoup de maris européens. Il nous donna des inftructions pour la courfe que nous devions faire le lendemain, tant au fort *Edouart* qu'à la grande cataracte de la riviere d'Hudfon, qui eft à huit mille au deffus de ce fort, & à dix du lac *George*.

En conféquence de ces arrangemens, nous partîmes le lendemain matin à huit heures, avec les Majors Greme & poppam, qu'il nous avoit donnés pour nous accompagner. Nous remontâmes la rive droite de l'Hudfon pendant trois milles à peu-près, avant de trouver un endroit fûr pour paffer cette riviere en traîneau. Celui que nous choisîmes ne nous expofoit à aucun danger, la glace étant auffi épaiffe qu'on pouvoit le defirer ; mais en approchant de la rive oppofée, les bords me parurent fi hauts & fi efcarpés que je ne concevois pas que nous duffions les monter. Comme mon principe eft de ne porter aucun jugement fur les chofes que je ne connois pas, & de m'en rapporter toujours, fur les chemins comme fur la navigation, aux gens qui en ont un ufage habituel, j'étois tranquille dans mon traîneau attendant l'événement ; lorfque mon conducteur, qui étoit un fermier du pays, *appella* fes chevaux par un cri féroce, affez femblable à celui des Sauvages : auffitôt, fans qu'on les frappât le moins du monde, ils enleverent le traîneau, & en trois fauts ils fe trouverent au haut d'un efcarpement élevé de vingt pieds, & prefqu'à pic.

Le chemin du fort Edouard cotoye prefque toujours la riviere, mais souvent on la perd de vue dans les bois de sapins qu'il faut traverser. De tems à tems on voit d'assez belles maisons sur les deux rives. On me fit remarquer celle de la malheureuse Miss *Mac-Rea*, qui fut tuée par les Sauvages.... Si les Whigs étoient superstitieux, ils attribueroient cet événement à la vengeance divine. Les parens de Miss Mac-Rea étoient Whigs, & elle n'avoit pas encore démenti les sentimens qu'on lui avoit inspirés, lorsqu'étant à New-York elle fit connoissance avec un Officier Anglois, qui triompha en même tems de sa rigueur & de son patriotisme. Elle épousa dès-lors les intérêts de l'Angleterre en attendant qu'elle pût épouser son amant. La guerre qui ne tarda pas à se déclarer à New-York comme à Boston, obligea son pere de se retirer dans sa maison de campagne : il l'abandonna bientôt à l'approche de l'armée de Burgoyne. Mais l'amant de Miss Mac-Rea étoit dans cette armée ; elle vouloit le revoir vainqueur, l'épouser & partager ensuite ses travaux & ses succès. Malheureusement les Indiens faisoient l'avant-garde de l'armée : ces Sauvages ne sont pas fort accoutumés à distinguer les amis des ennemis ; ils pillerent la maison de Miss Mac-Rea & l'enleverent elle-même. Lorsqu'ils l'eurent conduite à leur camp, il fut question de savoir à qui elle appartiendroit ; on ne put s'accorder, & pour terminer la querelle, quelques-uns d'entr'eux la tuerent d'un coup de *Tomahawk.**Le récit de cette funeste catastrophe, en me faisant déplorer les malheurs de la guerre, concentroit tout mon intérêt dans la personne de l'Officier Anglois, à qui il étoit permis d'écouter à-la-fois sa passion & son devoir. Je sais qu'une mort si cruelle & si imprévue fourniroit un sujet très pathetique pour un drame ou pour une élégie : mais la séduction de l'éloquence & de la poésie, peut seule attendrir sur une pareille destinée, en ne montrant que l'effet & faisant oublier la cause ; car tel est le véritable caractere de l'amour, que toutes les affections nobles & généreuses semblent en être le cortège naturel ; & que s'il est vrai qu'il puisse s'allier à des vices condamnables, du moins tout ce qui tend à l'humilier & à le dégrader, l'anéantit ou le fait méconnoître.

---

* C'est ce que les Canadiens appellent *casse-tête.*

A mefure qu'on approche du fort Edouard les habitations deviennent plus rares. Ce fort a été conftruit à feize milles de Saratoga dans un petit vallon près de la riviere, feul endroit qui ne foit pas couvert de bois & où l'on puiffe voir à une portée de fufil autour de foi. Autrefois il confiftoit en un quarré, fortifié de deux baftions du côté de l'eft, & de deux demi-baftions du côté de la riviere ; mais on a abandonné cette ancienne fortification, parce qu'elle étoit trop commandée, & on a conftruit fur un lieu plus élevé, une grande redoute avec un fimple parapet & une mauvaife paliffade : au dedans eft une petite caferne, qui peut contenir deux cens foldats. Tel eft ce fort Edouard dont on a tant parlé en Europe, quoiqu'il n'ait jamais été en état de réfifter à cinq cens hommes qui meneroient avec eux quatre pieces de campagne. Je m'y arrêtai une heure, afin de laiffer repaître mes chevaux, & vers midi je me remis en chemin pour remonter jufqu'à la cataracte, qui eft à huit milles au-delà. En fortant du vallon, & en fuivant le chemin du lac George, on trouve une pofition affez militaire, qui a été occupée pendant l'autre guerre : c'eft une efpece de camp retranché, ou qu'on peut retrancher avec des abattis ; il garde le débouché des bois & commande le vallon.

A peine avois-je perdu de vue le fort Edouard, que le fpectacle de la dévaftation s'offrit à mes regards, & continua de les affliger jufqu'à l'endroit où je m'arrêtai. Au milieu de ces antiques forêts, la paix & l'induftrie avoient conduits des cultivateurs, des hommes heureux jufqu'à l'époque de la guerre. Ceux qui fe trouverent fur le chemin de Burgoyne, en éprouverent feuls les malheurs ; mais lors de la derniere invafion des Sauvages, la défolation s'eft étendue depuis le fort Schuyler *   jufqu'au fort Edouard. Je ne vis donc autour de moi que les reftes des incendies : quelques briques que le feu n'avoit pu détruire, indiquoient feules la place où les maifons avoient été bâties ; tandis que les *fences* encore entieres & les champs defrichés, annonçoient que ces déplorables habitations avoient été autre-

---

* Les Anglois l'appellent le fort *Stanwix.*

fois le séjour de la richeffe & du bonheur. Arrivés à hauteur de la cataracte, il nous fallut fortir de nos traîneaux & marcher un demi-mille pour gagner le bord de la riviere. La neige avoit quinze pouces de haut, ce qui rendoit cette promenade un peu pénible, & nous obligeoit à marcher les uns derriere les autres afin de frayer un fentier. Tour à tour chacun prenoit la tête de cette petite colonne, à peu près comme les Oyes fauvages fe relayent pour occuper le fommet de l'angle qu'elles forment en volant. Mais quand notre marche auroit été encore plus pénible, le fpectacle de la cataracte nous en auroit bien dédomagé. Ce n'eſt point une nappe d'eau comme à *Cohos* & à *Totohaw* : la riviere refferrée, & interrompue dans fon cours par différens rochers, gliffe au milieu d'eux & fe précipite obliquement en formant plufieurs cafcades. Celle de Cohos eſt plus majeſtueufe, celle-ci plus effrayante : la riviere des Mohawks femble fe laiffer tomber de fon propre poids ; celle d'Hudfon fe tourmente & fe courrouce, elle écume & tourbillonne, & fuit comme un ferpent qui s'échape en menaçant encore par d'horribles fiflemens.

Il étoit près de deux heures lorfque nous eumes regagné nos traîneaux : il nous reſtoit ving-deux milles à faire pour retourner à Saratoga ; ainfi nous revînmes fur nos pas le plus vîte qu'il nous fût poffible ; mais il fallut encore s'arrêter au fort Edouard pour donner à manger à nos chevaux. Nous employâmes ce tems, comme nous avions fait le matin, à nous chauffer au foyer des Officiers qui commandent la garnifon. Ils font au nombre de cinq, & celui des foldats eſt de cent cinquante à-peu-près. C'eſt pour tout l'hiver qu'on les a placés dans ce défert, & je laiffe à penfer fi cette garnifon eſt plus gaie que celle de Gravelines ou de Briançon. Au bout d'une heure nous nous remîmes en chemin, & la nuit ne tarda pas à venir ; mais avant qu'elle fût obfcure, j'eus la fatisfaction de voir le premier gibier que j'aie apperçu dans mon voyage : c'étoit une compagnie de cailles ; quelques uns les appellent perdrix, quoiqu'elles reffemblent beaucoup plus aux cailles. Elles étoient perchées fur une fence au nombre de fept. Je fortis de mon traîneau pour les confidérer de plus près ; elles me laifferent approcher jufqu'à quatre pas :

je fus obligé pour les voir voler de leur jeter ma canne ; alors
elles partirent toutes enfemble, & je trouvai que leur vol étoit
femblable à celui des perdrix. Elles font plus groffes que les
cailles, dont elles ont tout le plumage ; mais leur bec eft femblable à celui des perdrix, & comme celles-ci elles font
fédentaires.

Notre retour fut heureux & prompt : il ne pouvoit fournir d'autre événement que le fecond paffage de la riviere & la defcente
de l'efcarpement que nous avions monté. J'attendois cette nouvelle épreuve avec autant de confiance que la premiere ; mais un
traîneau qui marchoit devant le mien , s'étant arrêté à cet endroit, & l'obfcurité de la nuit m'empêchant de rien diftinguer,
je crus qu'on fe difpofoit à mettre pied à terre & je n'héfitai pas
à fuivre cet exemple. Le premier traîneau étoit celui du Vicomte de Noailles & du Comte de Damas : à peine étois-je
à terre que je vis ce traîneau partir avec toute fa charge, & gliffer le long de l'efcarpement avec une telle rapidité qu'il ne put
s'arrêter qu'à trente pas de là. C'eft qu'on ne fait pas plus de
façons pour defcendre ces efcarpemens que pour les monter :
les chevaux accoutumés à cette manœuvre, fe précipitent auffi
rapidement qu'ils s'élancent ; de forte que le traîneau gliffant
comme la *ramaffe* du Mont-Cennis, ne peut atteindre leurs jambes de derriere & les faire tomber.

A fix heures & demie, nous étions rendus chez le Général
Schuyler, & cette foirée fut auffi agréable que la précédente.

Le 31 nous montâmes à cheval à huit heures du matin.
M. Schuyler, nous conduifit lui-même au camp que les Anglois
occupoient lorfque le Général Burgoyne capitula. Nous ne pouvions avoir un meilleur guide, mais il nous étoit néceffaire à tous
égards ; car outre que cet événement s'étoit paffé fous fes yeux,
& qu'il étoit mieux que perfonne en état d'en rendre compte, il
ne falloit pas moins que le propriétaire même du terrein pour
nous conduire fûrement à travers des bois, des fences & des
retranchemens couverts d'un pied de neige.

En jettant les yeux fur la carte, on verra que Saratoga eft fitué
au bord d'une petite riviere qui vient du lac de ce nom, & qui

fe jette dans celle d'Hudfon. Sur la rive droite de *Fishkill-creek*, c'eſt le nom de cette petite riviere, fe trouvoit autrefois une belle maiſon de campagne appartenante au Général Schuyler ; une groſſe ferme qui en dépend, ainſi que deux ou trois moulins à fçie, un meeting-houfe & trois ou quatre maiſons médiocres, compoſoient toutes les habitations de ce lieu célebre, dont le nom paſſera à la derniere poſtérité. Lorſqu'après l'affaire du 7 Octobre, le Général Burgoyne commença ſa retraite, il ſe mit en marche la nuit du 8 au 9, & ne parvint que le 13 à paſſer la creek ; tant il avoit eu de peine à traîner ſon artillerie, qu'il s'opiniatra à conſerver, quoique la plupart des chevaux de traits euſſent été tués, ou fuſſent morts de miſere. Il employa donc quatre jours à faire huit milles de chemin, ce qui donna le tems aux Américains de le ſuivre fur la rive droite de l'Hudfon, & de le précéder fur la rive gauche, où ils occuperent en force tous les paſſages. Le Général Burgoyne fut à peine de l'autre côté de la creek, qu'il fit mettre le feu à la maiſon du Général Schuyler, plutôt par humeur que pour la ſûreté de ſon armée ; puiſque cette maiſon placée dans un fond, ne pouvoit offrir aucun avantage aux Américains, & que d'ailleurs il laiſſa ſubſiſter la ferme qui eſt maintenant le ſeul aſyle du propriétaire. C'eſt là que M. Schuyler nous a logés dans quelques chambres qu'il a fait accommoder, en attendant que des circonſtances plus heureuſes lui permettent de bâtir un autre maiſon. La creek coule entre deux eſcarpemens dont les ſommités ſont à peu-près de même hauteur ; elle deſcend enſuite par pluſieurs rapides qui font tourner les moulins. Là le terrein eſt plus ouvert & continue ainſi juſqu'à la riviere du nord ; c'eſt-à-dire l'eſpace d'un demi-mille. Quant à la poſition du Général Burgoyne, il eſt difficile de la décrire, parce que le terrein eſt très-irrégulier, & que ce Général ſe trouvant entouré, fut obligé de diviſer ſes troupes en trois camps, qui formoient trois fronts différens ; l'un faiſant front à la creek, l'autre à la riviere d'Hudfon, & le troiſieme aux montagnes du côté de l'oueſt. Le plan du Général Burgoyne donne une idée aſſez juſte de cette poſition qui ne fut pas mal priſe, & qui n'eſt vicieuſe que du côté des Allemands, où le terrein forme une rampe dont la pente étoit contre eux. Tout ce qu'il eſt néceſſaire d'obſerver, c'eſt que les bois vont toujours en s'élevant vers l'oueſt ; de ſorte que le Général Burgoyne put bien occuper quelques mamelons avantageux, mais jamais les ſommités. Auſſi le Général Gates arrivé à Saratoga preſqu'auſſitôt que les Anglois, fit paſſer deux milles hommes audelà de la creek, leur ordonnant de ſe retrancher, & de conſtruire une batterie de deux pieces de canon. Elle commença à tirer le 14, & ne laiſſa pas d'incommoder les Anglois. Le Général Schuyler critique cette poſition ; il prétend que ce corps étoit aſſez évacué pour être compromis ſans être aſſez fort pour s'oppoſer à la retraite des ennemis. Mais ſi l'on fait attention que le poſte de ces deux mille hommes étoit établi dans des bois très-fourrés ; qu'il étoit défendu par des abatis, & qu'il trouvoit une retraite ſûre dans l'immenſe forêt qui étoit derriere lui ; que d'ailleurs il s'agiſſoit d'harceler un ennemi qui fuyoit & dont le courage étoit abatu : on croira avec moi que cette critique eſt encore plus d'un rival ſévere, que d'un tacticien ſavant & méthodique. Quoiqu'il en ſoit, il reſte toujours certain que le Général Burgoyne n'avoit d'autre parti à prendre que de laiſſer égorger ſes troupes, ou de capituler. Son armée n'avoit que pour cinq jours de vivres ; il lui étoit donc impoſſible de garder ſa poſition. On lui propoſa de rétablir un ancien pont de bateaux, qui avoit été conſtruit devant le camp même ; mais un corps de deux milles hommes s'étoit déja poſté ſur les hauteurs de l'autre côté de la riviere, où il avoit élevé une batterie de deux pieces de canon. Si on entreprenoit de remonter par la rive droite pour gagner les gués qui ſont près du fort Edouard, on avoit des ravins à paſſer & des chemins à racommoder ; d'ailleurs ces défilés étoient déja occupé par les milices, & il falloit les combattre à l'avant-garde, tandis qu'on avoit une armée entiere ſur ſes derrieres & ſur ſes flancs. A peine reſtoit-il le tems de délibérer : les boulets de canon commençoient à tomber dans le camp ; il en vint un dans la maiſon où l'on tenoit Conſeil de guerre, de ſorte qu'on fut obligé de la quitter pour ſe réfugier dans les bois.

Qu'on rapproche maintenant la ſituation du Général Burgoyne, raſſemblant ſes trophées à Ticonderoga, & publiant ſon orgueuilleux manifeſte, de celle où il ſe trouva, lorſque vaincu & environné par une troupe de payſans, il ne lui reſta pas même une place où il pût diſcuter quelle ſorte de ſupplication il convenoit de de leur faire. J'avoue que lorſque j'ai été conduit à l'endroit où les Anglois ont mis bas les armes, & à celui où ils ont défilé devant l'armée de Gates, j'ai partagé le triomphe des Américains, & j'ai admiré en même-tems leur nobleſſe & leur magnanimité ; car les ſoldats comme les officiers virent paſſer leurs préſomptueux & ſanguinaires ennemis, ſans leur faire le moindre outrage, ſans laiſſer échapper un geſte, un ſourire inſultant. Ce ſilence majeſtueux réfutoit d'une maniere bien ſenſible les vaines déclamations du Général Anglois, & ſembloit atteſter tous les droits que nos alliés avoient à la victoire. Le haſard ſeul donna lieu à une alluſion que le Général Burgoyne parut ſentir vivement. C'eſt l'uſage en Angleterre & en Amérique, lorſqu'on approche de quelqu'un pour la premiere fois, de lui dire : *I am very happy to ſee you ; Je ſuis très-aiſe de vous voir*, le Général Gates ſe ſervit de cette formule en abordant le Général Burgoyne. Je le crois bien, répondit ce dernier, la fortune de ce jour eſt entiérement pour vous, *I think it, the fortune of the day is entirely you*. Le Général Gates ne parut pas faire attention à cette réponſe ; il conduiſit Burgoyne chez lui, où il lui donna un très-bon dîner, ainſi qu'à la plupart des officiers Anglois. On mangea, on but largement, & chacun parut oublier, ou ſes malheurs ou ſes ſuccès.

Avant le dîner, & au moment où les Américains ſe partageoient les Officiers Anglois qu'ils vouloient traiter, on vint demander où il falloit conduire Madame la Baronne de *Riedeʒell*, femme du Général *Brunſwikois*. M. Schuyler, qui avoit ſuivi l'armée comme volontaire, depuis qu'il n'en avoit plus le commandement, ordonna qu'on la mena dans ſa tente ; il s'y rendit bientôt après, & la trouva interdite & tremblante, croyant voir dans chaque Américain un Sauvage ſemblable à ceux qui avoient ſuivi l'armée Angloiſe. Elle avoit avec elle deux petites filles charmantes, âgées de ſix ou ſept ans. Le Général

Schuyler les careffa beaucoup ; ce fpectacle attendrit Madame de Riedezell & la raffura en un inftant : *vous êtes tendre & fenfible* lui dit-elle, *vous êtes donc généreux, & je fuis heureufe d'être tombée entre vos mains.*

En conféquence de la capitulation, l'armée Angloife fut conduite à Bofton : pendant la marche les troupes camperent, mais il falloit loger les Généraux : on étoit embarraffé de trouver, près d'Albany, un quartier convenable pour le Général Burgoyne & fa fuite. M. Schuyler offrit fa belle maifon dont j'ai déja parlé. Ses affaires le retenoient à Saratoga : il y reftoit pour vifiter les ruines de fon autre maifon que le Général Burgoyne venoit de détruire ; mais il écrivit à fa femme de préparer tout pour le recevoir auffi bien qu'il feroit poffible, & fes intentions furent parfaitement remplies. Burgoyne fut très-bien accueilli par Madame Schuyler & fa petite famille. Il fut logé dans le meilleur appartement de la maifon. Le foir on lui fervit un excellent fouper, dont on lui fit les honneurs avec tant de grace qu'il fut attendri jufqu'aux larmes, & qu'il dit avec un profond foupir : *En vérité c'eft en trop faire pour celui qui a ravagé leurs terres & brûlé leur afyle.* Cependant le lendemain matin fes difgraces lui furent rappellées par une avanture qui auroit parue gaie à tout autre qu'à lui. C'étoit toujours innocemment qu'il devoit être affligé. On l'avoit fait coucher dans une grande piece où on lui avoit préparé un lit, mais comme il avoit une fuite, où fi l'on veut une *famille* très-nombreufe, on fut obligé d'étendre des matelats à terre pour faire coucher quelques officiers auprès de lui. Le fecond fils de M. Schuyler, âgé alors de fept ans, petit enfant gâté, comme le font tous les enfans des Américains, bien volontaire, bien malin, bien aimable, couroit toute la maifon dès le matin, felon fa coutume ; il ouvrit la porte du falon, éclata de rire en voyant ces Anglois raffemblés, & refermant la porte fur lui, il leur dit : *vous êtes tous mes prifonniers.* Cette naïveté fut cruelle pour eux, & les rendit plus triftes qu'ils ne l'étoient la veille.

J'efpere qu'on me pardonnera de raconter ces petites anecdotes, qui ne m'ont peut-être parues intéreffantes que par cette feule raifon, que je les fais d'original, & que je les ai apprifes fur les lieux mêmes. D'ailleurs un fimple journal mérite quelqu'indulgence, & quand on n'écrit pas l'hiftoire, il eft permis d'écrire des hiftoriettes. Déformais je n'ai plus qu'à prendre congé du Général Schuyler, que fes affaires retiennent à Saratoga, & à retourner fur mes pas le plus vîte qu'il m'eft poffible, pour me rendre à Newport.

En repaffant près de Beams's height & de Stillwater, j'eus encore occafion d'examiner le flanc droit du camp que le Général Burgoyne avoit occupé : il me parut que le plan m'en avoit donné une idée affez exacte. On m'avoit affuré que je pourrois retourner à Albany par le chemin de l'eft ; mais en arrivant à Half-moon j'appris que les glaces étoient rompues en plufieurs endroits ; de forte qu'après m'être repofé quelques tems dans une jolie auberge, tenue par Madame *People*, veuve d'un Hollandois, je repris le chemin de la riviere des Mohawks ; je la paffai fans accident & j'arrivai à Albany vers fix heures du foir. Nous nous raffemblâmes auffitôt (je parle feulement des fix voyageurs François) pour prendre des mefures pour notre retour. Il n'y avoit pas un moment à perdre, car les vents avoient tourné au fud & le dégel commençoit : or il pouvoit fort bien arriver que nousfuffions retenus très-long-tems à Albany. En effet, lorfqu'on ne peut pas traverfer la riviere fur la glace, on eft quelquefois obligé d'attendre huit ou dix jours avant qu'elle foit navigable & qu'on puiffe la traverfer au ferry : il falloit donc partir le plutôt poffible ; mais comme nous étions trop de monde pour pouvoir voyager enfemble, il fut réfolu que le Vicomte de Noailles & fes deux compagnons partiroient le lendemain à la pointe du jour, & qu'ils iroient coucher à trente milles d'Albany ; que pour moi je ne partirois qu'à midi, & que je m'arrêterois à *Kinderbook*. Le Vicomte de Noailles avoit laiffé fes chevaux de l'autre côté de la riviere & il y avoit déja fait paffer fon traîneau ; rien ne s'oppofoit donc à fon départ, la glace étant certainement affez épaiffe pour permettre de paffer à pied. Ma fituation étoit toute différente, j'avois deux traîneaux à Albany ; ils appartenoient à l'Etat, & c'étoit l'Aide-Quartier-Maître général, un excellent homme

homme appellé M. *Quaterbush*, qui me les avoit fournis. Mon intention étoit de les payer, mais il ne voulut jamais y confentir, m'affurant qu'il fuffiroit que je les remiffe au Quartier-maître de l'Etat de Rhode-Ifland, qui les renverroit par la premiere occafion. En effet, il exifte encore fur le continent un arrangement très-commode pour les militaires, & pour tous ceux qui font chargés de quelques commiffions pour le fervice public : chaque Etat entretient des chevaux dont on peut fe fervir pour voyager ; avec cette attention feulement, de les remettre au Quartier-maître de l'endroit où on les laiffe. Dans les Etats du nord il y a auffi des traîneaux deftinés au même ufage.

Comme nous étions à délibérer fur notre voyage, le Colonel *Hughes*, Quartier-maître de l'Etat de New-York, vint nous trouver : il arrivoit d'une courfe qu'il avoit faite du côté de Fishkill, & il nous témoigna beaucoup de regret de ne s'être pas trouvé à Albany pendant notre féjour. Je répéterai ici ce que j'ai déja dit ailleurs ; c'eft qu'il eft impoffible d'imaginer une politeffe plus franche & plus noble, une obligeance plus parfaite, que celle que j'ai éprouvée de la plupart de tous les Officiers Américains à qui j'ai eu affaire. M. Hughes voulut fe charger lui-même de me conduire de l'autre côté de la riviere, & il me promit de venir me prendre le lendemain matin à onze heures.

J'avois fait affez de chemin dans la journée pour efpérer un fommeil paifible, & je comptois avec quelque raifon fur une bonne nuit ; mais à quatre heures du matin je fus réveillé par un coup de fufil tiré tout près de mes fenêtres : je prêtai l'oreille & je n'entendis aucun cri, aucun mouvement dans la rue ; ce qui me fit penfer que c'étoit quelque fufil qui étoit parti de lui même, fans caufer aucun accident. J'effayai donc de me rendormir. Un quart d'heure après un nouveau coup de fufil ou de piftolet interrompit mon fommeil : celui-ci fut fuivi de quelques autres ; de forte que je ne doutai plus que ce ne fût quelque réjouiffance, quelque fête femblable à nos baptêmes de village. A la vérité, l'heure me paroiffoit un peu indue : enfin plufieurs voix qui fe méloient à cette moufquetterie & qui crioient *New-year*, *nouvel an* ; m'aviferent que nous étions au premier de Janvier, & je con-

Z

clus que MM. les Américains célébroient ainfi l'année qui commençoit. J'avoue que cette maniere de la fêter ne me plut pas
infiniment : cependant il fallut prendre patience ; mais au bout
d'une demi-heure, j'entendis un bruit confus de plus de cent
perfonnes, la plupart enfans ou jeunes gens, qui s'affembloient
fous mes fenêtres. Bientôt je fus encore mieux averti de leur
voifinage, car ils tirerent plufieurs coups de fufil, frapperent
rudement à la porte & jetterent des pierres dans mes vîtres. Le
froid & la pareffe me retenoient toujours dans mon lit ; mais M.
Linch fe leva, entra dans ma chambre & me dit, que sûre-
ment ces gens-là vouloient me faire honneur & en même tems
me demander de l'argent. Je le priai de defcendre & de leur
donner deux louis : il les trouva déja maîtres de la maifon, &
buvant le rum de mon hôte. Au bout d'un quart d'heure ils s'en
allerent courir d'autres rues, & le bruit ne difcontinua pas jufqu'au grand jour. En me levant j'appris par mon hôte, que l'u-
fage du pays étoit, que le premier jour de l'an, les jeunes gens,
les valets, les negres même, alloient dans toutes les tavernes
& dans beaucoup d'autres maifons, fouhaiter la bonne année &
demander à boire. Il n'y avoit donc rien de particulier pour moi
dans cette affaire, & il fe trouva qu'à l'exemple des Empereurs
Romains, j'avois fait une gratification au peuple. Le matin, lorfque je fortis pour prendre congé du Général Clinton, je ne rencontrai que des gens ivres dans les rues ; mais ce qui m'éton-
noit le plus, c'étoit de les voir marcher, courir même fur le
verglas, fans tomber ni faire un faux pas, tandis que j'avois la
plus grande peine à me tenir fur mes jambes.

Lorfque mes traîneaux furent prêts, j'en pris un pour aller
prendre congé de Madame Schuyler & de fa famille ; puis je revins trouver le Colonel Hughes qui m'attendoit à l'entrée de la
ville. Il avoit appris depuis que nous nous étions quittés, que le
Baron de Montefquieu étoit petit fils de l'auteur de l'*Efprit des
Loix*. Joyeux de cette découverte, il me pria de le préfenter de
nouveau à celui qui portoit un nom fi refpectable ; & quelques
momens après, comme je lui témoignois toute ma fenfibilité
pour les fervices qu'il me rendoit, & en même tems mon regret

de ne pouvoir m'acquiter envers lui , il me dit avec un sentiment
vraiment aimable : " Eh-bien ! puisque vous voulez faire quelque
» chose pour moi , tâchez de me procurer un exemplaire fran-
» çois de l'Esprit des Loix. Je ne parle pas votre langue , mais
» j'entend vos livres , & mon bonheur sera de lire celui-là
» dans l'original. » Je lui promis de lui en faire tenir un exemplaire,
& j'ai été assez heureux pour pouvoir m'acquitter de ma parole
à mon retour à Newport. Après cette conversation, il me conduisit au bord de la riviere, à l'endroit qu'il croyoit le plus sûr ; mais
comme je commençois à m'aventurer, la premiere chose que je vis
fut un traîneau dont les chevaux s'abîmoient sous la glace, à-peu-près
à vingt pas de moi. Je laisse à juger de ma consternation ;
il falloit retourner sur mes pas , il falloit peut-être rester encore
huit jours à Albany pour attendre que le dégel fut complet &
la riviere débarrassée des glaçons. Le Colonel Hughes me
dit de retourner à mon auberge & de m'y tenir bien tranquille , tandis qu'il alloit envoyer un homme à cheval le long
de la riviere, s'enquérir s'il y avoit un endroit où on put encore
la passer. Cependant trois traîneaux qui apportoient du rum pour
les magasins de l'Etat, paroissoient à l'autre rive & vouloient
risquer le passage : aussitôt il envoya un homme à pied pour les
arrêter , après quoi nous nous séparâmes assez tristement. Mais
vers une heure après-midi, tandis que j'étois à lire au coin de mon
feu, le secrétaire de M. Hughes entra , & me dit que les traîneaux qu'on avoit voulu arrêter , s'étoient obstinés à passer ; qu'ils
en etoient venus à bout en évitant le trou qu'avoient fait les
mêmes chevaux que j'avois vu s'enfoncer , & sortir ensuite avec
bien de la peine. Comme le dégel continuoit, je n'avois pas
un instant à perdre ; je fis atteler & je partis sur-le-champ, toujours sous les auspices du Colonel Hughes qui m'attendoit au
bord de la riviere. Lorsque je fus près de l'autre rive je me
séparai de lui ; mais il me fallut faire encore un demi-mille sur
la glace avant de gagner une rampe qui me conduisit au grand
chemin ; alors tous les périls furent passés, & j'arrivai aisément
à Kinderhook vers six heures du soir.

Le lendemain je partis à neuf heures du matin, & après avoir paffé le pont de Kinderhook, je laiffai fur la droite le chemin de Claverak, pour fuivre celui de *Nobletown*. Je m'arrêtai dans ce town-ship où je defcendis à *Makingfton-Tavern*, petite auberge affez propre, & où deux voyageurs peuvent loger commodément. J'eus occafion de caufer avec le coufin & le voifin de M. Makingfton, qui porte le même nom que lui. Il a été Major dans l'armée Américaine, & il a reçu en Canada un coup de feu qui lui traverfoit la cuiffe : il m'a conté que les nerfs ayant été offenfés par la bleffure, & enfuite racourcis, il étoit refté boiteux pendant plus d'un an ; mais qu'à l'affaire de Prince-Town, après avoir fait dix-huit milles à pied, il lui arriva de fauter une barriere, & que dans l'effort qu'il fit, les nerfs racourcis fe rompirent, ou plutôt s'allongerent, de façon qu'il n'a pas boité depuis.

Dès que mes chevaux eurent pris un peu de repos, je me remis en route, & continuant de cheminer dans les bois & les montagnes, je n'arrivai à *Shefield* qu'à nuit tombante. Je traverfai toute cette cette ville, qui a près de deux milles de longueur, avant de trouver l'auberge de M. *Dewy*. Shefield eft un très-joli endroit ; les maifons y font fréquentes & bien bâties, & le grand chemin qui les fépare a plus de cent pas de large. Pour mon auberge, elle me plut dès le moment que j'y entrai : les hôtes m'en parurent honnêtes & bien élevés ; j'admirai fur - tout une fille de douze ans qui avoit toute la beauté de fon âge, & que *Greuze* auroit été trop heureux de prendre pour modele, lorfqu'il fit fon charmant tableau de la jeune fille qui pleure fon ferin. Lorfque je fus dans la chambre qui m'étoit deftinée, je m'amufai à regarder quelques livres difperfés fur des tables ; le premier que j'ouvris étoit *l'Abrégé de la Phllofophie de Newton*. Cette découverte m'engagea à faire quelques queftions à mon hôte fur la Phyfique & la Géométrie ; je trouvai qu'il en favoit beaucoup, & de plus qu'il étoit très-modefte & de très-bonne compagnie. Il eft *Surveyor*, c'eft-à-dire Arpenteur, place qui donne beaucoup d'occupations dans un pays où l'on a perpétuellement des terreins à mefurer, & des limites à fixer.

Le 3 au matin je vis avec chagrin que le tems, qui jufques-là

avoit été toujours incertain, fe décidoit au dégel. J'avois à traverfer les *Green-woods* (*bois verds*) pays défert, âpre & difficile.
Ce qui reftoit de neige fur la terre me faifoit encore efpérer
que je pourrois continuer ma route en traîneau : je confervai donc
les miens, & j'allai affez bien jufqu'à *Canaan*, petite ville fituée
fur la rive gauche de *l'Houfatonick*, à fept milles de *Shefield
meeting-houfe*. Là je tournai fur la gauche, & je commençai à
gravir les montagnes. Malheureufement la neige me manquoit à
mefure qu'elle m'étoit plus néceffaire. Il me fallut prefque toujours marcher à pied pour foulager mes chevaux qui étoient obligés, tantôt d'arracher mon traîneau de la boue, tantôt de le faire
paffer par deffus des pierres hautes de deux ou trois pieds. Ce
chemin eft en effet fi raboteux qu'il ne permet guere de fe fervir des traîneaux, à moins qu'il n'y ait un pied & demi de
neige fur la terre. Ce ne fut donc pas fans beaucoup de peine
que je parvins à faire quinze milles avant de m'arrêter à une mauvaife auberge dépendante de *Norfolk*. En fortant de cette auberge, je me trouvai dans les *Green-woods*. Cette forêt appartient à la même chaîne de montagnes que j'avois traverfée en
allant à Fish-kill par le chemin de Lichfield ; mais elle a cela
de particulier que les arbres en font fuperbes ; ce font des fapins fi forts, fi droits & fi élevés, que je ne crois pas qu'il y
en ait de pareils dans toute l'Amérique Septentrionale. Je re-
grette que *Salvator Rofe*, ou *Gafpard Pouffin* n'aient pas vu le
tableau impofant & vraiement *grandiofo* que préfente une vallée
profonde, où coule la petite riviere appellée *Naragontad*. Cette
vallée paroît encore refferrée par les immenfes fapins dont elle
eft ombragée, & dont quelques-uns s'élevant obliquement, fem-
blent réunir leur fommets pour intercepter les rayons du foleil.
Lorfqu'on a paffé cette riviere, on monte pendant l'efpace de
quatre ou cinq milles, & on defcend enfuite auffi long-tems ;
mais toujours en fautant de groffes pierres qui traverfent le chemin, & lui donnent la forme d'un efcalier. C'eft là qu'un de
mes traîneaux fe brifa. Je ne favois comment faire pour le réparer, car la nuit approchoit, & je me croyois dans le défert
le plus inhabité : j'effayai de faire marcher encore cette voiture,

toute boiteuſe & briſée qu'elle étoit, & ce premier eſſai n'avoit rien d'encourageant, lorſqu'au bout de de deux cens pas je trouvai une petite maiſon, & vis-à-vis de cette maiſon une forge: le feu étoit allumé, & le maréchal travailloit. Un pilote qui découvre une terre dans des mers inconnues, n'eſt pas plus ſatisfait que je le fus à cette vue. Je priai bien poliment cet honnête homme de quitter ſon ouvrage pour racommoder mon traîneau : il y conſentit, & je continuai de ſuivre à pied celui qui étoit encore en bon état, déſeſpérant de revoir jamais l'autre ; cependant il arriva tout au plus une heure après moi. Telles ſont les reſſources que les voyageurs trouvent en Amérique , & telle eſt l'excellente police de ce pays, que nul chemin n'eſt dépourvu de ce qui peut ſervir à leurs beſoins.

Cette journée étoit deſtinée à me faire éprouver toute ſorte de contrariété. Il étoit ſept heures du ſoir lorſque j'arrivai à *New-Hartford*, où j'eſpérois trouver une bonne auberge appellée *Gilbert's houſe*. Trois Officiers Américains qui m'avoient aiſément paſſé, parce qu'ils étoient à cheval, avoient eu l'honnêteté d'aller plus loin pour me laiſſer la maiſon toute entiere ; mais lorſque j'y entrai, on me dit & on me prouva qu'il étoit impoſſible de me loger ; en effet on la racommodoit, & les maçons travailloient par-tout. Il ne me reſtoit plus d'autre eſpérance que l'auberge d'un certain M. *Caſe*, qui eſt à deux milles plus loin, & au delà de la riviere de Farmington ; mais ayant appris que les Officiers Américains y étoient allés, je demandai ſi je ne trouverois pas auſpice ailleurs. On m'adreſſa à une vieille femme, nommée Madame *Wallen*, qui avoit tenu auberge autrefois, & on me fit eſpérer qu'elle voudroit bien me recevoir. Je continuai donc de ſuivre à pied mon traîneau. Arrivé enfin, & non ſans peine, à la porte de Madame Wallen, j'implorai humblement ſon hoſpitalité. Elle conſentit à me loger, & ne le fit que pour me rendre ſervice. Je reſtai quelque tems dans cette maiſon qui avoit l'air très-pauvre ; mais en viſitant les logemens, je les trouvai ſi mauvais, que j'envoyai un de mes gens à l'auberge de *Caſe*, s'informer ſi j'y trouverois encore une petite place. On s'arrangea pour m'en faire une: j'y allai à pied, laiſfant mes chevaux dans l'autre maifon , & je fus affez heureux pour avoir un bon lit & un fouper tel quel ; mais que je trouvai très - bon , moins parce que j'avois bon appétit , que parce que j'étois fervi par une grande femme de vingt-cinq ans , d'une très-belle figure , & d'une taille noble & diftinguée. Je demandai fi c'étoit la fille de mon hôteffe. Celle-ci qui étoit une bonne groffe femme , affez curieufe & affez bavarde & qui m'avoit déja pris en amitié , parce que je répondois à fes queftions tant qu'elle vouloit , me dit qu'elle n'avoit jamais eu d'enfans ; cependant elle en tenoit un dans fes bras qu'elle careffoit beaucoup , & dont elle paroiffoit prendre grand foin. A qui appartient donc celui - ci, lui dis-je ? A la grande femme que vous voyez , me répondit - elle.—— Et quel-eft fon mari ?——Elle n'en a pas. ——Elle eft donc veuve ? ——Non, elle n'a jamais eu de mari. C'eft, ajouta - t'elle , une avanture malheureufe qui feroit trop longue à vous conter : cette pauvre fille s'eft trouvée dans le befoin ; je l'ai prife chez moi & j'ai foin de la mere & de l'enfant..... Avancerai-je un paradoxe, fi je dis qu'une pareille conduite prouve plus que toute autre chofe , combien les mœurs des Américains font pures & refpeɑables. Chez eux le vice eft fi étranger, fi rare , que le danger de l'exemple eft prefque nul ; de forte qu'une faute de ce genre eft regardée comme une maladie accidentelle , dont il faut guérir l'individu qu'elle attaque , fans prendre aucune mefure pour éviter la contagion. J'ajouterai , que l'acquifition d'un citoyen eft fi précieufe dans ce pays , qu'une fille en élevant fon enfant, femble expier la foibleffe qui lui a donné l'exiftence. Ainfi , la morale qui ne peut jamais différer du véritable intérêt de la fociété , femble quelquefois être locale & modifiée par les tems & les circonftances. Lorfqu'un enfant fans afyle , fans propriété, fera un fardeau pour l'Etat , un être voué au malheur, ne devant fa confervation qu'à la pitié & non à l'utilité publique ; on verra fa mere humiliée , peut-être même punie , & alors on juftifiera cette févérité par tous ces dogmes aufteres qu'on oublie ou qu'on néglige maintenant.

Je m'étois propofé de faire le lendemain une très-petite journée , puifque je ne devois aller coucher qu'à Hartford , à quinze mil-

les feulement du lieu où j'étois ; cependant il me parut impoffible de faire ce chemin autrement qu'à cheval : je laiffai donc les
deux traîneaux de l'Etat de New-York, chez M. Cafe, après
lui avoir demandé un reçu, que j'ai remis depuis à M. Wadfworth. d'abord je n'eus pas lieu de m'applaudir du parti que
j'avois pris : je voyageai pendant quelque tems fur des hauteurs
couvertes de neige, où les traîneaux auroient réuffi à merveille ;
mais en defcendant vers la riviere de Farmington, je trouvai que
le dégel étoit complet, & que la boue avoit pris la place de
la neige. Les bois que je venois de paffer, ne reffembloient pas
aux *Green woods* ; ils étoient peuplés de petits fapins, dont le
verd flattoit la vue, & dont le hafard avoit deffiné les chemins
d'une maniere fi heureufe, qu'on ne pourroit prendre un meilleur modele pour faire des *promenades angloifes*.

Lorfque j'eus paffé la riviere de Farmington, je montai une
côte affez longue & affez roide, fur laquelle on trouve de tems
à autres, des objets intéreffans pour les amateurs de l'hiftoire naturelle. On y voit entr'autres, de grands quartiers de rochers,
ou plutôt de gros blocs de pierre, qui n'ont aucune correfpondance avec le refte de la montagne, & qui paroiffent avoir été
jetés là par quelque volcan. J'en remarquai un plus fingulier que
les autres, & je m'arrêtai pour le faire mefurer : c'étoit une efpece de *focle* ou de quarré long, affez femblable au piedeftal
de la ftatue de Pierre le grand qu'on voit à Pétersbourg. Il a
trente pieds de longueur fur vingt de hauteur & de largeur : du
côté de l'eft, il eft fendu dans la plus grande partie de fa hauteur ; cette fente peut avoir un pied & demi de large par en
haut, mais beaucoup moins par en bas. Quelques arbuftes ont
végétés dans le peu de terre qui s'y eft raffemblé, & fur le fommet même du rocher, on voit un petit arbre dont je n'ai pu
démêler l'epece. La pierre eft dure & de la nature du quartz ;
elle n'eft en aucune façon volcanifée.

J'arrivai à Hartford vers trois heures. Ayant appris que M.
Wadfworth étoit abfent, je craignis de gêner fa femme & fa fœur
fi j'allois loger chez elles, & je m'établis dans une très-bonne
auberge tenue par M. Bull, qu'on accufe d'être un peu *de l'au-*
tre

tre côté de la question, ce qui veut dire, en termes honnêtes, qu'on le croit Tory. Je me contentai donc d'aller faire une simple visite à Madame Wadsworth, & de lui demander à déjeûner pour le lendemain. Le 5, je partis à onze heures seulement, quoique j'eusse trente milles à faire pour arriver à Lebanon. Au passage du ferry, je rencontrai un détachement du régiment de Rhode-Is-land : c'est le même corps que nous avons eu avec nous tout l'été dernier ; mais depuis, il a été recruté & habillé. La plus grande partie des soldats sont negres ou mulâtres ; mais ce sont des hommes forts & robustes, & ceux que j'ai vu avoient très-bonne apparence. J'eus toute la journée un très-beau tems, & j'arrivai à Lebanon au coucher du soleil. Ce n'est pas à dire que je fusse rendu à *Lebanon meeting-house*, où les Hussards sont en quartier & où le Duc de Lauzun a son logement ; il me fallut faire encore plus de six milles, voyageant toujours dans Lebanon. Qui ne croiroit après cela que je parle d'une ville immense ? Celle-ci est à la vérité une des plus considérables du pays, car elle a bien cent maisons : il est inutile de dire que ces maisons sont très-éparses, & distantes les unes des autres, souvent de plus de quatre ou cinq cens pas.

On croira aisément que je ne fus pas fâché de me retrouver dans l'armée françoise, dont les Hussards de Lauzun forment l'avant-garde, quoique leur quartier soit à plus de vingt-cinq lieues de Newport ; mais il n'est point de circonstance où je n'éprouvasse beaucoup de plaisir à me trouver avec M. de Lauzun. Depuis deux mois j'avois parlé & écouté, avec lui je conversai ; car il faut avouer que la conversation reste encore l'appanage particulier des François aimables ; appanage précieux à notre nation, qu'elle néglige peut-être trop & qu'elle pourra perdre un jour. Un Anglois avoit coutume de garder le silence, parce que, disoit-il, *parler nuit à la conversation*. Cette expression bisarre renferme un grand sens : tout le monde sait parler, & personne ne sait écouter ; de sorte que la société de Paris, telle que je l'ai laissée, ressemble à un chœur d'opéra, que quelques coryphées ont seuls droit d'interrompre : chaque théatre a son coryphée particulier ; chaque théatre a ses choristes qui répondent, & son

parterre qui applaudit fans favoir pourquoi. Tranfplantez les ac-
teurs, ou changez de théatre, la piece n'a plus d'effet. Heureux encore les Spectateurs, lorfque le répertoire eft abondant,
& que la même production n'eft pas répétée jufqu'à fatiété.

Me voilà bien loin de l'Amérique ; il faut pourtant que j'y retourne encore, & cette fois-ci ce fera pour chaffer des écureuils.
M. le Duc de Lauzun me donna ce divertiffement, qui eft fort
à la mode dans le pays. Ces animaux y font plus grands, & portent une plus belle fourrure qu'en Europe. Ils font comme les
nôtres, très-adroits à fauter d'arbre en arbre & à fe coler contre les branches, de façon à fe rendre prefqu'invifibles. Il
arrive fouvent qu'on les bleffe fans pouvoir les faire tomber ;
mais c'eft un petit inconvénient : on appelle, ou on fait venir
quelque particulier obligeant, qui met la coignée à l'arbre & l'ab-
bat en peu de tems. Comme les écureuils ne font pas rares, on
concluera que les arbres font très-communs & on aura raifon. *
Au retour de la chaffe, je dînai chez M. le Duc de Lauzun,
avec le Gouverneur Trumbull & le Général Huntington. Le premier habite à Lebanon, & l'autre y étoit venu de *Norwich*. J'ai
déja dépeint le Gouverneur Trumbull ; il ne s'agit plus que de
fe repréfenter ce petit vieillard, qui a tout le coftume des premiers colons établis dans ce pays-ci, s'approchant d'une table
déja entourée de vingt Officiers d'Huffards, & fans fe déconcer-
ter ni rien perdre de la roideur de fon maintien, prononçant
à haute voix une longue priere en forme de *Benedicite*. Qu'on
n'aille pas s'imaginer qu'il excite la rifée des auditeurs ; ils font
trop bien élevés : il faut au contraire fe figurer que vingt *Amen*

---

* Il y a auffi dans le Connecticut un grand nombre d'*écureuils volans*. Ils font plus petits que les autres, auxquels ils reffemblent affez par leur forme & par leur fourrure. On fait
que ce qui leur donne le nom d'*écureuils volans* eft la facilité qu'ils ont de fe foutenir
long-tems en l'air, au moyen d'une longue membrane, ou d'une peau qui tient à la partie
fupérieure de leurs pattes : elle eft repliée fous leur ventre lorfqu'ils font en place ; mais
lorfqu'ils veulent fauter d'un arbre à l'autre, ils écartent leurs pattes, & cette peau fait
une efpece de voile qui les foutient en l'air, & qui aide même à leur mouvement. On
voit encore dans toute l'Amérique Septentrionale une autre efpece d'écureuils, qu'on appelle *écureuils de terre*, parce qu'ils ne grimpent pas fur les arbres, & qu'ils habitent
fous terre comme les lapins. Leur poil eft plus court, & d'une couleur fauve, rayée de
noir. Ces animaux font très-jolis & peu farouches.

sortent à la fois du milieu des quarante moustaches ; & on aura une idée de cette petite scene. C'est à M. de Lauzun à raconter, comment ce bon gouverneur méthodique, didactique dans toutes ses actions, dit toujours qu'il veut *considérer*, *referer* à son conseil ; comment il se fait de grandes affaires des petites , & à quel point il est heureux quand il a des affaires. Ainsi , dans les deux hémispheres, en exceptant Paris seulement , les ridicules ne doivent pas exclure l'aptitude au gouvernement ; parce que c'est par le caractere qu'on gouverne , & par le caractere aussi qu'on a des ridicules.

Je devois partir de Lebanon le 7 à dix heures du matin, mais le tems fut si affreux que j'attendis jusqu'à une heure après midi, espérant toujours qu'il s'amélioreroit un peu. Enfin , il fallut se résoudre à voyager par la neige fondue, la plus continuelle & la plus froide que jaie jamais essuyé. Le mauvais tems m'ayant fait presser un peu ma marche, j'arrivai à Voluntown vers cinq heures du soir. Si l'on se rappelle ce que j'ai dit au commencement de ce journal, de la maison de M. Dorrance, on ne sera pas surpris que je m'y sois retrouvé avec plaisir. Cependant Mademoiselle Pearce n'y étoit plus ; mais elle étoit remplacée par Mademoiselle Dorrance la cadette , jeune fille d'une figure charmante , quoique d'une beauté moins réguliere que son amie. Elle a comme elle la modestie , la candeur & la bonté exprimées dans tous ses traits ; mais elle a de plus une sérénité & une gaieté qui la rendent aussi aimable que l'autre est intéressante. Sa sœur aînée étoit accouchée depuis mon passage à Voluntown ; je la vis assise dans un grand fauteuil, près du même foyer que sa famille entouroit. Sa figure noble & imposante, paroissoit encore plus altérée par le malheur que par la souffrance. Cependant tout ce qui l'environnoit étoit occupé de la soigner & de la consoler : sa mere, assise auprès d'elle, tenoit dans ses bras son enfant; lui sourioit, le caressoit ; mais pour elle , elle avoit les yeux tristemens attachés sur cette innocente créature, la considérant avec intérêt, mais sans plaisir ; comme si elle lui disoit, *misero paragoletto il tuo destin, non sai.* * Jamais tableau

---

* Malheureux enfant! tu ne sais pas quel est le sort qui t'est réservé. *Metastase.* **Demophonte.**

plus intéreffant & plus moral, n'exercera le pinceau de *Creuze*, ou la plume d'un poëte fenfible. Puiffe difparoître du fein de la fociété, l'homme affez barbare pour laiffer cette fille infortunée en proie à un malheur qu'il peut réparer ; & puiffent toutes les bénédictions du Ciel fe réunir fur l'être affez jufte, affez généreux pour lui donner des droits plus légitimes aux noms de femme & de mere ; & lui reftituer ainfi, tout le bonheur que la nature lui avoit deftiné.

Mon voyage déformais n'offre plus rien qui foit digne de la plus petite attention. Je couchai le lendemain à Providence, & j'arrivai le neuf à Newport ; content d'avoir vu beaucoup de chofes intéreffantes, & de n'avoir éprouvé aucun accident ; mais penfant avec trifteffe que le lieu où j'arrivois, après avoir fait tant de chemin, étoit encore à quinze cens lieues de celui où j'ai laiffé mes amis, où je pourrai jouir du peu de connoiffances que j'ai acquifes en leur en faifant part, où je retrouverai le bonheur, s'il en exifte encore pour moi ; du feul endroit enfin, *dove da longhi errori fpera di ripofar.* *

---

* Je veux récompenfer ceux qui auront eu la patience d'achever la lecture de ce Journal, en mettant fous leurs yeux le charmant morceau de *Metaftafe*, dont ces dernieres paroles font empruntées.

> L'onda dal mar divifa
> Bagna la valle e il monte,
> Va paffagiera in fiume
> Va prigioniera in fonte;
> Mormora fempre e geme
> Fin' che non torna al mar.
>
> Al mar dove ella nacque
> Dove acquiftò gli umori
> Dove da lunghi errori
> Spera di ripofar.

En voici une traduction libre.

L'onde une fois féparée de l'océan, erre fur les montagnes, ou baigne les vallées : tantôt elle voyage avec les fleuves, tantôt elle eft retenue prifonniere dans les fontaines ; mais elle murmure & gémit fans ceffe ; jufqu'à ce qu'elle foit retournée à la mer.

A la mer fon féjour natal, à la mer fon dernier afyle, où fatiguée de fes longues erreurs, elle efpere trouver enfin quelque repos.

www.ingramcontent.com/pod-product-compliance
Ingram Content Group UK Ltd.
Pitfield, Milton Keynes, MK11 3LW, UK
UKHW021215140726
13695UKWH00002B/562